21世纪经济管理精品教材·人力资源管理系列

吕峰◎编著

清华大学出版社
北京

内容简介

本书是一本有关领导的教材,旨在帮助读者更好地理解领导并构建有关领导的基本模型。虽然实践中的领导现象多种多样,但领导的本质从来没有改变。本书明确地将领导定义为领导者与被领导者在一个环境下发生的影响关系。基于这样的定义,本书简明又着重地介绍了领导系统的四个基本要素:领导者、被领导者、影响以及领导环境。本书特别强调,对领导的认识和实践,需要从系统的观点出发,只有这样,无论是个体还是组织才能更有效地优化和提升领导效能。

本书适合大中专院校工商管理以及相关专业的本科生、研究生作为领导学课程的教材或参考书。同时,本书所提供的简易明了的模型也适合工商企业界的各级领导者系统思考、实践和提升领导力,也可以作为工商企业内部相关主题培训的讲义或参考书。

本书封面贴有清华大学出版社防伪标签,无标签者不得销售。

版权所有,侵权必究。举报: 010-62782989, beiqinquan@tup.tsinghua.edu.cn。

图书在版编目(CIP)数据

领导学/吕峰编著. —北京:清华大学出版社,2019(2024.12重印)
(21世纪经济管理精品教材. 人力资源管理系列)
ISBN 978-7-302-53261-3

Ⅰ.①领… Ⅱ.①吕… Ⅲ.①领导学-高等学校-教材 Ⅳ.①C933

中国版本图书馆 CIP 数据核字(2019)第 133422 号

责任编辑:张 伟
封面设计:李召霞
责任校对:王荣静
责任印制:曹婉颖

出版发行:清华大学出版社
网　　址:https://www.tup.com.cn, https://www.wqxuetang.com
地　　址:北京清华大学学研大厦 A 座　　邮　编:100084
社 总 机:010-83470000　　邮　购:010-62786544
投稿与读者服务:010-62776969, c-service@tup.tsinghua.edu.cn
质量反馈:010-62772015, zhiliang@tup.tsinghua.edu.cn
课件下载:https://www.tup.com.cn, 010-83470236

印 装 者:涿州市般润文化传播有限公司
经　　销:全国新华书店
开　　本:185mm×260mm　　印　张:10　　字　数:227 千字
版　　次:2019 年 8 月第 1 版　　印　次:2024 年 12 月第 6 次印刷
定　　价:35.00 元

产品编号:079650-01

前 言

《哈佛商业评论》在庆祝创刊75周年时,曾邀请世界著名的管理大师,包括彼得·德鲁克、查尔斯·汉迪、彼得·圣吉等,展望21世纪的管理前景。学习型组织理论的倡导者圣吉这样说:"今天,几乎每一个人都相信,传统的'命令—控制模式'的企业很难带领我们进入21世纪。人们的独立性在增强,外界变化越来越迅速,使得高层很难控制下属。在下一个世纪,总裁们再也不能企望用命令的方式去激励下属变革。逐渐地,成功的组织将把竞争优势建立在少控制、多学习的基础上。这样,我们就必须重新思考领导和学习。"

时光进入21世纪,信息技术的不断革新与应用,新型商业模式的不断涌现以及全球经济一体化的深度发展,都在将更多、更复杂的不确定性带入企业经营的内外部环境之中。今天,人们更是将环境属性浓缩定义为易变性(volatility)、不确定性(uncertainty)、复杂性(complexity)和模糊性(ambiguity),也就是通常所说的VUCA。环境的这种变化对经营者提出了更多的领导要求。现在,没有哪一个管理概念能像"领导"那样引人注目,管理大师们昔日的预言已经成为商业领域的主题。

正是因为有了这样迫切的要求,时下有关领导的研究著述可以说已经是汗牛充栋了,在书店的各种财经类图书中,恐怕与领导相关的图书是最多的。不断翻新的角度,层出不穷的话题,各种各样的相关畅销书,说明领导一直是一个热门的领域。需要特别说明的是,本书是一本教材,不去追逐那些热门的词语和话题,而是聚焦于领导学中最基本的要素,希望能够给读者带去有关领导清晰的、基本的理论框架。

应该说,领导学在管理学科知识体系中属于比较"软"的部分,这里面没有那么复杂的思辨,也没令人眼花缭乱的公式和定理。在应用方面,领导又是一个见仁见智的领域,没有一个恒定的评判标准,也没有一种放之四海而皆准的领导规律,看看世界上形形色色的领导者以及他们的领导行为,你就会知道寻找一种普适的规则是不可能的。

然而,理论就是寻找共性的,这些共性或许不能解释一种领导行为的所有方面,但是能够解释更多领导行为共同的地方,这大概也就是学术的意义吧。本书就是力争回到领导更本质的内容。在谋篇布局方面,本书也力求简洁。今天,人们不是缺乏知识,因为有太多机会去得到知识,不断地学习其实积累了相当的知识冗余,所以人们才经常会说一个词"干货"。本书提供了有关领导最简洁的模型。这样便于读者朋友梳理已有的思路,对不必要的"知识"断舍离,同时也为未来丰富自己的思路和认识提供一个框架。

本书模型聚焦在领导的最基本要素上,这些要素来自人们对领导最基本的定义:所谓领导,其实是领导者与被领导者在一个环境下发生的影响关系。这个定义清楚地表明,领导系统包括领导者、被领导者、影响以及环境这四个基本要素。因此,如果期望能实现领导效能的最大化,组织需要有计划地强化有关领导的各个要素。例如领导环境,如果领导者与被领导者、被领导者之间没有建立积极的心理环境,人与人之间的关系也不融洽,那么,领导者的指令就不可能被认真执行,组织整体效能也不可能保障。但是反思实践,又有多少领导开发真正重视领导环境的营造呢?

在本书每一章的后面都介绍了一个有代表性的领导人物。围绕着某个领导者的案例,再详细也不如为他写个传记。但是篇幅所限,本书只是从公开发表的报道中选择一些有代表性的材料,期望读者自己在阅读时,结合每一章的内容,并通过网络等渠道了解案例人物的更多信息,来加深认识。

其实,领导学是一个古老的学科,在中国,有关领导学最早的"教材"应该算是《资治通鉴》;领导学也是一个动态的学科,这源于领导活动本身不断随着时代在变化着,今天人们表现出越发明显的"习相远",但"性相近"还是人类的本质。这恐怕就是这个学科的魅力吧。本书已经酝酿了很长时间。随着课堂教学、实践调研、学术研究等的开展,编者对领导的认识也经历了一个过程。这期间有迷惑,有思索,有顿悟,又有迷惑……就是在今天,笔者也深知认识还有很多的欠缺。在出版社编辑老师的鼓励下,将自己的一点心得与大家分享,请多批评。

编　者
2019 年 5 月

目 录

第1章 绪论	1
1.1 领导的定义	1
1.2 实践中的领导	3
1.3 领导的基本模型	4
第2章 领导者	7
2.1 领导者职责	7
2.1.1 领导行为理论	7
2.1.2 领导与管理	10
2.1.3 基本职责	12
2.2 领导者胜任力	18
2.2.1 领导特质理论	18
2.2.2 胜任力模型	20
2.2.3 基本胜任力	24
2.3 领导开发	28
2.3.1 领导者职业生涯	28
2.3.2 领导传承计划概述	32
2.3.3 领导开发的具体执行者	34
相关阅读：柳传志	38
第3章 被领导者	45
3.1 作为人的属性	45
3.1.1 多样性	45
3.1.2 社会性	47
3.1.3 能动性	50
3.1.4 稀缺性	52
3.2 被领导者的建构	55
3.2.1 甄选	55
3.2.2 绩效	57
3.2.3 薪酬	60

3.3 团队 …………………………………………………………………… 63
3.3.1 团队的概念 ……………………………………………… 64
3.3.2 团队的建设 ……………………………………………… 65
3.3.3 团队的运作 ……………………………………………… 67
相关阅读：雷军 ………………………………………………………… 72

第 4 章 影响 …………………………………………………………… 80

4.1 影响的基本方法 …………………………………………………… 80
4.1.1 互惠 …………………………………………………… 80
4.1.2 承诺 …………………………………………………… 82
4.1.3 从众 …………………………………………………… 83
4.1.4 服从 …………………………………………………… 84
4.2 权力分析 ………………………………………………………… 86
4.2.1 权力的构成 …………………………………………… 86
4.2.2 权力的使用 …………………………………………… 87
4.2.3 集权与分权 …………………………………………… 89
4.3 经典领导方式 …………………………………………………… 91
4.3.1 变革型领导 …………………………………………… 92
4.3.2 交易型领导 …………………………………………… 93
4.3.3 魅力型领导 …………………………………………… 94
4.3.4 家长式领导 …………………………………………… 95
相关阅读：鲁冠球 ……………………………………………………… 96

第 5 章 环境 …………………………………………………………… 106

5.1 组织变革 ………………………………………………………… 106
5.1.1 组织变革的基本模型 ………………………………… 106
5.1.2 组织变革的关键 ……………………………………… 109
5.1.3 组织学习 ……………………………………………… 112
5.2 信任 ……………………………………………………………… 116
5.2.1 影响信任的因素 ……………………………………… 116
5.2.2 快速信任 ……………………………………………… 118
5.2.3 信任的破坏与修复 …………………………………… 121
5.3 企业文化 ………………………………………………………… 122
5.3.1 企业文化的基本构成 ………………………………… 123
5.3.2 领导者与企业文化 …………………………………… 125
5.3.3 企业文化的作用 ……………………………………… 127
相关阅读：张近东 ……………………………………………………… 130

第 6 章　未来的挑战 …… 142

6.1　人员管理思想的发展历程 …… 142
6.2　自信,需要谦逊 …… 144
6.3　坚定,懂得变通 …… 145
6.4　支配,讲求尊重 …… 145

参考文献 …… 147

第 1 章

绪 论

领导,可以说是社会学科领域的永恒话题,从诸子百家著述到如今各种各样、形形色色的畅销书、教科书以及汗牛充栋的学术论文,对领导的探讨从来也没有停止。这又是一个常说常新的话题,今天的学术界甚至对领导的认识和含义还没有达成共识。或许一个最简单的原因就是领导实践的多样性:古今中外那些赫赫有名的领导者似乎没有什么统一性,即使在商业领域,带领商业组织的领导者也是各领风骚。撇开那些纷繁复杂的种种表象,聚焦领导的一般规律,本章提出了有关领导的基本模型。

1.1 领导的定义

如果不能定义清楚一个事物,我们就不可能正确认识并深入研究这个事物。社会学科不像自然科学,前者对现象的定义本身就因为角度不同而存在分歧,即使一个概念在日常的语汇中已经司空见惯、耳熟能详,也并不意味着我们能够清楚地了解它的内涵以及外延。就像领导,这个名词不仅在管理实践中,就是在日常生活中也是一个出现频率很高的词,但不同的人对它有不同的理解。

领导,的确是一个非常容易产生歧义的词。仅就一般的中文字面理解,领导有两层意思:一是带领并引导组织朝一定方向前进;二是担任领导的人。也就是说,在领导的第一层意思里,领导被看作一个动词,是一种行为,而且这种行为有明确的方向性;在第二层意思里,领导则是这个动作的发出者,在这一层,领导和领导者已经成了同义词。在严谨的学术研究领域,人们对领导的认识也不尽相同。翻开研究文献,可以找到很多有关领导的学术定义,比较有代表性的如下所列。

领导是对一个组织起来的集体为确立目标和实现目标所进行的活动施加影响的过程(拉尔夫·M. 斯托第尔,1950)。

领导是促使下属按照所要求的方式活动的过程(华伦·G. 本尼斯,1959)。

领导是影响人们自动为完成群体目标而努力的一种行为(G. R. 特纳,1960)。

领导是一种统治形式,其属下或多或少地愿意接受另一个人的指挥和控制(科·扬,1964)。

领导是在某种情况下,通过信息沟通过程所实现的一种为了完成某个目标或某些目标的人际影响力(R. 坦南鲍姆,I. R. 威斯勒和 F. 麻沙瑞克,1965)。

领导即有效的影响。为了施加有效的影响,一位领导者需要对他(或她)的影响进行实地的了解(克里斯·阿吉利斯,1976)。

领导主要是应对变化,领导者通过提出未来愿景以确定前进方向,然后把该愿景灌输给其他人并鼓励他们克服各种障碍,促使大家齐心协力实现该愿景(约翰·科特,1990)。

领导是一个过程,即管理某个问题从开发到解决整个循环过程的人即可视为领导。在这一过程当中,领导通过提出问题指导听众,使听众参与问题讨论过程,并贯彻解决问题的方针政策(Kibok Baik,2000)。

所谓领导,就是指挥、带领、引导和鼓励部下为实现目标而努力的过程(周三多,2005)。

领导是领导者与追随者之间有影响力的一种关系,当他们试图真正地改变现实并期望得到反映他们共同目标的结果的时候,在这些人当中就会很自然地产生领导与被领导的关系。(理查德·L.达夫特,2005)。

领导是一种影响力,它是影响个人、群体或组织实现所设定目标的各种活动和过程,这个过程由领导者、被领导者和其所处环境三个因素组成(乔忠,2007)。

领导是影响一个群体实现愿景或目标的能力(斯蒂芬·P.罗宾斯,蒂莫西·A.贾奇,2012)。

通过上面所列出的有关领导的定义,我们发现尽管人们对领导的理解不完全一样,但有几点却是共同的:①领导存在于环境、领导者和被领导者之间,它是一个过程;②这个过程中的行为是影响,即领导的作用机制是施加影响,在这种影响的作用下,被领导者才会发生与领导行为相对应的追随行为;③领导活动的最终结果是实现目标。基于以上分析,本书认为:所谓领导,是领导者与被领导者在特定环境下为实现目标而发生的相互影响。

有了这样对领导的定义,一些经常出现的对领导的误解就比较容易解释了。

最常见的误解是把领导和领导者当作一回事。其实领导者的含义是"能把别人吸引到自己周围来的人",进一步说,领导者就是别人想要追随的人,是能够得到别人信任和忠诚的人。而领导是影响一个群体或多个群体的人们朝着某个方向、目标努力的过程。所以,领导者在领导的过程中处于主导地位,他是影响、指挥等动作的发出者。当然,如果没有动作的接受者,动作本身也就不具备任何意义。然而,在汉语语境下,领导也经常用来指"领导者",如"某位领导""高层领导"等。本书将领导定义为一个过程。为了防止混淆,本书将使用"领导者"或"领导人"来专门区别于"领导"。

第二种常见的误解就是把领导等同于领导力。领导力的概念起源于中国的实践界,这个概念的语义本身就很模糊,是一种彻底的民间说法,是对领导能力、领导作用以及影响力等多方面的综合。基本上,领导力是对领导者个体表现的一种观察和表述,如"谁有领导力""谁的领导力更强"等说法。不过,我们很清楚地知道,一个人的领导力与所处的环境和面对的对象是息息相关的,也就是说,领导力并不是绝对的。所以,领导力可以被看作对领导的狭义解释,而不是领导的全部含义。

还有一种误解是认为只有企业的高层管理人员才是领导者。企业中的高层管理人员,由于他们所处的地位,容易产生影响力,因而经常被人们视为"领导人"。但实际上只有那些能把别人吸引到自己周围来的高级经理,才是具有领导能力的人,才能被视为领导者。所以,高层管理人员不一定都是领导人,有些人充其量只能被定义为机械执行指令的管理者。而在企业基层,也不一定没有领导人。即使是基层专业技术管理人员,有时也需要在他们的岗位上发挥领导作用。例如,为了更快地对市场信息作出反应,工程设计部门必须学会如何从生产和市场部门来获得消费者对于产品的意见。尽管很多企业都有正式的沟通渠道,来保证来自市场和生产部门的信息能尽快传达到设计部门,但实际上,如果设计部门的技术人员缺乏基本的领导能力,他们将无法得到其他部门的充分配合。其实,从企业最基层的班组长到高层的总经理,在企业的各个层面上,都需要各种各样的领导者。所以,通用电气公司前任总裁韦尔奇说,领导的力量散落在企业的各个角落,组织的每一个成员都有领导的机会。也就是说,领导者不仅存在于企业的高层,优秀的企业应该使领导表现在企业的每一个层面。只有这样,企业才会充满活力和具有进取心。

上述这些已经非常普遍的误解或者说法反映出人们已经习惯于将领导现象归结为领导者这一单一要素,对照本书给出的定义,这显然是对领导的狭隘认识。澄清这些日常的误解对于展开后面的论述是非常必要的,因为只有将领导理解为一个过程,才能够更加全面地、系统地分析影响领导效能的因素,而不只是关注领导者。

1.2 实践中的领导

学术上对领导的定义没有统一的一个重要原因来自研究者所描述的对象本身,实际上,在现实的社会实践中,领导现象的确是多种多样的。有些领导者行为怪诞甚至匪夷所思,但这并不影响他成为那个时代优秀的领导者。据《史记》记载,"桓公谓管仲曰:'寡人有大邪三。不幸好畋,晦夜从禽不及,一。不幸好酒,日夜相继,二。寡人有污行,不幸好色,姊妹有未嫁者,三。'管仲曰:'恶则恶矣,非其急也。人君惟不爱与不敏,不可耳。不爱则亡众,不敏则不及事。'"把这段对话翻译过来就是:有一次齐桓公对管仲讲,他有三个很大的缺点:一爱打猎,玩到天黑了也不停止;二好喝酒,日夜不停;三好女色。管仲对齐桓公回答说,这三个缺点是很严重,但不是最重要的,领导人最不应该的事是不爱护下属和不勤政。在管仲看来,那些属于个人的劣性都不影响齐桓公成为一个优秀的领导者。果然,齐桓公后来成为春秋五霸之首。

本书写作过程中,正好看到一则新闻报道:

新华社北京(2018年)10月24日电(记者王鹏)在改革开放40周年之际,为宣传民营经济发展巨大成就,展示民营企业家中国特色社会主义事业建设者风采,大力弘扬优秀企业家精神,鼓励广大非公有制经济人士为实现中华民族伟大复兴中国梦作出新贡献,24日,全国工商联在北京举行新闻发布会,发布由中央统战部、全国工商联共同推荐宣传的"改革开放40年百名杰出民营企业家"名单。

入选名单的企业家中,有敢为天下先,在市场竞争中脱颖而出,具有较强社会影响力的民营企业家,如联想集团有限公司董事局名誉主席柳传志和已故民营企业家鲁冠球;有推进产品创新、技术创新、商业模式创新,创建具有核心竞争力和国际影响力企业品牌的代表人物,如华为技术有限公司主要创始人任正非;有积极投身"一带一路"建设,并取得显著成效的成功典范,如红豆集团董事局主席兼CEO(首席执行官)周海江;有坚持以实业为本,秉持工匠精神,专注品质,追求卓越,立志打造"百年老店",推动中国制造业走向国际市场的领跑者,如浙江吉利控股集团有限公司董事长李书福;有创业创新、积极探索、走在改革开放前沿,推动产业模式变革的新经济代表,如阿里巴巴集团董事局主席马云;有自觉承担社会责任,积极参与光彩事业、公益慈善事业和"万企帮万村"精准扶贫行动的无私奉献者,如新希望集团有限公司董事长刘永好。

正如新闻稿中写到的,这些企业家有着不同的成长背景,性格也不相同,在带领企业发展的过程中也表现出不同的风采。本书后面四章所提供的相关阅读材料的主人公就是从这40位中选择的。不单单这些在中国商业社会已经具有极大影响力的领导者,就是普通的领导者也是不一样的。一位担任一家大型国企经理的MBA(工商管理硕士)描述了他所经历的4位总经理:

第一任总经理是一位58岁的男领导,中专学历,从一线工人干起,一直在我们企业工作,为人和蔼。在安排工作时,通常由员工进行自我管理,由手下的几位科长来安排对应工作,他只在部分节点进行监督指导工作,日常的工作几乎全部由几位科长布置及完成。

第二任总经理是一位年近50岁的女领导,也是从基层干起,一直在我们企业工作,以工作细致、高效在企业内著称。在安排工作时,通常事无巨细,在工作会议上会将每项工作安排到各部门,并具体到人,严格控制工作完成进度,并对很多细节进行提前布置。在工作中,也会时刻询问完成情况,确保工作顺利进行。

第三任总经理是一位55岁的男领导,有在民企、外企工作经验,并曾到我们企业的下游企业进行过调研,工作经验非常丰富,专业知识也十分过硬。在工作中,他通常会引导我们开展工作,并会在过程中向我们进行原因分析和阶段性总结,对我们而言收获颇丰。

第四任总经理是一位58岁的男领导,接近退休年龄,性格较为开朗,擅交朋友,在企业中有着非常好的人缘。平日工作中会经常与同事或下属聊天,包括工作和生活。当下属遇到困难时,他会想尽办法协助下属解决问题,渡过难关,故在企业内有着较好的声誉。

从上述例子不难看出,实践领域的领导者和领导行为是多元化的,没有也不可能有一个统一的标准。古今中外历史上那些杰出的领导者,他们所表现出来的多姿多彩丰富了整个人类社会的发展。商业领域中叱咤风云的领导者不仅让整个商业社会充满了活力,也让经营管理更具魅力。或许,正是这种实践的多样性才是领导现象充满魅力的关键原因。

1.3　领导的基本模型

通过前面的学术定义和现实实践,我们知道虽然对领导存在各种理解,但是透过丰富多彩的学术研究和实践现象,根据本书对领导的定义,其基本模型如图1-1所示。

这个模型将领导看作一个系统,这个系统由四个主要因素决定:领导者、被领导者、影响、环境。换句话说,领导效能是四个要素共同作用的结果,单纯地强调某一个要素而忽略其他都会影响领导效能。这四个要素是本书后面四章分别讨论的内容,也构成了本书的基本框架。

图 1-1　领导基本模型

1．领导者

毫无疑问，在领导系统中，起到决定作用的是领导者本人，他也是领导系统中的主体。有关领导者的研究通常聚焦在两个问题：一个是领导者职责，也就是领导者的行为；另一个是领导者的素质。这其实就是领导研究中两大理论流派的重点关注。虽然相关的研究随着环境的变化不断得出新的"结论"，但其中的逻辑从来没有改变：具备什么素质的领导者应该做些什么。本章不仅讨论领导者最基础的职责以及最基本的素质，还将站在动态发展的角度探讨领导开发问题，从而使领导者不是一种个别现象，他的连续性是组织领导效能得以持续的重要保障。

2．被领导者

这是最不应该但却是经常被忽略的领导系统的关键要素。强调领导者的理论似乎有这样一个默认假设，那就是，只要领导者优秀，他就始终能给组织带来绩效。很显然，现实的实践往往不是这样。一个领导者的成功更多的是因为他拥有一支优秀的被领导者队伍，一个曾经成功的领导者在更换组织后常常就风光不再，这其中最关键的因素就是被领导者发生了变化。被领导者无论作为个体或群体的一员，只有参与、配合、接受领导者的领导，才能成为领导系统效能的贡献者。被领导者与领导者关系的好坏、对目标任务的理解和接受程度，对领导者权力的支持程度，以及自身的成熟程度，都直接影响领导方式和领导效能。第 3 章首先分析被领导者作为人的属性，对对象的认识和了解是做好相关工作的基础；接着，将介绍被领导者建构中的三个关键问题：甄选、绩效和薪酬；最后，将重点说明与领导者和被领导者密切相关的团队行为。

3．影响

被领导者在领导者的影响下发生行为。虽然被领导者也会对领导者施加影响，但是在二者的关系中，领导者居于更加有力的影响地位。社会心理学的理论已经为我们提供了多种的影响策略，这些策略既可以反映到个体层面，也可以在群体层面起到积极的作用。第 4 章将领导者的影响力更为明确地表示为一种权力。需要非常清楚的是，今天和未来的领导者在权力构成方面已经与过往的领导者大不相同，这主要是因为环境以及被领导者发生了很大的变化，领导者必须清晰地了解自身权力的转移。通过权力施加影响，这就会造就不同的领导风格。第 4 章还将介绍领导学研究中已经非常成熟的领导模式。

4．环境

领导效能的保障离不开对领导环境的理解和建构。只有当环境与领导行为相得益彰时，领导效能才能够得到最大的保障。与环境最为密切相关的领导行为就是变革，领导者的主要任务就是根据内外环境的变化调整组织从而更好地发展。虽然领导者喜欢谈论变革，但是真正能够将变革推动起来并且能够成功地实现变革却是不容易的任务。第 5 章将介绍变革的关键要素，这些虽然不能保障变革的成功，但却可以让人们少走点弯路。在领导环境中，最为关键的就是人们之间信任的建设和经营。当领导者与被领导者以及被领导者之间有了信任，领导效能也就有了扎实的基础。第 5 章还将介绍企业文化，一方面领导者对文化的形成起到决定作用；另一方面文化对于领导环境起到了烘托的作用。

  本书所提供的模型没有什么创新之处，它只是将学术和实践对领导的总结回归本质而已，在此基础上，领导研究可以扩展，领导实践可以丰富。这个模型提供了简洁的系统框架，它可以帮助领导者建立有关领导的基本思路和方向。没有框架，思想就无法归拢，过于框架，思想又容易被局限，领导者可以在此框架基础上升华个人的认识和体会。

  领导，是古老的人类群体行为。当人类开始群体行为时，如治理洪水、建造宫殿、战争等，领导行为就已经产生了。每一个时代所涌现出的领导者自然会带有明显的时代烙印，每一个时代的领导者也必然面临新的挑战。回到商业领域，虽然历史短暂，但是它的多样性提供了更多、更丰富多彩的样本。今天的商业社会发展迅速，领导者会遇到很多新问题，也会因剧烈变化的表象而不知所措。这时，对领导问题的思考，最好是回到它本来的、最基本的含义上来，或许能够得到更多的启发。

第 2 章

领 导 者

在领导模型的四个要素中,对于领导效能影响最大的就是领导者。本章集中讨论有关领导者的三个基本问题:领导者职责,也就是领导者的行为是什么;领导者胜任力,也就是领导者为了有效履行职责应该具备怎样的综合素质能力;以及组织应该如何进行领导开发从而保障组织领导的持续有效性。

2.1 领导者职责

领导者应该做些什么或者领导者的行为是什么,这是领导学中有关领导者的基本问题,对这个问题的回答甚至构成了领导学研究的一个重要流派:领导行为理论。本节首先回顾领导行为理论流派的基本观点和经典模型;在此基础上,本节还将区别另外一个特别容易与领导混淆的概念:管理;最后,本节将着重介绍领导者的基本职责。可以观察到的领导者行为差异很大,在理论上对领导者行为也存在不同的认识,本书将更加聚焦于那些最基本的行为。

2.1.1 领导行为理论

20 世纪 40 年代产生了领导行为理论,发展到今天,其中比较有代表性的研究理论为领导行为四分图理论、管理方格理论和 PM 理论。下面,逐一简要介绍。

1945 年由美国俄亥俄州立大学研究者提出的"领导行为四分图"为领导者个人行为理论奠定了基础。该校研究人员将领导者行为分解为两个方面:"抓工作组织"和"关心人"。"抓工作组织"是以工作为中心,领导者为实现工作目标,规定自己和下属的任务,包括进行组织设计、明确职责关系、制订计划、建立信息途径、确定工作目标等。"关心人"是以人际关系为中心,包括建立互相信任,尊重下级的意见,注意下属的感情、需求和问题等。他们以"抓工作组织"为横坐标,以"关心人"为纵坐标,通过这两个维度的组合就区分了领导者的四种行为。如图 2-1 所示。

从图 2-1 可知,如果一个领导者是"高'抓工作组织',低'关心人'",那他最关心的是岗位工作,如组织设计等。反之,一个"低'抓工作组织',高'关心人'"的领导者,他会更多地关心上下级之间的密切合作和良好的人际关系等。在这四种领导风格中,研究者认为"高'抓工作组织',高'关心人'"是最佳的领导行为。

俄亥俄州立大学研究者用领导行为四分图分析领导者,并根据调查结果在图上评定领导者的类型,这是以二度空间表示行为因素的首次尝试,为以后领导者行为的研究开辟

图 2-1 领导行为四分图

了一条新途径。在"领导行为四分图"研究的基础上,1964 年布莱克和莫顿提出了"管理方格图"(management matrix),并于 1984 年修订改名为"新管理方格"。需要说明的是,虽然两位学者将这个模型定义为管理方格图,但它的确描述的是领导行为,下一节我们将区分领导与管理。管理方格图的具体形式如图 2-2 所示。

这是一张九等分的方格图,横坐标表示领导者对生产的关心程度,纵坐标表示领导者对人的关心程度。两条坐标轴各为划分为由 1 到 9 的标尺。整个方格图共有 81 个小方格,每个小方格表示"对生产关心"和"对人的关心"这两个基本因素相组合的领导方式。在评价领导者时,可根据其对生产的关心程度和对员工的关心程度,在图上寻找交叉点,这个交叉点就是他的领导倾向类型。

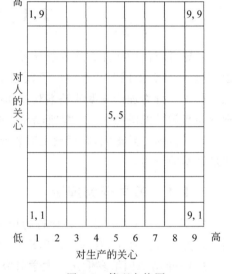

图 2-2 管理方格图

布莱克和莫顿在方格图中列出了如下五种基本类型的领导方式。

(1,1)贫乏型管理:领导者对员工和生产几乎都不甚关心,他只以最小的努力来完成必须做的工作,这种领导方式将会导致失败。

(9,1)任务型管理:领导者集中注意于对生产任务和作业的效率,注重计划、指导和控制员工的工作活动,以完成企业的生产目标,但不关心人,很少注意提高员工的士气。

(1,9)俱乐部型管理:领导者集中注意对员工的支持和体谅,强调满足员工的需要,努力创造一种舒适和睦的组织气氛和工作环境,使人心情舒畅,像俱乐部一样就能把生产搞好,但对规章制度、指挥监督、任务效率等很少关心。

(5,5)中间型管理:领导者认为应使工作任务的完成与员工的满意状况保持平衡,以求得正常的绩效水平,只追求正常的效率和基本满意的士气,但缺乏创新精神。

(9,9)战斗集体型管理:领导者对员工、生产都极为关心,努力使员工个人的需求和组织的目标有效地结合,建立命运与共的友爱集体,因而员工关系和谐,士气旺盛,会进行自我控制,生产任务完成得极好。

布莱克和莫顿提出这种理论,比领导者行为四分图的模式前进了一步,两种因素不同程度的组合可形成不同领导方式,从而避免领导工作趋于极端。管理方格理论对西方的经理阶层和管理学界产生了较大的影响。

日本学者三隅二不二于20世纪60年代在吸取前人研究成果的基础上,提出了著名的PM理论。该理论也是从两个维度来分析领导行为的,在形式上与领导行为四分图相似,但是把群体作为一个整体来研究领导行为和群体行为。该理论认为,群体具有两种功能:一种功能是实现群体的特定目标,即绩效(performance,P);另一种功能是改善群体自身的正常运转,即维持(maintain,M)。绩效功能是指领导者制订周密详尽的工作计划,要求员工严格按照所制订的计划去完成工作任务,并对员工的工作进展情况进行严密的监控,确保员工能顺利地完成工作任务。而维持功能具体来说是指领导者能关心员工,注重与员工建立和谐的关系;能采取合适的方式去激励员工,并给员工提供相应的支持;在领导过程中能给员工以自主权,能让员工自由地表达自己的观点和看法。PM理论认为,领导者的作用就在于执行这两种群体机能。

该理论采用PM问卷来评价领导,通常可以用一个两维的平面来表示,即以M为纵坐标,以P为横坐标,根据问卷评分多少,分别从M、P画出两条线,二线相交处即为该被测者在面上的位置。并且参照管理方格的思想,如果在P和M坐标中点,各引一条线,就可分出PM、Pm、Mp、pm四种领导类型(图2-3)。其中,PM型表示同时重视P职能与M职能的发挥,在两方面均表现优异;Pm型表示偏向于P职能的发挥,而对M职能相对忽略;Mp型表示偏向于M职能的发挥,而对P职能相对忽略;pm型表示对P职能与M职能的重视程度均不够,在两方面的表现均不够积极与出色。PM型被认为是最理想的领导行

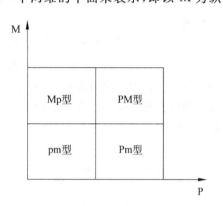

图2-3　PM理论领导类型

为。三隅二不二教授的PM理论研究综合分析了领导行为与管理情境因素,它克服了诸多领导理论的局限,综合了它们的优点,使其研究在分析技术上有自己的特色,具有很强的实用性和应用价值。

以上所列只是领导行为理论中的典型。类似比较有影响力的模型还有坦南鲍姆和施米特提出的独裁—民主领导的连续统一体理论。他们认为领导方式不是在两种方法(独裁的或民主的)中任选其一,领导连续统一体提供的是一系列的领导方式,领导者可以根据客观条件和要求,把两者适当结合起来。领导者不能机械地从独裁和民主两种方式中作出选择,而要根据具体情况,如历史条件、企业习惯、工作状况等来调整领导者的行为方式。

正因为行为比性格更容易观察和模仿,所以至今仍有许多领导学者坚持从行为的角度对领导者进行分析。在理性分析的模型基础上,并基于对社会实践的观察,学者们总结出很多更加具体的领导行为模型。例如,有学者总结中国企业CEO有六项主要领导行为:开拓创新、协调沟通、关爱下属、设定愿景、展示权威、监控运营;也有人总结领导行为包括以身作则、共启愿景、挑战现状、使众人行、激励人心五个方面。不同的研究背景和研

究角度,表现在领导行为的罗列上就是增增减减。

综合各种领导行为理论,它们的根本目的就是试图发现适应环境的、成功的领导行为。其隐含的逻辑是,一旦证明某种行为是有效的,那么其他的领导人就可以学习这种行为。然而,行为理论过度强调行为和态度,忽视了行为背后的能力。于是,在领导开发中经常会出现"形似神不似"的情况,即后继者虽然尽量模仿领导者的行为,但由于从根本上不清楚领导行为背后的驱动力,因而领导效能大大不如前者。

2.1.2 领导与管理

研究领导总要先来界定领导与管理,这也几乎成了研究领导的一个模式。不管怎样,领导与管理的确是两个不同的概念,但在经营实践中,人们经常将两个概念混为一谈。似乎这并不是一件多么重大的事情,但是概念的混淆势必会影响到个体在领导和管理中的行为表现。为了更好地理解领导行为,分析领导与管理的异同还是非常必要的。在深入分析领导与管理时,因为研究的目的和角度不同,研究对象的情况不同,研究者会有不同的归纳。

领导学家约翰·科特在《现代企业的领导艺术》一书中指出:一方面,管理和领导并不互相排斥,两者相互补充,有时是重叠的;另一方面,同领导相比,管理更正规、更科学,而且也更为普遍。也就是说,管理是一套看得见的工具和技术,这些工具和技术建立在合理性和实验的基础上。在之后的一系列著作中,科特又进一步从过程的角度分析比较了企业组织中的管理和领导,具体见表2-1。

表2-1 归纳比较复杂企业组织中的管理和领导

过 程	管 理	领 导
制定议程	计划、预算过程——确定实现计划的详细步骤和日程安排,调拨必需资源以实现计划	确定经营方向——确定将来,通常是遥远的将来的远期目标,并为实现远期目标制定进行变革的战略
发展完成计划所需的人力网络	企业组织和人员配备——根据完成计划的要求建立企业组织机构,配备人员,赋予他们完成计划的职责和权利,制定政策和程序,对人们进行引导,并采取某些方式或创建一定系统来监督计划的执行情况	联合群众——通过言行将所确定的企业经营方向传达给群众,争取有关人员的合作,并形成影响力,使相信愿景目标和战略的人们形成联盟,并得到他们的支持
执行计划	控制、解决问题——相当详细地监督计划的完成情况,如发现偏差点,则制订计划,组织人员解决问题	激励和鼓舞——通过唤起人们常未得到满足的最基本的需求,激励人们战胜变革过程中遇到的主要障碍
结果	在一定程度上实现预期计划,维持秩序,并具有能持续满足利益相关者主要期望的潜力(如顾客总是要力求准时,而股东则要求实现预算)	引起变革,通常是剧烈变革,并形成非常积极的变革潜力(例如,生产出顾客需要的新产品,寻求新的劳资关系协调办法,增强企业的竞争力等)

资料来源:约翰·科特.变革的力量:领导与管理的差异[M].方云军,等,译.北京:华夏出版社,1997.

由表2-1不难看出,在核心流程的各个环节,领导和管理的侧重点有很大的不同。尽管这样，但领导和管理却是组织同时需要的。任何一方不足都会对组织产生不良影响。科特在《变革的力量：领导与管理的差异》一书中详细阐述了管理过分而领导不足与领导有力而管理不足可能形成的情况。他认为，管理过分而领导不足必然形成以下情况：①非常强调短期目标，注重细节之处，侧重回避风险，而很少注重长期性、宏观性和敢冒风险的战略；②过分注重专业化，选择合适人员从事各项工作，要求服从规定，而很少注重整体性、联合群众和投入精神；③过分侧重于抑制、控制和预见性，而对扩展、授权、创新和鼓舞强调不够。而领导过分而管理不足也同样会给企业带来伤害：①强调长期远景目标，而不重视近期计划和预算；②产生一个强大群体文化，不分专业，缺乏体系和规则；③鼓动那些不愿意运用控制体制和解决问题的原则的人集结在一起，导致状况最终失控，甚至一发不可收拾。

企业组织要发展，必须使领导与管理有机配合，两者缺一不可。任何一个组织、任何一个领导者都面临在这两者之间寻求一个平衡的问题。

与科特不同，奥地利学者 H. H. Hinterhuber 则从更细分的角度对领导与管理行为进行比较，其比较的范围比科特的研究更加宽泛，见表 2-2。

表 2-2　领导与管理

管　　理	领　　导
创造性地解决问题	发现新的机遇，并结合能力利用机遇或使其得到利用
在某一范式内工作	创造一种新的范式
在系统内工作	在系统边缘工作
借助他人的方法和技巧来调动人和事	激励员工使其达到最大工作效率
以人为本	尊重他人
行动的观点	服务的观点

资料来源：Hinterhuber H H, Krauthammer E. 领导的十大任务——领导与管理的差别[J]. 工业工程与管理，1998(3)：5-9.

他认为，企业既需要领导，也需要管理，只有二者兼备，才能在剧变的时代发现新的机遇，才能比竞争对手或其他相关企业更好更快地满足投资者的需求。从根本上说，领导和管理二者各自的主要功用不同，前者能带来有用变革，后者则是为了维持秩序，使组织高效运转。一方面，这并不意味着管理与变革毫无联系，相反，管理与有效的领导行为相结合，能创造出更为有序的变革过程；另一方面，这也不意味着领导与秩序毫不相干，相反，有效的领导与高效管理相结合，将有助于产生必要的变革，并使变革沿着企业预期的方向进行，同时使混乱的局面得到控制。

在领导和管理二者之间，领导是较之于管理更为重要的一项任务。因为领导是发现新的机遇，并结合能力利用机遇或使其得到利用，这在未来是相当重要的工作，也是相当困难的工作。尤其是领导者还必须知道如何创造新的工作范式，并在工作中通过激励员工使其达到最大工作效率。

通过上面两位研究者的比较，我们知道领导与管理既有关联、也有差异。后来的研究者虽然从不同角度来研究领导与管理的差异,但基本上都是在他们所界定的框架内。还有人们津津乐道的"Do right things"(做正确的事)和"Do things right"(把事情做正确)则是从更江湖的角度来区分领导与管理。

区别领导与管理,不仅可以从理论上更加廓清领导的真实含义及其包含的内容,在具体实践上,只有认真地把握住二者的区别,领导者才可以更加清楚自己的行为。人们经常说各司其职,前提就是要知道自己的职责,领导者也必须知道自己的具体职责。

2.1.3 基本职责

理论上对领导行为有不同的认识,在现实实践中,领导者所表现出来的行为也是丰富多彩的。剥离领导者展现出的各种精彩表象,本节聚焦于领导者最基本的行为,将领导者的基本职责归纳为四个方面:确立愿景,团结下属,沟通交流,跟进激励。

1. 确立愿景

"愿景"这个词,是从英文 vision 翻译过来的。简单来说,愿景就是对组织未来发展的描述。在领导者的语汇里,愿景是出现频率最高的词语之一。作为一个概念,愿景经常会与企业目标混淆,因为目标也是对组织未来发展的描述。其实,可以通过实践维度来最简单地区分愿景和目标。以时间为单位,企业目标可以分为短期目标(1~3年)、中期目标(3~5年)、长期目标(5~10年)和战略目标(15~25年)。而对愿景却没有具体的时间限定,它是企业终极目标的表达。

所以,企业在制定愿景时不能受到目标的约束,而要站在最长远的角度去审视企业的发展。这样一来,企业的愿景通常就不再是对自身发展的一般性描述,而必然站在社会和人类发展的角度进行思考。在这种情况下,愿景更是一种非理性的、来自个人或团队内心的向往和对未来的承诺,它所呈现的图景有一点夸张,有一点不近常理,甚至有一点过于理想,字里行间体现着企业伟大的、高尚的追求,但这恰恰是愿景的特点。

领导者需要知道,凝聚整个组织的是愿景,而不是个人魅力或者物质奖赏,这也是愿景最大的作用。当组织成员牢固地树立了共同的愿景,在心理上他们就会表现出强大的向心力。当组织没有愿景或者组织成员不了解、不认同愿景时,他们就是一盘散沙,没有战斗力,一遇到风吹草动,大家就作鸟兽散了。伟大的愿景能够激发出组织成员内心深处最强大和最持久的动力。

确立愿景是领导者的首要职责,也是最重要的工作。为了使愿景能够切实发挥出应有的作用,领导者还应该注意以下三个方面。

(1) 愿景的设立是一个严肃的事情。愿景不是对管理时尚的附和,不是被竞争者驱使,也不是领导者或领导者集体情绪激动的产物。随着管理教育的普及,越来越多的领导者知道组织是需要一个愿景的,然后就例行公事地在战略和文化手册中写下来,似乎这样才是完善的管理体系。另外,企业领导者经常会请外部咨询公司帮助来形成企业愿景,愿景成了一些美好词语的堆砌。这些司空见惯的做法表明领导者内心对愿景还是不够重视。因为愿景是基于领导者内心思考和对外部环境缜密分析的一种稍偏感性但绝不意味隔绝理性的结果,所以领导者必须本着极其严肃的态度来对待愿景的设立。

(2) 愿景必须是组织成员共同的。彼得·圣吉在《第五项修炼——学习型组织的艺术与事务》一书中分析愿景失效的原因时,认为很多公司的愿景形成过程是由上而下,或者借助咨询公司的帮助,这样产生的愿景通常是最高领导者个人的想法,而没有将组织成员的想法吸收进来。

许多企业在发展过程中,都会遇到类似的情况:在企业发展的最初阶段,创业者更多的是扮演领导者的角色,下属人数不多,大家经常一块儿讨论未来发展的方向。这样,公司的各项决策基本上都是共同讨论的结果。企业规模扩大后,创业者更多地成为企业管理者,过往的成功所产生的自负使得最高管理层更倾向于根据自己的想象来确定愿景,然后将这种愿景强加于成员,结果就是"人们无法了解与感到共同拥有这个愿景,新出炉的官方愿景也无从孕育出能量与真诚的投入"。所以,圣吉教授特别提醒有意义的愿景必须是"共同"的。

(3) 愿景的传播是一个不断重复的工作。约翰·科特教授认为造成愿景失效的原因是人们没有记住愿景,他在论述组织的愿景时,曾经用讨论愿景的词与人们接触到的词的数量对比来说明为什么人们在客观上没有办法记住愿景。科特的说法虽然多少有一些比喻的色彩,但不管怎样,组织成员记不住愿景是非常普遍的事实。如果人们没有记住这个愿景,他们就会按照自己的想法来设定组织的愿景,接着人们就会按照自己对组织的设计去工作,于是就会出现大家都很努力但组织没有收益的情况。就像一则寓言所描述的,拉车的天鹅、虾和梭鱼,它们不是不认真,不是不努力,但是它们拉车的方向不一样:天鹅用劲往天上提,虾一步步向后拖,而梭鱼则朝着池塘拉去。这辆车怎么能移动呢?这则寓言所描述的情形在我们的组织内不也是经常发生吗?问题的关键就是人们没有统一的认识,而统一认识最根本的基础就是要牢记组织愿景。

为了使组织成员能记住愿景,领导者总是不遗余力地设计非常有特色的愿景描述,他们有时候甚至会用类似广告语来描述愿景。这样做的目的是期望人们能够记住愿景,更进一步讲,是期望人们只要看一遍就能记住。其实,能够被受众记住的广告词除了它的新颖之外,更重要的是不断重复。如果说前者是因为人们有兴趣主动记忆的话,那么后者就属于被动的记忆。愿景的不断重复对领导者是一件压力很大的事情。当领导者重复愿景的时候,他必须忍受来自下属的不屑和漫不经心。或许开始的时候他们在认真听,之后他们就会嫌弃领导者的唠叨,虽然他们有听的姿态,但是他们却没有真正听进去。这种情形其实也是非常普遍的,例如,在会议现场,人们经常挂在嘴边的话是"又来了""还是老一套"。面对这种情形,领导者应该如何处理呢?没有别的方法,继续讲!这时人们的情绪可能从不屑转变为厌恶,领导者应该怎么办?继续讲!只有当愿景通过不断重复被组织成员记住并成为他们工作生活习惯的时候,愿景的作用就能显现出来了。

愿景,在管理学的很多领域都被提及,如战略管理、企业文化等。一个年轻的企业或领导者未必能够意识到愿景的价值,但这个貌似比较虚无的概念却能发挥出很多实际制度所具备的作用。只要领导者本着严肃的态度去思考、建立它,并不厌其烦地宣传它,它会深刻地影响组织内部管理的方方面面。补充一下,对于中基层领导者来说,将组织愿景结合自身具体工作,细分为更加具体的目标,对员工的影响将会更加直接,也会更加有效。

2. 团结下属

在确立组织目标之后,领导者最重要的工作就是团结下属,就是带领最大多数的组织成员朝着目标前进。事实上,目标能否顺利达成与领导者团结下属的情况是密切相关的。团结的下属越多,领导者本身就会越强大,而没有追随者的领导者本来就不是真正意义上的领导者。

领导者团结下属的效果受到许多因素的影响。例如,明确的、激动人心的愿景使人们愿意投身组织,尤其是当愿景所承诺的未来实现的可能性不断增加时,愿景就会成为领导者非常有力的团结下属的工具;领导者个人的人格魅力也会使人们感觉到团结在他周围才有可能实现未来等。可是,在日常的管理和领导工作中领导者如何去团结下属呢?这里,让我们不妨回到领导者都特别熟悉的组织结构图。在那张充满理性的、描述组织内各个部门职责以及个体位置的图里,我们可以发现有关团结的两条隐含线索。

(1) 与直接下级保持同样的距离。任何一个组织的结构图都清晰地画出作为上级的领导者和他的每一个直接下级的距离线段是等长的。这就意味着,在处理与直接下级的人际关系时,领导者要本着等同的心态,与每一个下级保持同样的距离。领导者日常行为表现出的亲疏远近直接影响到下级的忠诚度。领导者与某位下级过于亲近的同时,就自然拉大了与其他下级的心理距离,这样就会造成下级间的心理不公平,进一步,领导者就会失去其他下级的拥护。

领导者与被领导者在组织内是有距离的。实际上,处在不同组织层次上的员工所遵循的游戏规则是不一样的。如果领导者与一些被领导者关系更为密切,就是将自己置身于被领导者的游戏规则中。本来是作为裁判的领导者就和游戏的一部分参与者有了共同的利益,领导者势必会失去公平公正,而其他参与者就一定会被伤害,领导者就不可能团结到他们。

(2) 不能随意干预下级的下级的工作。为了表达的方便,这里把下级的下级定义为基层员工。有些领导者喜欢干预基层员工的工作,他的目的可能是想直接了解他们的工作状态,可能是看到他们的工作没有达到组织的要求,也可能是为了展示权威,还可能就有这样的工作习惯等。但不管是出于怎样的目的,基层员工的事情应该交给他的上级去办,领导者随意干预的行为直接导致的就是混乱。按照"统一指挥原则",一个下级只能接受一个上级的指挥,即上级不能越级指挥下级,下级不能越级请示汇报,否则就会出现混乱的局面。

进一步,领导者直接干预基层员工的工作,在某种程度上表明基层员工与其直接上级处在同一个心理层面上。这不仅会令基层员工的上级感到某种程度的尴尬,而且基层员工感受到的"荣耀"也会使他一时间有了两个上级,究竟他应该听谁的呢?这种典型的违反统一指挥原则的领导行为根本上就是给基层员工的上级添乱。另外,一个基层员工被领导者直接干预了,其他的基层员工也就有了一种期望被领导者干预的梦想。如果这种心态在基层员工中展开来,当基层员工认为他们都有可能与领导者直接交流和听取指令时,其直接上级的权威就无从谈起了。

当然,如果领导者确实感到要了解下属的工作,那么他完全可以把这样的一种随机的干预变成是制度性的沟通。例如,可以通过员工见面会、恳谈会等形式来正大光明地"干预"。领导者切不可因为一些随意的行为伤害或混乱员工的行为,否则对团结有着极大的伤害。

如果把俗语"浑身是铁能打几个钉子"应用到领导情境中,它就是在告诫领导者必须认识到自身的局限,要能够最大限度地团结下属。一个领导者能力再强,光杆司令也很难成气候。如果把团结看成滚雪球,多看看组织结构图,更加注意自身的行为,领导者才能够滚出更大的雪球,也才能有更加雄厚的基础去实现愿景。

3. 沟通交流

领导者通过沟通来给下属安排任务,组织内的信息经过沟通才能流通,组织也必须通过沟通才能完成计划达成目标。沟通,简单说就是信息交流,是信息发送者通过一定的沟通渠道把信息传递给其他人的活动。沟通流程如图 2-4 所示。

图 2-4　沟通流程

沟通过程始于信息发送者,发送者有责任确保信息能准确传送到接收者。在沟通过程中,发送者最容易在语言表达上发生问题,年龄、教育程度、文化背景等都会影响发送者对语言的使用。在沟通过程中,发送者常会简化或改变传递的信息,这不仅使所传递的信息内容和意义变得模糊不清,而且会出现信息失真的情况,使接收者感到困惑。另外,在沟通过程中,信息发送者对于信息接收者的情况想当然,不能全部传递信息或者有选择地传递信息,"我以为你知道"或者"我以为你知道的和我知道的一样"等就会造成沟通不彻底。

从接收者的角度看,如果没有注意到传送来的信息、错误理解信息的含义,或是因为信息大量涌入造成接收者负荷过重不得不忽略某些信息,或只是稍加浏览,这些都会影响沟通效果。另外,接收者也常常会出现选择性收听,就是对自己偏好的信息会放大,而对自己不喜欢的信息会缩小甚至视而不见。

领导者想要成为良好的沟通者,就不仅要成为一个良好的编码者,还必须成为一个良好的解码者。作为编码者,领导者需要简化语言,传送信息时应保持短而简的原则(keep it short and simple),"干货"就是在表达人们对于沟通实质的追求,在表达时应谨慎用字遣词,信息整理得容易被接收者了解;作为解码者,领导者需要注意主动倾听,成为一个好的倾听者就是将自己对信息的接收状态清楚地传送给别人,倾听并不是一件容易的事,倾听通常比说话累,主动地倾听更是要全神贯注。

这里要特别强调沟通中的反馈。反馈不仅使得沟通双方对信息内容进行确认,保证无误地传递,也能够令双方都更加投入沟通的过程中来。由美国著名社会心理学家 Joseph Lufthe 和 Harry Ingam 提出的约·哈里视窗(Johari window),也被称为"自我意识的发现—反馈模型"或"信息交流过程管理工具",可以有效地强化沟通过程,解决沟通问题。

约·哈里视窗常见的表示方式是四个象限。第一象限是开放区(open area),即自己知道,别人也知道的信息。第二象限是盲点区(blind area),即自己不知道,但别人知道的信息。第三象限是隐藏区(hidden area),即自己知道,而别人不知道的信息。第四象限是未知区(unknown area),即自己和别人都不知道的信息。未知区是尚待挖掘的黑洞,它对其他区域有潜在影响。如图2-5所示。

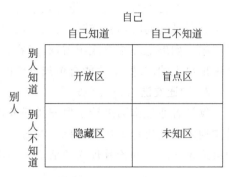

图2-5 约·哈里视窗

沟通的目的就是扩大开放区,这个区域也就是人们达成共识的区域。从模型看,扩大开放区有两个基本思路:第一个是让别人多知道或者是降低别人不知道,这就需要将自己的信息更多地曝光于别人。例如,领导者在与下属沟通过程中,可以尽可能地将自己的想法、工作的情况、任务的背景等告诉下属,这个过程就是沟通中的"给予反馈";第二个是让自己多知道或者是降低自己不知道,这就需要主动征求对方的意见或者询问自己不了解的情况,例如,领导者如果想要知道新制定的政策是否合理,就可以主动了解下属的反应,从而减少自己的认识盲点,这个过程就是沟通中的"寻求反馈"。在这两种思路下,约·哈里视窗就是图2-6的情形。

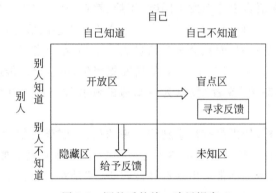

图2-6 调整后的约·哈里视窗

通过给予反馈和寻求反馈,信息的发送者和接收者能够达成更多的共识。与此相反,有些领导者不注意将一些可以公开的信息与下属共享,也不主动去了解下属的内心感受,不断扩大的隐藏区和盲点区就形成了沟通障碍。

4. 跟进激励

在实现目标的过程中,组织成员的状态会有起伏。这种起伏往往是因为人们情绪的变化造成的。个体情绪变化的影响因素是多样的,有个体自身的因素,如生理状态、家庭状态等,也有组织的因素,如工作环境、组织变革等。从表象看来,有时候人们的情绪饱满激昂,有时候也会表现出萎靡颓丧。很显然,如果个体的情绪是积极的、正向的,他就更有可能创造出优秀的业绩。相反,如果情绪低落,员工正常的工作业绩恐怕也很难保障。

正是因为情绪会影响人们的业绩,优秀的领导者都非常善于调控员工情绪。在这方面,望梅止渴的故事是一个很好的例子。有一年夏天,曹操率领部队远征,队伍走在崎岖的山道上。时值盛夏,道路两旁茂密的树木和被阳光晒得滚烫的山石让人透不过气来,行军的速度也慢下来,有一些体弱的士兵竟晕倒在路边。曹操看行军的速度越来越慢,心里很是着急。可是,大家连水都喝不上,又怎么能加快速度呢?曹操脑筋一转,用鞭子指着前方说:"将士们,我看见前面有一大片梅林,那里的梅子又大又好吃,我们快点赶路,绕过这个山丘就到了!"士兵们一听,口内生津,精神大振,步伐也不由得加快了许多。

这个故事清楚地告诉我们,个体情绪受到他们接收的信息的影响。在组织中,这些信息可以是组织的发展方向、战略决策,可以是来自上级领导的指示、命令,也可以是来自组织外部的其他因素。个体心情以及整个组织的氛围就是在各种信息的影响下变化着。当接收到积极的信息时,人们会开心,整个组织沉浸在喜悦的气氛里;当接收到消极的信息时,人们就会不开心,整个组织氛围好像也是阴云密布。

当然,尽管组织成员可以从其他渠道获得有关组织发展的信息,但来自领导者的信息是最直接、也是最能够产生强烈影响的信息。那么,接下来的问题就是领导者应该如何通过发布信息来控制员工情绪。在这方面,前景理论所讨论的有关消息发布的原则,很值得领导者思考和借鉴。简单地说,消息发布的原则如下。

如果你有两条好消息要发布,应该把它们分开发布。分别经历两次好消息所带来的幸福程度之和要大于把两条好消息加起来一次经历所带来的幸福程度。

如果你有两条坏消息要公布,应该把它们一起发布。两次损失结合起来所带来的痛苦要小于分别经历这两次损失所带来的痛苦之和。

如果你有一条大大的好消息和一条小小的坏消息,应该把这两条消息一起发布。这样的话,坏消息带来的痛苦会被好消息带来的快乐所冲淡,负面效应也就少得多。

如果你有一条大大的坏消息和一条小小的好消息,应该分别公布这两条消息。这样的话,好消息带来的快乐不至于被坏消息带来的痛苦所淹没,人们还是可以享受好消息带来的快乐。

虽然上述信息发布原则理性地告诉我们怎样才能产生最好的状态,但是在现实的经营实践中,人们的行为与这些原则所要求的正好相反。通常来讲,人们愿意把好消息一股脑儿地告诉给大家,所谓好事成双;而当坏消息出现时,人们喜欢隐藏、滞延或者缓慢地说出来。其实,这样做不仅无济于事,而且只能增加消息接收者的痛苦感。

从调控下属情绪跟进激励的角度,领导者需要认真理解并运用消息原则。当有多条好消息同时发生时,领导者应该学会忍而不发,要掌握好节奏,逐步地将好消息扩散到整个团队。而当组织遇到许多不利局面时,领导者也不应该每天都向大家传递那些负面因素。那些天天把困难挂在嘴边的领导者,不仅不能培养人们的危机意识,还会把组织成员的积极情绪消灭干净。

其实,领导者还可以变通一下对消息的理解。例如,领导者可以把一条好信息变成若干条小的好消息,然后再分步骤地告知组织成员,组织成员的心情就会更加好一些。领导者还可以把那些不好的消息先控制住,经过自己的过滤和分析,将它们整合成一条坏消息再告诉给组织成员,他们的痛苦感会减轻。

需要特别提醒的是,领导者传播信息的手段是多种多样的。除了报告、电子邮件、开会等正式方法外,还有一些非正式的方法如表情、身体姿态等,它们在传播信息方面的作用也是绝对不能忽略的。例如,领导者面部表现出的轻松、坚毅和乐观,会感染整个组织;而领导者的沮丧会使大家情绪低落。一个优秀领导者懂得情绪的重要性,通过驾驭信息,控制消息收放的节奏,从而对下属情绪加以控制。

以上所讨论的确立愿景、团结下属、沟通交流和跟进激励是领导者最基本的职责。这四项职责可以分为两类:确立愿景就是与工作组织相关,而另外三项职责都是与人相关。也就是说,在确定了方向后,领导者还是要做大量与人有关的工作。这么看来,本书所列四项职责仍然是领导行为理论学派的延续。需要强调的是,领导者自身、组织发展阶段、组织类型等因素都会影响实践中的领导者具体职责,但不管怎样,认真履行好这四项职责都是最根本的。

2.2 领导者胜任力

上一节讨论了领导者的行为,接下来讨论有效行为背后的素质能力。尽管对素质能力概念始终都存有争议,但却不妨碍领导者应该具备什么样的素质能力成为一个永恒的话题。围绕这个问题,领导学研究甚至出现了一个学术流派:领导特质理论,这个流派就是总结有效领导者的特征。今天,随着对领导的深入理解,撇开那些围绕在领导者素质上的神秘面纱,领导者胜任力理论在企业实践中得到了更加普遍的应用。领导者胜任力模型也不尽相同,本书将聚焦于有关领导者的基本胜任力。

2.2.1 领导特质理论

在理解领导者需要必备什么素质之前,我们先来了解一下领导特质理论。领导者个人特质理论,也被称为素质理论、品质理论、性格理论等,是早期研究领导的主要理论,是领导理论中最具广度与深度的一个研究分支。领导特质理论认为优秀领导者都具有共同的特征,因此这个理论总是力图从领导者个人品质和特性上找出有效领导的特征。

根据对领导者个人特质来源的不同解释,领导特质理论一般可分为传统特质理论和现代特质理论两种。传统特质理论认为,领导者的个人品质是与生俱来的,生来便不具备某种特质的人就不能成为领导者。而现代特质理论认为领导是一种动态的过程,领导者的特性和品质是在实践中形成的,是可以通过训练和培养造就的。

先来看传统特质理论。这个理论常常受到"伟人理论"的影响,它们的研究对象更多地聚焦于时代的领袖,并因此总结出"不可辩驳"的结论。不能否认的是,伟人的确都是那个时代优秀的领导者,他们所表现的素质能力是卓尔不群的。又因为广泛被认可的伟人,他们的事迹在后来的传播中不可避免地失真和神化,所以,在后来的文献中我们看到的伟人多少都带有一些神秘的色彩。在这样的背景下,常常会自然而然地产生一种观点,那就是伟大的领导者都是天生的。

撇开伟人理论所总结的种种光怪陆离,这个理论所带来的最大问题是:企业将会把重点放在领导者的挑选而不是培养方面。相信领导能力是由遗传和童年影响决定的人,总是将领导人通常具有非凡魅力的观点搬出来,因为一个人心理中独特的稳定因素来自基因遗传和早期形成的性格,不是后天能学到的。在这种思想的影响下,组织首先确立了能够成为领导人的特质,然后把工作重点放在通过各种经历去考察其成员,最后选拔那些能够胜任的成员成为领导人。这样的企业开始会把注意力集中在组织内部,但是当未能取得预期效果时,组织很容易会认为"我们的组织成员都十分平庸","没有千里马"等。于是,企业就会从外部寻找领导人。外部领导人虽然有着丰富的经营管理经验,但因为缺乏对组织的感情和融入,常常很难适应不同的领导环境,也就很难发挥出领导效能。

著名管理学大师彼得·德鲁克曾表达过:可能的确存在"天生"的领导者,但这种人太少,根本就不能成为主流,领导艺术必须通过学习获得而且也能够通过学习获得。这就是现代特质理论的基本理念。现代特质理论认为,不存在天生的笨人,所有人都同样可以被塑造成领导者,只不过一些人比其他人更有可能成为领导者。根据这种观点,企业将更加专注于其内部的成员发展。企业不再仅是通过一些经历去考验每一位成员,而是在公司整体战略的指导下,通过认真的分析,确定公司各层领导人所需具备的能力要求,然后有针对性地设计领导开发系统,并审慎地选择具有潜力的人员,配合企业整体的人力资源系统,培养真正符合企业需要的领导人。

也许某些领袖人物是天生的,有些领导者的独特魅力也很难通过规范的培养获得,但处在组织各个层面的、更广泛的领导者则是可以在认真分析的基础上培养产生的。他们未必为组织带来惊天动地的变化,但在他们坚定的支持和领导下,组织将能够在更大范围内顺利地完成预期任务。

20 世纪 80 年代以来,随着管理实践的发展和领导理论的深化,学者们从不同角度更进一步研究更普适的领导特质。W. Bennis(1984)发现魅力型领导有四个特质:远见;明确地对下级讲清这种目标和理想,并使之认同;对理想的贯彻始终和执著追求;知道自己的力量并善于利用这种力量。1986 年,Lord 等学者采用了元分析的方法对早期学者的研究成果进行了再次评定,发现智力、果敢和统御与个人对领导者的知觉有显著的相关。同期其他学者的研究表明区别领导者和普通人的关键素质是驱动力、诚实和正直、自信心、协调能力、商业知识。同时,根据他们的观点,这些特质可以是个人天生的,也可以是习得的,或者是两者都有。同期相关的研究还有,美国普林斯顿大学教授 William Jack Baumol 针对美国企业界的状况,提出了企业领导者应具备的十项条件:合作精神,决策能力,组织能力,精于授权,善于应变,勇于负责,勇于求新,敢担风险,尊重他人,品德超人。J. Congere 等人(1988)研究认为有七种关键特点能够区别魅力型领导与无魅力型领导:自信、远见、清楚地表达目标、对目标的坚定信念、不循规蹈矩的行为、作为变革的代言人、环境的敏感性。

近些年,在传统的魅力型领导研究的基础上,研究者们又进行了新的总结。中国学者如赵国祥和王金超(2008)发现中国军队魅力型领导人格特质模型包括社交性、感染性、坚韧性和开创性等要素;冯江平、罗国忠(2009)发现中国企业魅力型领导的特质结构是由亲和力、创新精神、愿景规划、关心员工和业务能力等要素组成的 5 阶模型,等等。

有关领导者特质的研究非常丰富,结论也是五花八门,但领导者个人特质理论的缺陷却是无法避免的,主要表现在以下几点:①过于强调领导者在整个领导过程中的主体地位,忽略了被领导者的地位和影响作用。事实上,一个领导者能否发挥其领导效能,会因被领导者的不同而不同,脱离被领导者来谈论领导者的品质和能力,是缺乏说服力的。②领导者的品质特征内容过于繁杂,且随不同情况而变化,很难准确探明获得成功的真正因素。③难以准确描述领导者所有特质特征以及在不同组织背景下的相对重要性。④个人特质理论过于强调领导者特质的标准性,忽略了领导者特质的差异性,显然,在一个组织获得成功的领导品质不一定能在另一个组织中获得成功。

尽管存在上述缺陷,但直到今天,有关领导者个人特质的研究也没有停止,研究者们总希望能够通过各种各样的归纳找到优秀领导者的特质。应该说,领导者个人特质理论的基本逻辑仍旧是可取的,如领导者是可培养的、领导能力是一个动态的过程等。实际上,这些年在组织中广泛应用的胜任力概念就是领导者特质延伸的一种新说法,有关胜任力会在下一节详细论述。

2.2.2 胜任力模型

既然领导者能够培养,那么,在具体的培养实施前,组织就需要明确所需领导者的标准。只有在明确的标准下,组织才能确定培养的方向以及培养的方法。领导特质理论提供了非常成熟的逻辑,借助这种逻辑,在实践中企业将学术背景的领导者特质具体为可操作的胜任力,这为领导开发奠定了基础。

1. 胜任力

"胜任力"一词源于英文 competency,意为能力、技能。作为管理领域的专业术语,"胜任力"产生于 20 世纪 70 年代,但它所期望解决的问题以及这个模型所表达的基本逻辑自古就存在。我国古代军事著作《孙子兵法》特别强调:"将者,智、信、仁、勇、严也",这一句可以说是中国古代管理思想中对胜任力最明确的描述。曹操认为"将宜五德备也",杜牧认为"智者,能机权、识变通也;信者,使人不惑于刑赏也;仁者,爱人悯物,知勤劳也;勇者,决胜乘势,不逡巡也;严者,以威刑肃三军也"。简单来说,智就是识时务、通权变;信就是言必信、行必果;仁就是泛爱众、得人心;勇就是不犹豫、不畏惧;严就是严肃军纪、有过必罚。直到今天,这五个标准仍然有相当的借鉴意义。

在现代管理理论中,科学管理之父泰勒(1911)通过"时间—动作研究"认识到优秀工人与较差工人在完成任务时的差异,并建议管理者据此方法分析工人完成任务所需能力的结构,进而安排系统的、有针对性的培训,以提高工人技能、优化组织效率。可以说,泰勒最早注意到人们在完成某项活动时所需的能力可以被划分为若干组成部分。在他之后,巴纳德(1938)将职业的道德准则、承担责任的能力、一般和特殊的技术能力、为他人制定道德准则的能力等作为管理者必备的能力,这是首次将能力结构分析应用到管理者的范畴当中。1954 年,弗莱那根提出"关键事件"方法,总结出管理者的七个工作要素,即生产监督、生产领导、员工监督、人际协调、与员工的接触和交往、工作的组织计划与准备以及劳资关系。以上三例都可以被视作"胜任力"研究的起源,他们虽然没有直接提出这一概念,却在实质上启动了该领域的研究。

1973 年,戴维·麦克利兰在他的经典论文《测量胜任力而非智力》中正式提出"胜任力"这一概念,并将其定义为"与工作或工作绩效或生活中其他重要成果直接相似或相联系的知识、技能、能力、特质或动机"。在麦克利兰的研究基础上,学者们纷纷提出了自己对胜任力的认识,并不断拓展研究空间,丰富该理论的内涵。Mclagan(1980)认为胜任力是"足以完成主要工作的一连串知识、技能与能力"。Boyatzis(1982)将胜任力看作"个人固有产生满足组织环境内工作需求的能力"。Spencer(1993)则认为胜任力是"和参照效标(合格绩效或者优秀绩效)有因果关联的个体潜在的基本特质"。Mansfield(1996)认为它是"精确技能与特性行为的描述",而 Green(1999)则将其视作"可测量的有助于实现任务目标的工作习惯和个人技能"。我国学者王重鸣(2000)结合我国国情,提出胜任力是"导致高管理绩效的知识、技能、能力以及价值观、个性、动机等特征"。

虽然有关胜任力的定义五花八门,有的偏重于特质,有的偏重于行为,但都能体现出一些共同点,这些共同点可以被看作胜任力的基本特征:①综合性,胜任力由多种要素组成,是知识、技能和自我意识、行为动机等要素的有机结合;②可识别性,只有那些能够将高绩效者和一般绩效者显著区分开来的特征才能称得上是胜任力;③动态性,胜任力是动态的发展过程,具有一定的可习得性和迁移性;④与工作的紧密性,胜任力必须与人的工作任务密切相关,是个人能力与工作情境的有效匹配。

2. 胜任力模型

在胜任力概念的基础上,从管理实践的角度,理论界和实践者期望总结出一些能够用于指导具体工作的方法,这就是所谓的胜任力模型(competency model)。一般认为,胜任力模型是达成某一绩效目标的、一系列不同能力要素的组合,是组织中特定的工作岗位所要求的与高绩效相关的一系列可分级的、可测评的素质或素质组合。

关于胜任力模型的结构,学界更是仁者见仁、智者见智,并没有统一的标准。迄今为止,普遍被接受的胜任力模型主要有三种:冰山模型(iceberg model)、洋葱模型(onion model)和胜任力辞典(competency dictionary)。

Spencer 等人提出的冰山模型将人的胜任力分为两大类(共六要素):水面上的冰山部分即显性胜任力,主要是技能知识,是胜任者的基本素质;水面下的部分被称为隐性胜任力,主要包括角色定位、价值观、自我认知、品质和动机,这部分往往被视为区分高绩效者和一般绩效者的关键要素。如图 2-7 所示。

图 2-7　冰山模型

洋葱模型由 Boyatzis 提出,是从另一个角度对冰山模型进行的解释。它像洋葱一样分为由内至外的若干层次,层层深入(图 2-8)。由外到内各种胜任力要素依次是知识、技能、态度、价值观及自我形象、个性、动机。

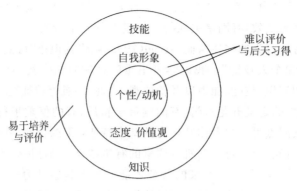

图 2-8 洋葱模型

胜任力辞典则将人们所应具备的七种胜任力特征编制成了一本辞典,通过对比该辞典中对每一项胜任力的评价标准,人们很快便能熟悉自身胜任力的长处与不足,构建出自己的胜任力模型。胜任力辞典见表 2-3。

表 2-3 胜任力辞典

成就与行动	成就导向,重视秩序、品质与精确,主动性,信息收集
协调与服务	人际理解,顾客服务导向
冲击与影响	冲击与影响,组织直觉力,关系建立
管理	培养他人,命令,职位权力的运用,团队合作,团队领导
认知	分析式思考,概念式思考,技术/专业/管理的专业知识
个人效能	自我控制,自信心,灵活性,组织承诺
其他个人特色与能力	职业偏好,准确的自我评估,喜欢与人相处,写作技巧,远见,与上级沟通的能力,扎实的学习与沟通方式,法律意识,安全意识,与独立伙伴/配偶、朋友保持稳定关系,幽默感,尊重个人资料的机密性等

除了这三种比较通用的胜任力模型外,因为胜任力与工作有关,在管理实践中,人们自然会根据组织的特定情况总结出更适合自身的胜任力模型。20 世纪 70 年代,美国管理协会根据抽样调查得出成功管理者的五项重要胜任力:专业知识、心智成熟、企业家成熟度、人际间成熟度和在职成熟度。Boyatzis(1982)用行为事件访谈和学习风格问卷等方法对 2 000 多名管理人员进行了胜任力分析,得出管理人员的胜任力通用模型,提出六大特征:目标和行动管理、领导、人力资源管理、指导下属、关注他人和知识。在领导者胜任力方面,L. M. Spencer 与 S. M. Spencer(1983)总结出区分优秀企业家与一般企业家的七个特征:主动性、捕捉机遇、坚持性、关注质量、自信、监控和关系建立。

尽管胜任力模型的结构不尽相同,但它们都有以下的共同特征,而正是因为胜任力模型的这些特征才使得它成为领导开发系统的基础。

(1)一个胜任力模型通常会充分描述未来工作的努力方向,这会对未来的工作承担者提出要求。

（2）当一个人具备胜任力模型中更多的因素时，他也就具备更高效工作的可能性，这样的说法就为未来的领导者培养指明了方向。尽管这一点经常被质疑，但毫无疑问，一组罗列清晰的能力会使与领导者培养相关的各方行动更有效率。

（3）胜任力模型提供了标准，将它与目前的工作承担人对比，就能对他进行相应的人事处理。

（4）更重要的是，组织会认为胜任力将过去的基于主观判断的管理科学化起来，这也将有助于领导开发系统得到组织内各方面的支持和参与。

3．胜任力模型的应用

根据前面的分析，胜任力虽然是20世纪提出的新概念，然而它反映的是贯穿于几千年人类历史中的旧问题——如何选拔和培养人。在戴维·麦克利兰之前，已经有许多人在研究更好地选用人才的方法并付诸实践，他们按照自己心中的理想人选制定了一系列标准，然后"按图索骥"地挑选心仪的有用之才。直到麦克利兰提出胜任力概念才真正使人才培养工作呈现出规律性。不管怎样的模型以及怎样的称谓，根本目的就是将"合适"的人放在"合适"的地方，这一点是从来也没有更改过的。

在早期中国历史上，禅让制就是典型的基于继承人胜任力的最高权力传承方式。根据《史记·五帝本纪》的记载：为了考验舜，尧把自己的两个女儿嫁给舜做妻子。舜让尧的两个女儿在家里遵行妇人的礼节。尧认为舜做得很好，就让舜担任司徒的职务，来协调父子、君臣、夫妇、兄弟、朋友间的关系，又经常让舜参与百官事务，舜都处理得井井有条。尧还让舜接待来朝的宾客。舜不但把接待工作做得很好，而且表现得很有威严，诸侯和远方宾客对他都很恭敬。尧还派舜到深山和大河里去办事，哪怕遇到暴风雨，舜也表现得十分镇定、勇敢，从不误事。尧认为舜有非凡的智慧，就把王位禅让给舜。

在这个事例中，尧将舜纳入候选接班人的范围后，又对其进行了详细而全面的考察。舜最初以孝悌闻名天下，又不惑于美色，在处理行政事务时也表现出娴熟的政治技巧，无畏的勇气更让他能够坦然面对山林川泽的暴风雷雨。若是归纳为胜任力要素，则可总结为品行正直、自我控制、开拓能力、知识技能等。因为舜的杰出表现，所以尧才将最高权力交给他。后来禹治水有功（可以体现专业知识、技能、管理能力、协调能力、与他人沟通的能力等），而且兢兢业业（可以体现价值观、自我认知等要素），表现出相当高的素质，所以舜又将权力移交到禹的手中。

今天，随着理论研究的不断深入，胜任力不再是单纯地用于识别员工能力素质的关键因素，它已经发展成为组织在人员管理方面的重要基础，并成为组织提升未来竞争力的重要工具。尽管胜任力还存在一些不足，但如果没有胜任力的逻辑，人力资源管理以及领导开发的工作将很难有效开展，简单分析如下。

（1）人员甄选。没有了胜任力的标准，人员的甄选就会主观和随意。

（2）人员配备。没有了胜任力的标准，忽视了工作对工作承担人的特定要求，人不一定不合适，只是没有配备到合适的岗位上。

（3）人员考核。人力资源管理理论中的绩效考核的目的不是简单的奖惩，而是要通过考核让人们认识到能力差距，并思考如何不断提升业绩。

（4）人员激励。通过胜任力分析，人们能够知道自己的差距，这就指出了前进的方向,也会调动人们内在的积极性。

(5) 职业发展。胜任力模型中所明确列出的标准,会让组织内部的职业路径变得更具现实性。

在不规范的组织或是中小企业中,领导胜任力的标准未必明确地显示出来,但是这并不妨碍组织沿着类似的逻辑选拔和培养领导者。对于那些较为规范或已具规模的组织,认真思考并积极构建领导胜任力模型是非常必要的,它必定为组织的长远发展奠定坚实的基础。

2.2.3 基本胜任力

虽然到今天,在理论上,有关领导者应该具备怎样的素质还是一个没有绝对标准答案的问题,在管理实践方面,企业更是根据自己的实际情况进行各种总结。从领导者的主要职责出发,本节探讨为了更好履行领导者基本职责所应该具备的关键素质,这种素质就是所谓的基本胜任力。基于领导者基本职责的顺利履行,一个领导者应该具备的基本胜任力包括目标导向、善待下属、精益求精和情商塑造。

1. 目标导向

与领导者行为中确立愿景相关联的领导者素质能力就是目标导向。愿景确立后,就需要一步步扎实地实现。通常,领导者需要把伟大长远的愿景分解成具体的阶段性目标。目标,这个管理学中最基础的概念,它对人们行为的影响表现在以下四个方面。

首先,目标设定具有指引功能。目标设定一方面能够唤醒员工使用其潜在知识和技能,另一方面激励员工去学习新的知识和技能。目标设定能够聚焦资源,避免将精力分散到不同的可能实现的目标中。因此明确的目标能够提高绩效,Wegge 和 Haslam(2005)针对团队绩效研究发现,那些目标比较明确而且达到目标比较困难的团队都比其他团队的绩效水平高。

其次,目标具有动力功能。Locker(1967)认为目标能把人的需求转化为动机,进而个体能够不断根据自己行为结果与目标的差距进行调整。德鲁克(1954)认为目标管理的最大优点在于唤醒个人的工作动机,用自我控制的管理来代替受他人支配的管理。Bandura(1997)认为目标跟自我效能感(特定任务自信度)高度相关,有意义的目标能够形成个人动机,而个人内在动机是行为表现的重要影响因素。

再次,目标影响坚持性。当允许参与者控制他们用于任务上的时间时,困难的目标使参与者延长了努力的时间(Laporte 和 Nath,1976)。目标难度越大,他下定决心持续努力达成目标的可能性越大,并且个人对目标的坚持也有效地降低了个体面对负面反馈(如困难)和消极情绪(如挫折)时的挫败感。

最后,不同类型目标有不同的效果。Elliot(1994)将目标分成三种定向:学习目标(mastery goal)、绩效验证目标(performance-approach goal)与绩效规避目标(performance-avoidance goal),研究发现自我效能感与前二者之间存在显著正相关关系,与第三种目标之间存在显著负相关关系,而学习目标比绩效目标(performance goal)更能激起内部动机。具有绩效验证导向的个体,倾向于获取有利评价和在他人面前证实自己的能力;绩效规避导向的个体倾向于尽量避免负面反馈和在他人面前暴露自己的无能。

除了上述这些影响作用外,目标导向下的领导者在进行决策和相关行为时,会自觉地以是否有利于目标的达成来作为判断的标准,这样就可以使领导者摆脱情绪波动的束缚,更加聚焦于理性的思维。例如,领导者经常会面对人事决策,也就是如何用人的问题。如果一个领导者是目标导向的,那么,用什么人就会取决于这个人是否胜任工作;而如果这个领导者心中没有明确的目标,那么,在决策时就不可避免地会受到人情世故或个人好恶的影响。可以这么说,优秀领导者对于下属没有什么好恶,他更加重视谁能帮助更好地实现目标。目标提供了领导者决策权衡时的重要依据。另外,目标导向的领导者在采取手段时会保持灵活的状态,因为有目标的约束,领导者的这种灵活又不至于失去原则。如果说得贬义一些,那就是"为达目的不择手段"。

2. 善待下属

在前面的管理方格理论中,我们能清晰地看到领导行为的两个维度:对工作的关心和对人的关心。领导者不仅要处理好工作的方方面面,而且要处理好与员工的人际关系。管理学的研究表明影响员工工作态度的因素是多种多样的,但在这其中,领导者与员工关系的亲疏远近对员工工作的投入度确实有着极大的影响。显然,如果领导者与员工关系密切,员工就能更投入地为领导者分担。

接下来的问题就是,领导者应该与员工建立怎样的关系以使他们更加优异地表现?这个问题与当年齐宣王请教先贤孟子的问题没有差异。当时,齐宣王希望能够得到大臣们的认同和积极投入。孟子的回答是"君之视臣如手足,则臣视君如腹心;君之视臣如犬马,则臣视君如国人;君之视臣如土芥,则臣视君如寇仇"。这番载入《孟子·离娄下》中的谈话很清楚地界定了领导者与组织成员关系的三种情况。虽然组织当中的领导者和组织成员的关系不能用古代所谓的"君"和"臣"来概括,但并不妨碍从中得到借鉴。

第一种情况当然是最理想的。没有哪一个企业的成功只靠领导者自己,领导者必须依赖于一个紧密团结的集体。这个集体是以高度信任维系的。这就意味着领导者必须与一些员工建立非常紧密的关系。领导者把员工看成自己的兄弟姐妹,那么作为回报,员工也就能够为领导者肝脑涂地。领导者将心比心的做法能够与员工建立亲密关系。在这种关系下,员工对领导者高度忠诚,领导者也能够把重要事情托付他们去办理。讲求仁爱的儒家特别强调对等,领导者和下属基于相互尊重和关心建立起的关系是整体组织效能的基础。

第二种情况是比较现实的。领导者不可能与组织中所有成员都建立亲密的关系,大多数员工和领导者之间就是简单的工作关系。领导者如果把组织成员看成实现组织目标的必要,那么他与组织成员之间就是一种非常清楚的、有既定规则的交易。彼此之间没有什么积极的感情,也没有什么消极的感情。大家只是按照职业规则办事而已。

第三种情况则是一定要注意避免的。领导者如果在心目中极端轻视员工,把他们当成可有可无的"土芥",那么员工对领导者就会产生憎恶甚至仇恨的情绪。这是领导者与组织员工之间最恶劣的状态。在这种状态下,领导者怎么能指望下属投入工作。在长期心理不公平情形下的员工,还有可能出现反生产行为。

尽管不能说先贤的论述就涵盖领导者与员工的所有关系,但孟子的论述解释了一个非常重要的问题,就是在领导者和下属之间谁应该付出在先的问题。领导者与员工的关系建设的主动权是在领导者一方。即使不能与组织内的所有成员建立密切的兄弟感情,也要和部分员工保持密切关系以得到适时的支持,而对待大多数员工就可以通过工作关系维系。那种轻视员工的态度是最要不得的,因为那不仅不能带来支持,而且还会产生不良情绪。尤其当组织面对困难或企业领导者遇到压力的时候,他不仅不能从员工中得到支持,相反他会发现自己将面对十分窘迫的情形:众叛亲离,墙倒众人推。

在善意的驱动下,积极建设与员工的关系,这是领导者的重要素质,也能够帮助领导者更好地团结下属。撇开江湖的色彩,人们常常说的"讲义气""大哥"等词语表达的就是领导者对下属的善意。有时虽然显得粗俗,但本质是一样的。

3. 精益求精

尽管完美是难以实现的,但是追求完美、不断精进却是领导者的必需状态。在管理学理论的各种模型中,与精进思想完美呼应的就应该是全面质量管理中的戴明循环。推动戴明循环顺利进行的关键,就是领导者和下属之间大量的沟通。在计划阶段,领导者需要就工作目标、工作任务等与下属沟通确认,领导者将自己的期待、下属将自己需要的支持等开诚布公地交流;在执行阶段,领导者需要随时了解工作进展并且控制任务是在既定的方向上;在检查阶段,领导者了解任务进行的状态;在改进阶段,双方交流工作心得并探讨未来的改进方案。可以说,没有沟通交流,追求完美是不可能的,而在精益求精的驱动下,沟通也会更加充分和彻底。

戴明循环本来只是在战术层面聚焦于质量改善,他的思想被后来的研究者应用到学习型组织理论中,让人们意识到相较于剧烈的组织变革,持续改进对组织有着更大的贡献。1994年,美国陆军抵达海地进行维和行动。在解除了一个镇子的武装后,战斗小组立刻进行事后回顾(after action review)。有个战士指出他注意到镇上几乎没有狗。于是,他们向当地警察借了一些大型德国牧羊犬,解除第二个镇子的武装比较顺利。他们又开会总结还有什么地方可以改进,有个战士注意到村民在家中比在大街上更容易合作,小组就决定要更多地在村民家中与他们沟通,他们在第三个镇子遇到的抵抗就更小了。小组又进一步总结,他们发现海地人非常尊重妇女,小组就决定让一名女队员担任领导,战斗就更加容易了。

《共有知识》一书讲述的这个故事极其鲜活地告诉我们持续改进的价值。太阳底下没有新鲜事,或者人们不可能总是经历着新鲜的事情,人们都是在重复着相同的工作。企业间的竞争常常就表现在谁能把那些共同的、普通的事情越做越好。如果人们只是机械地重复着,没有思考,没有积累,业绩就只能在原地停留,组织也就只能在原地停留。但如果人们能不断思考如何把那些司空见惯的事情做得更好,业绩就会缓慢提升,这就是持续改进。

其实,在领导者精益求精的督促下,整个团队自然会表现出三个状态:第一个是对于组织目标的严肃认真。精益求精的领导者对自己对下属都会有严格要求,这种要求会让整个团队都更加认真地对待每一项工作。没有严格的制度,没有严格的要求,人们就会自然而然地松弛下来,团队就会涣散。第二个是组织成员对组织的高度投入。当领导者追求卓越时,每个人都会从自己的角度去考虑如何改善让工作更加出色,在领导者的带动下,团队成员都会更加投入地工作。第三个就是整个团队氛围是积极向上的。虽然未必就能实现卓越,但是精益求精会让大家保持不断追求的精气神,它能够成就积极向上的组织氛围,那些不懈追求的领导者是团队正能量的来源。

4．情商塑造

情商(emotional quotient,EQ)是情绪商数的简称,它是指一个人在情绪、意志、耐受挫折等方面的品质。相较于心理学的其他概念,情商是一个从 1995 年才开始出现并流行的名词。因为这个概念是通过《纽约时报》专栏作者丹尼尔·戈尔曼撰写的轰动全球的《情感智商》一书才得以广泛传播开来,这并不是严肃的学术论文,所以,在学术界还在争论的时候,社会大众却已经非常迅速地接受了"情商"这个概念。

对于情商,丹尼尔·戈尔曼并没有提出一个精确的概念,但他认为情商包含以下五个主要方面。

(1) 自我认知。高情商者能够察觉某种情绪的出现,意识到自己的感觉,对自己内心深处的情绪情感和动机有清醒的认识。自我认知是情感智商的核心,也是最难做到的。"妄自菲薄"和"妄自尊大"是自我认知的两个极端。自我认知可以用一个最简单的问题来表达,"我是谁？"这其实是最难回答的问题。能够客观理性地回答这个问题才能摆正自己的位置,也才能更加游刃有余地与他人相处。

(2) 自我控制。高情商者能够控制和转移破坏性的情绪或冲动,维持感情平衡,调控自己的情绪,使之适时适度地表现出来。对于领导者来说,失控的情绪是决策最大的敌人,《孙子兵法》里"主不可以怒而兴师,将不可以愠而致战"就是这个意思。

(3) 自我激励。高情商者能够依据活动的某种目标,调动和指挥情绪。身处逆境而不气馁是领导者的基本品质,自暴自弃、意志消沉、无法抗压等都不是合格的领导者。马丁·路德金在他著名的演讲中就特别提到"在绝望的山上挖掘出希望的石头"。百折不挠、意气风发的领导者才能带领团队走下去。

(4) 移情。高情商者能够通过细微的信号,敏感地感受到他人的需求与欲望。领导者能够设身处地地了解他人感受,并根据人们的情绪反应采取积极的对策。

(5) 处理人际关系。高情商者还能够对外部人际网络建立稳定关系,理解人际关系的敏感,并且善于解决争端、化解矛盾。

虽然有关情商的定义还有许多争议,但是人们都普遍认为在当今社会,决定一个人成功的要素之中,智商只能起到有限的作用,而更多的决定因素来自个体的情商。例如职场中人们常说,智商帮助你找工作,情商才能使你在组织内不断发展。对于领导者来说,情商是一个被越来越重视的个体素质。如果说智商在后天很难改变,但情商是可以经由不断训练和内省来提高的。一个高情商的领导者,更加善于处理组织内的人际关系,也更能表现出领导中的人性化,这自然会给团队成员带来积极的感受。

通过上述分析,本书介绍了领导者的四项基本胜任力,在这四项中,没有哪一个是神秘的,是与生俱来的。事实上,只要领导者能够清楚地意识到这四项基本胜任力,在日常工作中能够注意并不断强化练习,他就可以成为一名优秀的领导者。这才是领导特质理论的目的：使组织内的每个人都有可能成为一名领导者。

2.3 领导开发

从组织的角度来说,领导的有效性还需要领导系统的有序传承,这就是领导开发。领导开发不仅使领导者个体能够与组织获得持续的有效匹配,而且也能保证组织的领导力不会因为个体的变化而受到影响。所以,从个体层面看,领导开发表现为领导者个体的职业生涯发展;而从组织层面看,领导开发表现为系统的领导传承。充分认识到领导开发的重要性,组织就需要将这份工作具体地执行起来。

2.3.1 领导者职业生涯

从个人领导权力的角度,以时间为顺序,科特这样归纳领导者职业生涯:但凡成功的领导者,究其事业的发展来看是一个建立权力基础、保持这种权力和最后让出权力的过程。进一步,科特将领导者职业生涯分为三个阶段,并说明在不同阶段领导者角色的差别:在领导者职业生涯早期,大多数人在步入企业之初只有极少数权力源,因此对于这些人来说,他们职业生涯初期的中心任务应该是建立必需的权力基础;那些在职业生涯初期打下了坚实的权力基础的领导者,生涯中期正是他们发挥巨大影响的时候;到了领导生涯的晚期,领导者的主要职责是找到继任者,做好权力的顺利移交。

对于一般意义的职业生涯规划,施恩教授在《职业的有效管理》中提出了对学术和实践领域都有重大影响的职业发展观。施恩教授认为,企业必须对员工的职业生涯进行有组织的规划,积极平衡组织、社会的需要与个人的需要。只有这样,才能达到个体和组织双赢的最终目的。施恩教授的职业发展观以时间为顺序,明确了个体在组织中成长的关键职业过渡、个体面对的问题以及应该如何积极解决。

科特的领导者生涯阶段理论和施恩的职业生涯思想对于企业进行领导开发,是非常有价值的。基于两位学者的思想,本书归纳出领导者生涯规划模型,如图2-9所示。

从组织的角度看,领导者生涯规划包括领导传承计划、领导者选拔计划、领导持续计划和领导者调整计划。

1. 领导传承计划

领导者生涯规划必须基于组织的领导传承计划,也就是说,如果一个组织没有明确的领导传承计划,那么,它也就不可能建立领导者生涯规划。领导传承计划是在企业高层经营理念发生转变的基础上进行的,即企业充分认识到领导,包括企业的领导人以及企业整体表现出来的领导能力是<u>企业重要的战略资源</u>,而且认识到领导开发,如同人力资源开发的其他领域一样,是能够给企业带来重大投资收益的活动。只有这样,企业才会主动地设计制度去积累领导资源,为企业未来的可持续发展奠定坚实的内部基础。

再从员工的角度看,对于新进人员来说,所有的一切都是新鲜的,他们在等待着企业的安排,他们中的大部分人对未来充满憧憬。而对企业中的"老"员工,在经过一段时间的工作后,他们中的有志者,在衡量了自己的实力和企业的情况后,也希望有更好的机会,能有更好的发展。

所以,通过规范的领导传承计划,企业能够帮助个体积极嵌入组织,并有效开展其在

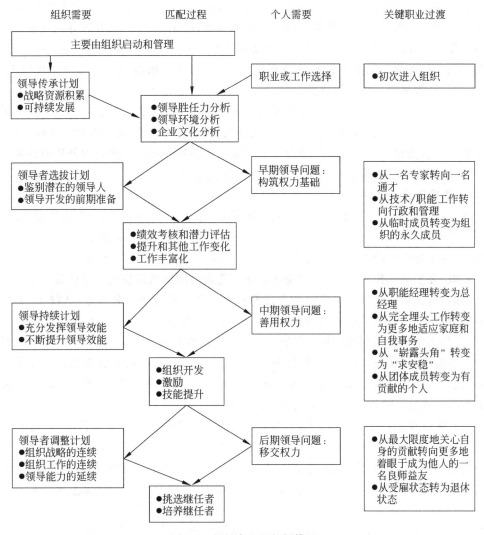

图 2-9 领导者生涯规划模型

组织内的职业发展。有关领导传承计划,我们会在下一节详细说明。这里,从领导者职业生涯规划来看,为了能最好地满足组织和个体双方的需求,组织应该进行以下三个方面的工作。

(1) 领导胜任力分析。领导胜任力会因组织的特点、工作、所处的组织层次、组织未来的发展方向而有很大的不同。银行金融机构的领导人员与制造业企业的领导人员,所需的领导胜任力是不相同的;一名优秀的市场营销领导人员与生产管理领导人员的胜任力要求也是很不相同的;即使在同一家企业,处在不同组织层面的领导,所要处理的各种关系不一样,所需胜任力也不一样。领导胜任力是动态的,这一点在领导者生涯规划方面表现得尤为突出。为了使企业能够实现未来的愿景,或者更好地运行,领导者生涯规划的设计人员必须认真分析组织的发展战略,以便确定未来组织需要怎样的领导人员,这也恰恰是领导生涯规划的主要目的。

（2）领导环境分析。领导不是单纯的领导者发出的动作，它是领导者和被领导者之间相互作用的表现。在一个环境里是卓越的领导者，换了一个环境，其领导的效能也许会大打折扣。企业进行领导环境分析，就是要发现和发展支持领导顺利进行的因素，防止阻碍领导的消极因素。如果不进行领导环境的建设，只是一味地花大力气培养领导人，那么，整体领导效果也不能得到保障。

　　（3）企业文化分析。企业文化既可以促进领导能力的发挥，也会在一定程度上阻碍优秀领导的传承。因此，在设计领导生涯规划时，要将企业文化纳入进来。这样，领导人与企业文化将能更好地互相促进和融合。领导人不断地创造适合公司内外环境的企业文化，而企业文化又从更深的层面上保证领导的有效进行。

2．领导者选拔计划

　　选拔计划主要是鉴别潜在的领导人。按照前面的领导特质理论，只要方法得当的话，每个人都有可能被培养成领导人。但对企业来说，它的每一个决策都要考虑投资回报率。显然，投资于那些已经表现出领导潜质的员工，培养的效率要明显地高于那些一般的员工。所以，在实际操作中，可以看到企业总是不遗余力地试图发现潜在的优秀人才。

　　此时，员工都在经历三个关键职业过渡：从一名专家转向一名通才；从技术/职能工作转向行政和管理工作；从临时成员转变为组织的永久成员。在这三个关键职业过渡时期，员工都面临一个共同的问题：构筑权力基础。由专家转为一名通才，要求员工面对和领导更多的下属；从技术/职能工作转向行政和管理工作，要求员工能为更多的人确立目标，并激励他们实现目标；而从临时成员转变为组织的永久成员，员工则需要向企业证明他的潜力。在这一阶段，企业需要考虑如下工作。

　　（1）绩效考核和潜力评估。绩效考核是人力资源管理的一项重要任务，它需要不断发现目前的工作和员工行为是否按照企业的整体战略规划进行，并通过反馈，对发生偏差的行为作出纠正。简言之，绩效考核就是了解员工的工作状态。需要特别说明的是，绩效考核所得到的结果是对员工过去成绩的一个反映，未必能全面地代表他的真实能力。也就是说，一个员工的工作绩效并不总意味着他的最高绩效，这其中还有一个激励问题。激励做得不好，员工的工作绩效会很低，甚至出现负绩效。所以，单纯地依据绩效数据来选拔领导是欠妥当的，还需要辅之以员工的潜力评估。由于领导开发更加重视未来，因此那些既有突出工作业绩、又表现出强大潜力的员工才是领导的最佳人选。

　　（2）提升和其他工作变化。科特曾提醒，年轻人的提升不能过快，过快所产生的骄横情绪极容易使他们脱轨。而提升过慢，也会损伤年轻人的积极性和能力的进一步深化。通过提升和其他一些工作变化（主要指岗位轮换），可以快速地积累其工作经验。许多企业，如银行，都推行岗位轮换政策，尤其是对那些具有潜力的领导人员。但是，企业要防止在岗位轮换中，轮换人仅仅是应付公事，对岗位的了解浅尝辄止，这样其实为其以后的领导失误埋下了种子。施恩建议说，企业必须系统地研究在组织中运作的职业动力学。通过分析资深经理、专门人员和有贡献的个人的工作经历，企业可以识别典型的提升序列、工作轮换模式、一项给定工作的平均时间长度、从职能工作向管理或从职能管理向全面管理过渡的时间等。究其实质，提升和工作变化是为领导人奠定扎实的组织知识和经验基础。

(3) 工作丰富化。工作丰富化是增加工作责任、工作经验的主要活动。但在工作丰富化的过程中，企业常常只是简单地扩大员工的工作范围，没有给他们更多的权责，这实际上只是职务扩大化，又被称为水平方向扩大职务范围。与此相对的是垂直方向扩大职务范围，它提供的是激励因素，这才是工作丰富化的真正含义。工作丰富化为员工提供了精神满足和成长的机会，而其对构筑权力基础非常重要。

3. 领导持续计划

随着时间的推移，当年轻的领导人从职能经理转变为总经理，从完全埋头工作转变为更多地适应家庭和自我事务，从"崭露头角"转变为"求安稳"，从团体成员转变为有贡献的个人，他们逐渐建立了权力基础，开始表现出强烈的领导意愿。此时，他们面对的主要领导问题是如何善用权力，也就是如何更好地发挥领导效能，不能滥用权力。

根据中期领导所表现出来的问题，企业应做好领导持续计划。这个计划首先要能充分发挥现有领导的效能，另外还要不断提升领导效能。在这一阶段，企业需要考虑如下工作。

(1) 组织开发。领导的环境建设十分重要。正如本书模型所强调的，领导是领导者、被领导者和环境相互作用的结果。所以，企业要在充分考虑整体战略的同时，努力在组织中酝酿一种领导的氛围，使得领导效能持续地发挥。团队建设、鼓励沟通等组织开发手段，都会在一定程度上促进领导的进行。

(2) 激励。在领导生涯的中期，一种思想会极大地影响领导的效能，这就是守成的思想，不求有功但求无过的思想，回避创新回避风险的思想。如果任这种思想在组织内部滋生，那将是对领导开发的巨大伤害。因此，对于处在这个阶段的领导人，企业必须配合强大的激励体系。来自物质方面的激励只是其中一方面，他们其实更希望成长，去实现个人价值，只不过他们的责任太重、压力太大，他们不敢贸然行动。这时候，企业应安排一些激励项目，重新焕发他们初期的工作热情，充分发挥他们的领导效能。

(3) 技能提升。环境的改变，被领导人状态的变化，都会使领导效能出现下降的趋势。认识到领导技能是动态的这一点，企业就需要掌握领导效能的状况，并设计系统不断补充领导人的知识和技能以满足要求。技能提升的主要形式是领导人培训。为了使培训能够切实起到作用，企业必须认真地进行领导人的培训需求分析。

4. 领导者调整计划

随着领导人年龄的增长，他们需要逐渐移交权力，退出企业经营管理的主战场。处在后期的领导者开始从最大限度的关心自身的贡献转向更多地着眼于成为他人的一名良师益友，而且逐渐地移交权力，从受雇状态转为退休状态。领导权力的移交有时是非常困难的，而且还经常出现违法的事件，人们经常说的"五十八九岁现象"常常发生在领导者者权力交接的时候。

从组织角度看，领导者调整计划首先是保证组织战略的连续性，战略的贯彻执行不会因为领导人的变更而发生很大的变化。其次，保证组织工作的连续性，当个别领导人离开组织时，其工作不会出现大的停顿。最后，保证领导能力的延续性。通过领导调整计划，企业优秀的领导能力能够延续下去，领导能力能够传承下去。

挑选和培养继任者是这一阶段企业的主要工作。为了防止挑选继任者中主观因素，企业必须有明确的制度予以保障，而不能使继任者的产生和培养成为某些人个人的事情。否则，不仅继任者的个人素质有时很难得到保证，影响到领导能力的传承，而且在一些突发的情况下，如疾病、意外死亡等，继任者不得不仓促应付各种情况。所以，企业需要有明确的制度，保证继任者能按照组织战略的要求、工作的要求以及领导开发的要求有条不紊地参与到权力交接的过程中。

处在变化环境中的企业不仅需要优秀的管理者，更需要优秀的领导者，而后者更多地依赖企业内部培养。本书提出的领导生涯模型将领导者生涯阶段理论和职业生涯思想融合在一起，对于处在不同职业生涯阶段的领导者，组织有着更加明确的任务。任由个体在组织内自由地发展，对于个体来说常常是无效的，而对于组织来说就是资源的浪费。应该说，一个年轻的领导者成长为能够承担更多责任的领导者，都需要组织有计划、有步骤地安排。从某种意义上说，只有通过领导者职业生涯规划，领导者才能成为一个组织的宝贵财富。

2.3.2 领导传承计划概述

上一小节讨论了从个体角度出发的有组织的领导者职业生涯规划，这个规划是基于组织对领导开发的高度重视，并且动态地将领导者个体的职业状态和领导状态进行了结合。正如本书模型所强调的，领导是一个系统，所以，除了个体层面的规划，企业还需要在组织层面建立领导传承计划，它能够从战略角度保障对组织有效的领导能够不断地延续下去。本节再专门介绍一下领导传承计划。

领导传承计划不是简单的复制，而是要根据内外环境的变化，对领导系统进行有针对性的改善式的延续。领导传承计划瞄准的是领导系统，因此它不限于领导者的培养，是对整个领导体系的优化。具体来说，领导传承计划包括以下几个部分。

1. 领导信息的搜索和汇集

企业在领导传承之前，首先要来收集和汇集相关的领导信息。领导信息的搜索和汇集包括两类：从搜索的对象看，领导可以分为成功的领导和失败的领导。领导成功和领导失败的判断标准不能以利润率、生产率、质量等为基础，而是是否有明确的领导目标，在目标达成过程中能否团结下属，能否利用最有效的手段去激励追随者等；从搜索的范围看，在收集领导信息时，搜索的范围不应仅仅局限在企业内部，从发展的和比较的观点，搜索还要扩展至企业的未来和其他相似的企业。企业内部的信息是领导信息的主要来源。通过标杆管理的方法，将其他企业的领导信息也纳入搜索的范围内，尤其是选择同行业中绩效最好、整体表现最优秀的企业的领导信息，对领导传承也是至关重要的。

2. 分析和筛选领导信息

在对组织领导信息有了初步的汇集后，接下来就需要对领导信息筛选和评价分析，进一步确定对企业未来发展重要的领导因素。对领导信息的筛选通常是在三个层面上进行的，即组织层面、工作层面以及个人层面。从组织层面，了解领导能够发挥作用的关键组织因素是什么。从工作层面，就是在企业一个特定的层级，为了更好地实现绩效，除了正常的管理职能外，还应当具备怎样的领导行为。换句话说，就是要在传统的工作分析的基础上，进一步丰富工作职责一栏。从个人层面，在进行分析时，应该注意两点：一点是作为传递者，什么时候应该传递给后继者；另一点是作为继承者，让他们在职业生涯的不同阶段，做好相应的思想准备和能力准备，这才能保障传承的有效进行。

3．具体化传承的领导系统

在上面分析的基础上，企业可以将即将传承的领导系统具体化。首先是领导者，对目前的领导者和即将成为领导者的人员作出判断，因为领导者毕竟是整个传承系统中最重要的一部分，而且传承也通常表现为领导者之间的事情，因此，企业就必须了解每一位领导人的生涯状态，明确他们在领导传承系统中应该扮演的角色。其次是领导者胜任力，除了上一节讨论的基本胜任力，还要充分考虑领导胜任力的组织特殊性，将领导胜任力更密切地与企业特殊的领导实践相结合，另外，领导胜任力还是动态的，会随着领导环境的变化而变化。最后，领导环境优化，传承计划需要认真考虑组织环境层面对领导传承的支持，通过组织变革和文化调整打造、营造有效领导的环境。

4．确定传承计划的评判标准

在有了对领导情况的总体判断后，企业就可以进行具体的领导传承了。为了使传承能确实按照预期的方向进行，企业在领导传承之前，还要生成传承效果的判断标准，这个标准将被用来判断最终的传承效果。领导传承的目的是企业更加良好地发展，因此传承计划的评价标准就包括目前的绩效和未来的绩效。第一个标准是企业目前的绩效，传承需要考虑能否提升目前的企业绩效。如果传承造成目前的绩效下降，那么，传承机制系统继续运行下去的动力就失去了。也就是说，传承机制的动力来自传承给企业目前带来的收益。例如，通过领导的传承，人们意识到如何在本企业有效地进行领导，达到部门目标，增强员工的凝聚力以及唤醒人们对企业历史中优秀部分的记忆等，这样给企业带来的收益将会支持传承系统更好地运行下去。当然，领导传承所造成的目前绩效的下降，无疑会降低人们对领导传承的兴趣，甚至包括对领导的怀疑。因此，领导传承首先要能提升企业的目前绩效，然后才能考虑未来的绩效。没有目前的绩效做支撑，领导传承很难谈到对未来绩效的影响。第二个标准是企业未来的绩效。在能够提升企业的现在绩效的同时，领导传承机制还必须更多地着眼于未来，考虑领导传承对企业未来绩效的影响。如果从这个角度考虑并设计领导传承体系，那么，领导传承就肯定与企业的整体战略结合在一起，这也为领导的战略作用奠定了基础。

5．领导传承计划的实施和反馈

在有了充分的准备后，领导传承计划就可以实施了。领导传承计划的具体执行者包括从最高层的首席学习官到具体负责的人力资源部门相关人员，有关内容下一节具体讨论。领导传承系统在运行过程中，企业必须始终保持监控，以保证传承机制能沿着正确的道路运行。控制的标准就是前面已经描述过的绩效标准和能力标准。企业在实施领导传承时，还必须注意收集随时产生的数据，做好系统的反馈工作。反馈的数据对整个传承机制的修正起着至关重要的作用。它可以用来指导收集领导信息的内容和范围；在分析和筛选领导信息时，目的性更强；它也将被用来重新修订已经产生的判断，并对标准进一步细化；反馈的信息还能对领导传承强化的环节给出更具体的意见。

不难看出，领导传承计划是以企业整体绩效的维护和能力的提升为目标，将传承人、继任者、传承渠道和传承内容融为一体，使领导传承有机地成为一个系统。应该说，领导传承计划是更加宏观和战略层面的培训计划。如果说培训计划着眼于员工技能的缺失，那么，领导传承计划就是站在组织战略发展的角度，不断培训适应当下和未来的组织领导者，从而保障组织的持续有效性。

2.3.3 领导开发的具体执行者

通过前面两小节的描述，我们知道领导开发其实是一个非常庞杂的工程，涉及组织的许多方面。那么，为了使领导开发能够顺利展开，组织内部就必须有专门的机构来负责推动和执行。组织发展的阶段和规模不同，所设立的负责领导开发的执行者也不尽相同。从企业实践来看，在组织内部负责领导开发的通常有首席学习官、企业大学和人力资源经理三个角色。以下将分别分析这三个角色在领导开发中的具体职责。

1. 首席学习官

近些年，随着企业越来越重视学习，具有一定规模的企业会在组织结构设计时特别设置首席学习官一职。从行政层级的划分看，首席学习官（chief learning officer，CLO）位于组织最高层，是企业最高级领导层中的重要一员，负责指导并管理组织内与学习相关的各项职能。组织设置这一职位的目的就是将学习活动与企业的战略方向相联系，通过最高层领导者在组织内的持续推动，使学习活动能够产生看得见的价值。

实际上，组织学习部门管理者的头衔及相应的职能在近半个世纪有了很大程度的演变。负责员工培训的职位最初被称作培训主管。后来，培训主管的头衔逐渐被培训经理代替，采用和组织中其他管理者一样的名称。培训经理进一步演变成培训与发展经理，不仅负责与工作相关的技能培训，还需要在发展方面下功夫，包括管理发展和职业发展等。随着学习、培训与发展对于组织重要性的提升，这一职务也被提升为培训与发展副总裁或学习与发展副总裁，地位与职能部门的副总裁相当。20世纪80年代末和90年代初，"首席培训长官"这个词产生，有些组织开始用"首席"的级别来定义这个职位。后来，考虑到培训的局限性，首席培训长官最终被首席学习官所代替。

在演进过程中，不仅是名称在变化，首席学习官的职能也发生了很大的变化。今天的首席学习官要做的不仅是设计、开发、提供学习方案，还必须对组织的变革和价值创造起催化作用，其所承担的工作也从传统的学习和绩效改善等问题，扩展到招聘员工、培训、继任计划、员工保留和企业大范围的流程改进等。

在首席学习官的各项职责中，领导开发项目是其中的核心之一。在领导开发过程中，作为组织学习与发展的最高领导者，首席学习官要积极扮演以下三个角色。

（1）组织战略的关联者。为了使领导开发更加有效并产生组织期望的结果，必须把它与组织战略紧紧相连。一方面，领导开发工作必须与组织战略协调一致；另一方面，领导开发也是组织战略的重要组成部分。可以说理解战略并将领导开发同组织战略紧密地结合起来是首席学习官的重要价值所在。因此，在领导开发过程中，首席学习官的首要角色就是战略开发者。最有效率的首席学习官能够将业务战略与个人和组织动力有机结合。他们帮人们阐释业务战略的影响，并与主管队伍合作来确定达成战略所需的个人与组织能力。一旦这些能力被确定下来，首席学习官就可以与相关的人力资源和业务部门一起制订具体的领导开发计划来培养预期的能力。这项工作与其他战略工作一样，也包括战略计划、战略制定、战略实施和战略评估。

（2）领导人才系统的管理者。首席学习官的一项重要工作就是通过引进、培养和保留领导人才为公司带来价值。解决领导人才管理问题的最有效方法就是使用一套系统化手段，使领导人才管理工作的各个方面协调一致，包括计划编制、领导人才吸纳、领导人才培养、管理和保留等方面的内容。这会涉及组织内的许多部门，所以，有些公司站在领导开发的角度，由首席学习官负责整个组织的领导人才管理系统。

（3）学习氛围的营造者。作为负责学习的组织最高领导者，首席学习官还需要不遗余力地在组织内部营造学习的氛围。因为学习不能立刻体现在组织绩效中，这会使组织常常把学习活动看成一种可有可无的福利活动。另外，很多企业只是单方面地"使用"员工，对员工的能力发展和个人成长常常是漠视的。漠视员工学习的危害是非常明显的，具体表现在以下三个方面：首先，现在的职场人越来越看重个人成长。事实上，这一点也极大地影响了他们对组织的归属状态，员工是不会与那些只是"使用"他们的公司共同成长的。其次，工作总在发生变化，如果组织不能给员工提供新的知识和技能，就相当于越来越不称职的员工在工作，从长远看，组织绩效怎么能够得到保障？最后，组织的外部形象也会受到影响。在人力资源市场，人们都更加重视学习，那些重视学习的组织也往往能够得到工作申请人的尊重。

学习活动需要有企业资源的支持，但这并不是最重要的因素。需要特别说明的是，一个能够给员工提供学习机会和条件的组织，一定是一个企业最高领导者从内心非常重视、非常认同学习的组织。如果企业资金紧张，不可能安排教师和教室；如果企业规模不大，不可能像大型公司那样通过内部网络提供大量的课程，但完全可以通过共同阅读一本书，可以通过一些研讨交流会等方法来总结和分享，这样做也是学习。首席学习官不仅要引导和影响组织最高领导层对学习的投入和承诺，更重要的是，要积极地采取各种手段，通过各种活动让各个部门、各级管理者意识到学习对于组织成长的价值。组织内部一旦形成了学习的氛围，领导开发工作也就具备了环境基础。

综合以上分析，位于企业高层的首席学习官能够将领导开发提升到战略层面，使组织各个部门都加入领导开发的工作中来，他还要通过各种学习和发展的方法为实现企业的战略目标解决问题，为业务部门提供解决方案，为企业创造效益。

2. 企业大学

自1956年GE建立全球第一所企业大学——克劳顿维尔管理学院以来，组织学习发展进入新的发展模式和阶段。最早为中国企业带来"企业大学"这一全新战略人力资源开发理念和形式的，是1993年摩托罗拉公司在中国成立的摩托罗拉中国区大学。随后，中国本土以海尔大学、海信学院等企业大学的成立为标志，进入企业大学蓬勃发展的快速成长期。撇开炒作和模仿，中国企业大学的不断发展至少说明，如今的中国企业更加注重人力资源的培养和开发以适应全球化竞争的需要。

什么是企业大学，在领导开发过程中企业大学又将扮演何种角色？马克·艾伦在《企业大学手册》（2002）中，这样定义企业大学，他说："企业大学是这样一种教育实体，它是一种战略性的工具，其职责是通过实施能培养个体或组织的学习、知识和智慧的活动来辅助母公司实现自己的使命。"在21世纪激烈的市场竞争中，许多企业逐渐意识到，自身的生存及发展之道是建立内部的、以人为本的、不易被竞争对手效仿的核心竞争力。所以,从这个意义上说,企业发展的关键之一是把人力资源转化为人力资本,并使其服务于企业的发展战略,从而转化成为企业发展的核心竞争力。基于这样的前提,企业对员工进行培养和发展便成为最紧迫、最重要的工作之一。企业大学的出现和发展,正是顺应了这样的历史潮流,并成为21世纪企业发展的关键战略之一。

从实践来看,多数企业大学的主要培训目标就是培养企业的领导者,形成企业领导资源的传承机制。麦当劳汉堡大学、贝塔斯曼大学都在其使命宣言中明确说明了对培养领导者的重视。"运营一家拥有这么多饭店的公司不仅需要所有的汉堡是相同的,而且需要合格的有能力的领导者。为培养出这样的人员,麦当劳公司建立了汉堡大学,使其成为公司全球的管理培训中心。""贝塔斯曼大学为高层管理者提供世界水平的课程,激发高层管理者的战略对话,促进跨部门的合作。"由此可见,培养合格的领导者、进行领导开发正是企业大学的核心使命。

具体来说,企业大学需要扮演以下三个角色。

(1) 企业大学是领导开发理念的代表者。企业逐渐认识到,应该有一个专门机构来承担领导开发任务。企业大学是领导开发思想的集合和最佳的实践形式。如果没有企业大学,针对组织学习和成长的组织发展,针对员工绩效问题的员工培训,针对员工未来成长的员工教育,针对员工职业进步的职业发展都无法进行。通过企业大学强大的知识和学习功能,领导开发活动能够更有效地进行。

(2) 企业大学是学习和行动的转换场所。今天,领导开发模式越来越强调自主学习,领导开发的关注点也由重知识转变为重行动。作为学习行动的推动者,企业大学应当根据不同领导者培训需求,结合领导开发的趋势,设计、开发和采用适合的方法和工具。目前,案例学习和行动学习是企业大学领导开发的主要教学方法。案例学习适合于开发高级技能,如分析、综合及评估能力,这些技能通常是领导者所必需的。企业大学的案例学习不能简单地购买或者使用外部案例,最好能够立足于企业自身的案例开发。根据自身领导情境所开发的案例,能够为学习者提供最生动的场景,也能够引发学习者的深入学习和思考。现在,越来越多的企业大学开始推动基于问题的行动学习,希望学习者能够带着研讨出来的具体行动方案回到工作岗位上,而不仅仅是一些理论知识。

(3) 企业大学是领导力课程的提供者。领导力课程是企业大学进行领导开发的主要形式,也是企业大学开设的核心内容之一。企业大学的领导力课程具有层次性、连续性和实用性,针对不同层次管理职位的需要设计课程,促使被培训者转变角色,明确职责和期望,从而适应企业经营管理的需要。

3. 人力资源经理

领导开发过程是一个动态的过程,在这个过程中,会涉及组织内部各个部门的人员安排等具体问题,这些都需要人力资源部门的积极参与。下面从事前、事中、事后三个阶段来分析人力资源经理在领导开发过程中的角色。

1) 事前的协调者

作为人力资源部门的最高领导人,人力资源经理几乎掌握着本公司内部人力资源配置的所有情况。正因为如此,他们在提出高潜能候选人、提供候选人的过去和现在的绩效状态、以往培训参与和评估记录以及未来领导潜能标准等方面具有不可替代的作用。如同政府人事部门的领导一样,人力资源经理掌握着调配全公司人力资源的权力,也占据着内部人员信息的制高点。根据长期形成的经验以及对相关人员的密切关注,他们在人力资源配置方面的建议必然会引起高层领导的重视,使得领导开发工作有中心、有重点,也更容易取得成效。

同时,人力资源经理还扮演着在首席学习官、企业大学与领导开发项目参与者三方之间进行信息传递的协调者角色。首席学习官对于学习与发展部门的战略计划,需要人力资源经理的理解、执行,并以理念和具体任务的形式层层向下传递。企业大学设计安排的领导开发项目需要获得人力资源经理的支持,以确保项目能够满足参与者的工作需求,以及协调诸如时间安排等基础性工作。参与者对领导开发项目的期望需要人力资源部门进行归纳和总结,并传达给首席学习官、企业大学,从而使他们针对参与者的特点和需求进行有针对性的培训,这样将使领导开发工作更加高效,从而取得事半功倍的效果。

2)事中的参与者

作为组织中管理层的一员,为了更好地进行管理,人力资源经理也会根据情况安排相关的人力资源部门的人员参与领导开发项目。参与的形式是多种多样的。既可以是作为项目的旁观者,仅仅是密切关注项目的运转状态,也可以作为项目的一名实际的参与者。不管怎样,若人力资源经理能够更加具体地了解组织内各级领导者的状态,也就更能及时地知道他们的需要,这对未来人力资源政策的修订是非常重要的。

3)事后的控制者

在领导开发项目结束后的评估阶段,人力资源经理要加强对项目运行结果的控制。在收集和整理反馈信息时,人力资源经理尤其需要注意从参与者上级、同事、企业大学员工、参与者下属及其本人,多角度、多来源地收集和整理培训反馈。这样才能保证高层管理者看到的反馈结果是比较全面的、客观的、可信的。与此同时,人力资源部门还有必要对这些反馈结果进行深入而细致的总结和反思,这不仅仅是对本次领导开发工作绩效的检验,也可以发现领导开发项目执行过程中出现的问题和不足,以便在今后的工作中精益求精。

目前,因为很多企业不关注领导开发的后续工作,导致不少参与者认为领导开发过程仅仅是走走过场,无形中削弱了项目运行的效果。所以,人力资源经理要特别关注参与者本人对于领导开发项目的想法、感受、收获和意见,让员工在项目结束后依然能体会到公司的重视和关心,让员工切身感受到这样的过程对自己是有益的,并在其中产生参与感。唯有如此,员工才能成为领导开发过程的主动参与者、个人开发过程的主导者,企业组织在此基础上才能出现"江山代有才人出"的良性局面。

企业的长远发展需要全面的、持续的有效领导,这恰恰是领导开发的真正目的。意识到这一点对于领导开发项目是非常重要的,只有这样,领导开发项目才能上升到战略层面,而不仅仅是一个培训项目。首席学习官、企业大学以及人力资源经理是在组织内部具体推动领导开发项目的关键角色。在具体实践中,虽然名称不一样,但组织内应该有一个具体的机构去切实推行,否则领导开发就只能停留在人们的思想和讨论中,不能真正为组织发展作出贡献。

毫无疑问,一个组织持续有效的领导有赖于优秀领导者的梯队建设。在个体层面认真做好领导者生涯规划,使领导者个体的发展与组织紧密地结合起来,让每个领导者都能在合适的状态下有良好的表现。在组织层面认真做好领导传承计划,让那些证明对组织有效的领导要素能够持续地强化传承下去,从而为组织的持续成长奠定扎实的领导基础。那些追求长远发展的企业都开始重视领导开发工作,并且在战略制定、组织机构设置到相关职能设计等方面都在做扎实的推进工作。只有优秀领导者的不断涌现,组织才能够永葆活力,长远的可持续发展也才有了坚实的基础。

在领导学基本模型的各要素中,毫无疑问,领导者是处于最关键的位置。本章介绍了领导学研究中的行为学派和特质学派,在此基础上,给出了有关领导者的基本行为以及基于领导者行为的基本胜任力。本章还讨论了与领导可持续性相关的领导开发,这是组织长远发展的关键课题。

相关阅读:柳传志

- **简介**

  联想集团有限公司董事局名誉主席、创始人,改革开放40年百名杰出民营企业家。

- **相关阅读材料**

  阅读材料一:改编整理自陈春花.对话柳传志:总裁是怎样炼成的[J].中外企业文化,2017(1).

  "把自己的愿景看清楚,并根据这个愿景制定战略,然后进一步制定当前该做什么。"做正确的事情,比把事情做正确更为重要。柳传志认为,这话是要两面说的,总裁不会把事情做对也是不行的。总裁在不确定的环境状况下,要不停地根据变化着的环境来确定公司的愿景、使命和近期目标。

  他用自己最初的创业故事生动地回应了愿景的问题:

  "我在1984年拿了20万块钱做生意,被人骗了14万。这时候,我必须思考如何让自己活下来。我卖过电子手表、卖过旱冰鞋等,否则如何给员工开工资?但另一方面,到底要用什么样的业务模式活下来?

  这就涉及战略,比如像联想控股有'双轮驱动'战略:一是财务投资,即联想控股旗下三个专门做财务投资类的公司——联想之星、君联资本、弘毅投资;二是战略投资,除了IT行业以外,联想控股会选择几个我们认为受不确定性因素影响比较少的行业,比如金融服务、创新消费与服务、现代农业与食品、化工与能源材料等领域进行投资。

  未来几年科技行业势必有很大突破,移动互联网带动业务模式创新,让社会产生巨大变化,人工智能、生物工程等与移动互联网结合以后,世界会变成什么样子?如果此时联想控股只专心于当前能否让公司站稳脚跟、完全不顾未来的话,那么联想将来一定是一家平庸的企业。

  我在1984年出来创业的时候,IBM当时有40万员工,他们的体量比第二、三、四、五、六、七名的总和还要大得多,如今IBM依然存在,但已经完全转型,而第二、三、四、五、

六、七名全部没有了。当时的联想尽管在中国做得很不错,但的确随时有可能被彻底颠覆。

我不断思考,联想应该要有一个更保底的东西,于是便进入投资领域,让联想集团能够义无反顾地去创新和突破,同时使得自己能够有个站稳脚跟的基础。2005年联想集团并购 IBM 的时候,联想的营业额是30亿美元,IBM 的 PC 业务营业额是100亿美元,这明显是个蛇吞象的业务,所有股东都不同意,整个舆论界都不看好。

我作为董事长坚决支持杨元庆他们去做这件事情:一方面是我们做了深入调查后,认为我们的确有可能打胜这场仗;另一方面,我们在新业务投资领域布了局,虽然当时利润还没显现出来。

今天,联想集团做电脑那块业务的利润在整个联想控股里面的贡献率大概为30%,其他部分都是后期形成的业务贡献。所以,创新的事就是既可以做先驱,更可以做先烈。这是我们整体布的一个局。

联想控股的总裁是要把自己的愿景看清楚,并根据这个愿景制定战略,然后进一步制定当前该做什么。这就是总裁的使命——把自己要到达的愿景路线看清楚,在这条航线上可能会有哪些暗礁?会起什么样的风浪?应该怎么躲过?"

柳传志在采访时分享了两个关于"诚信"的小故事。他将个人的名声、信誉看得非常之重,并不是想通过这个得到什么好处,但这些确实会在关键时刻给予你帮助。

1992—1993年,联想有一家公司叫作"香港联想",北京联想是其大股东,这家公司当时做的事情是在香港生产主机板卖到欧洲、美国等地,也卖到内地做当时联想品牌机器的主机板。"香港联想"的供应链资金是从香港银行借的,香港银行下面有十几家分行都归中国银行管。它们在国内拿人民币通过进出口商换成港币,再拿港币还给香港银行。银行再借钱给它们买元器件做成产品卖到国内后,再把人民币换回来,循环往复。

但当年外汇汇率发生大变化,几个月之内人民币跟外汇的比例从6∶1涨到了8∶1,甚至9∶1,再拿人民币换港币还银行的时候,进出口商不愿意且毁约了,这导致了联想并不能按时向银行还款。如果按照进出口商的要求,以八九块钱换的话就要损失100多万人民币,在当时也是一笔大额。后来柳传志决定,宁可他们本身不遵守合同,自己也要遵守合同,所以当时柳传志赔了钱也按时把钱还给中国银行。中国银行当时大吃一惊,因为汇率变化致使许多公司还不了钱,没想到还有公司能还钱。

这件事情也让柳传志得到了两个意想不到的结果:其一,还钱后,银行立刻将更多钱借给他,联想在其他企业不能动弹的时候多做了两三圈生意,而别人的钱都死在那里;其二,1996年柳传志将自己的主要精力完全撤回内地,而将香港业务全权交由香港总经理负责,但由于香港这位总经理当时的判断性失误导致联想亏损近1.9个亿,现金流断裂。柳传志决定将内地资产做抵押先渡过这个难关的时候,银行居然愿意借钱给联想并相信柳传志在内地的资产是值这个钱的。这点回馈的信任也让联想化解了当时的危机。

"1987年前后,联想从香港直接进了500台 IBM 的 PC 机,当年赚了很多钱,我当时跟销售部说,如果你们完成一定营业额和利润后,可以提一定的比例。结果销售大大超出预定指标,奖金高到难以想象的地步。

但国家有一个制度,叫'奖金税',只要发给员工的奖金超过3个月工资的那部分按

300%缴税，一旦缴这笔税我们公司就玩儿不动了。

当时有三条道路：其一，把奖金发了，税交了，来年运营资本确实受到较大影响；其二，跟大家讲'情况是不断发生变化的'，而且我们之前也的确不知道税的问题，大家也会原谅，但以后你说话的分量会大打折扣；其三，不太好的做法，就是直接发现金不入账。很不幸，我们选择了这条道路，到广东找了一家科学院试验工厂的企业，这家企业能倒腾出现金。我们将几十万奖金发放后，员工们都很高兴，认为领导很守信用。但第二年便东窗事发。那家科学院别的业务出事了，顺带查出这个事情，我完全认错。"

陈春花评论道："我们今天处在一个不确定性非常多的环境，会遇到很多预想不到的事情，如果你想在商业市场上立足，或者有更长久的发展，作为企业的负责人，你一定要在诚信、承诺的部分有一个坚守，它们会持续性给予你很大的帮助。当你的诚信跟你的企业生存有冲突的时候，你要特别注意一件事情——你一定要很清晰地知道底线是什么，底线会不会毁掉你所有的东西。人最基本的价值底线是不能破的。"

阅读材料二：改编整理自柳传志.CEO不要自己堵在枪口上[J].销售与市场(管理版),2018(4).

战略到底是什么呢？因为柳传志认为自己的定义是，首先得有一个远方的目标，也就是愿景，然后为了实现这个愿景，有一个中期的目标，再有一个就是短期要实现的具体目标。

为什么一定要有这么一条路径呢？因为这个有助于解决你的短期行为和长期目标平衡的问题。不管你是做哪个行业的，都要想自己要做到行业里的什么位置，同时再往下还有没有可衔接的地方，这些就属于所说的战略的目标以及目标的延展性的问题。我们总是讲复盘，其实复盘最先就是看目标定得对不对。

柳传志在这里用了一个苹果树的比喻。河对岸有一棵苹果树，我们要搭桥，或者划船到河对岸，上树把苹果摘下来，回来以后挺得意。其实你也许一回头，发现根本不用过河，边上就有一棵树，苹果比你摘的个儿大，这完全有可能。

所以要不断、反复地研究这个目标到底应该是什么。但是也不能老是不停地看，原来的事总是做不好，不停地订新的目标，这样的人比过河摘苹果那个更差劲，是成不了事的。一旦目标定下来，咬着牙也非做不可了，这其实是大家要反复复盘、认真拿捏的。

那么定路线(也就是战略)有什么好处呢？当各种各样的诱惑不停出现的时候，你就可以不用来来回回地想。柳传志拒绝了工业园和银行的诱惑，才成就了联想。"我觉得大家最好还是把事想清楚，不要被中间的过程带着走，不然你不知道会飘到什么地方去。尤其是被带得好的时候，立刻要停下来想。"

当然，他说路线也是可以突破的，路线不是别人给你的规定，是可以调整的。有了路线以后，跟着就有了具体的步骤。

当你想明白了哪些真能做，哪些不能做，接下来就是执行力的问题。执行最大的问题实际是人的问题。带队伍绝不是执行的全部，也未必一定是执行的重点，但一定是难点。联想总是提"发动机文化"，就是怎么能够让每个部门、每个子公司都能形成自己的驱动力。

柳传志说自己前段时间跟海底捞的张勇谈了挺长时间，张勇的说法完全表达了柳传志的意思。张勇用的是绿皮火车和高铁的比喻,过去的绿皮火车是一个火车头带很多节车厢,太重就跑不快;而现在的高铁每一节车厢都有驱动,这样就能快得多。张勇说他们店里最基层的服务员都有免单权,能够跟客人说:"老爷子您老到我这来,这次我给您免单了。"柳传志问张勇为什么,张勇说这些服务员都是从家乡出来的,到了北京、上海没有一个亲人,他们也有社交需求,需要朋友圈,希望受人尊重。

老板能替员工想到这儿,确实是很厉害,但是一个领导人不能老是去想这么具体的事情,他必须得让店长替他想。店长们凭什么想呢?张勇的激励方式很特殊。一个店长除了本身的工资以外,有一定的利润提成,但是提成的比例很低。但这个店做到一定的标准,被认可之后,店长可以自己在本城开第二家店,第二家店的提成比例就高多了。因此这个店长就会非常注意什么地方适合开店,会寻找合适的人往里面输送,这就是高铁里边的驱动,带队伍要带出这个劲头来。

阅读材料三:改编整理自凝然.柳传志的"倔脾气"[J].职业,2013(11).

柳传志在创业和管理过程中的高情商表现在以下五个方面。

第一是超强的心理承受能力。1987年,柳传志带领着联想的同事们在深圳打拼,当时联想一年的利润只有100万元。为了壮大企业,他不惜花300万元,准备通过当地的一家进出口公司到香港购置进口机器设备。但是对方在收了款之后想赖账,万般无奈之下,柳传志决定蹲守,天天到那家公司的负责人家中等候,最后终于把这笔款要了回来。柳传志认为,在商界打拼受到挫折在所难免,高情商并不意味着没有挫折,而是表现在积极地应对问题、用强大的心理素质战胜困难上。

第二是明确的核心价值观。柳传志认为创业者如果目标明确并且坚定不移地走下去,那么他就离成功创业不远了。他认为企业的学习能力、战略变通和人才队伍培养作为企业管理最重要的三个要素,对于企业的生存壮大至关重要。他说:"就是目标明确了之后,不管别人怎么说,怎么议论,我依然坚持自己的想法。"

第三是扬长避短,发挥自己的长处。柳传志是非技术人员出身,从履历中能感觉到他直接做研发工作的经历很少。懂技术的人在创业中的最大优势是,因为对技术有深度理解,就会对所在产业产生深刻的洞察力,会带着战略眼光看待产业发展趋势。而柳传志不具备这种洞察力,就不能掌控研发投入的尺度。但是柳传志懂得扬长避短,他巧妙地避开了自己不熟悉的领域而选择了"贸工技"路线,从而使联想获得了巨大的成功。

第四是不骄傲,清醒认识自己。在联想获得巨大成功之后,柳传志说:"现在我们的营业额能进入世界500强、排到400位左右,但还有其他差很远的地方。我总是提醒自己,再多的荣誉也不能骄傲起来。"

第五是善于准确把握下属情绪,帮助年轻人成长。部分企业领导者认为,只要发脾气,就是情商低的表现,其实不然。当年柳传志为了培养杨元庆成长,在公司高管会上当着元老的面把杨元庆骂哭。这不是柳传志情商低的表现,恰恰相反,这是柳传志用控制情绪来达成自己期望的管理结果。柳传志有强烈的使命感、责任感,凡事喜欢控制、控场,对人先善后恶,疾恶如仇。懂得人心、善于鼓动人、能掌控人的情绪,这些都对柳传志的事业成功起到至关重要的作用。

阅读材料四：改编整理自李光斗.柳传志的"接班经"[J].中国经济周刊,2014(5):5.

柳传志曾说选接班人就像选太太,要符合两点:一要漂亮,二要爱我。漂亮,意味着能力超群,是谓有才;爱我,意味着认同企业文化和创业领袖,是谓有德。所以能在联想担当重任的一定是德才兼备的人。有德,就是要忠诚于联想的事业,保证联想的利益;有才,就是要有卓越的领导能力,能够在企业独当一面。直至今日,德才兼备仍然是联想的选人之道。

如果说柳传志对于德才还有进一步明确的要求,那就是除了要目光高远外,更要认同联想的核心价值观,只有这样才能真正激发全体员工的工作热情,尽心尽力为企业工作,这就是"德"的标准。在"才"方面,联想一直强调学习能力,即独立获取信息的能力,把新知识融入已有知识从而改变已有知识结构的能力,能够独立分析和解决实际问题的能力。

柳传志希望把员工个人的价值追求融入企业长远的发展之中。柳传志常说的一句话是:"基层要有责任心,中层要有上进心,核心层要有事业心。"

早在20世纪90年代,柳传志就为联想集团选定了杨元庆和郭为做接班人。既然"一山难容二虎",那就为二虎各立山头。柳传志将联想集团一分为二,杨元庆负责PC业务,即后来的联想集团;郭为负责渠道业务,即后来的神州数码,明晰了企业产权,也就避免了二虎相争的局面。

对于接班理念,柳传志曾当众表示:"我对继承人问题的路线是巴菲特的路线。巴菲特说他把遗嘱提前宣布出来,就是为了给考察接班人留出时间,还有机会可以调整。到最后的时候才宣布谁来接班的方式,我觉得不好。如果后面有矛盾的话,就全压在了后面接班人的身上。"

柳传志选择接班人的思路就是"在赛马中识别好马"。在联想控股成立后,柳传志物色出联想投资总裁朱立南、融科智地总裁陈国栋、弘毅投资总裁赵令欢等接班候选人,各自负责一块相对独立的业务。经过一番赛马,柳传志终于选定朱立南为联想控股接班人。

联想是为数不多的具有国企血统,最终却能明晰产权,实现MBO(持股),成功转型的大型国企集团。在柳传志心目中,年轻领导核心应该是什么样子呢?1994年柳传志在写给杨元庆的一封信中给出了答案。

"我喜欢有能力的年轻人。私营公司的老板喜欢有能力的人才主要是为了一个原因——能给他赚钱,有这一条就够了。而国有公司的老板除了这一条以外,当然希望在感情上要有配合。谁也不愿找个接班人,能把事做大,但和前任关系不好。开句玩笑,找对象如果对方光漂亮(相当于能力强)但不爱我,那又有什么用?联想已经是一番不太小的事业了,按照预定的计划将发展到更大。此刻不对领导核心精心加以培养,将来就一切都是空话。"

这封信透露出柳传志对杨元庆的深厚感情和殷殷期望,令人感动。一直以来柳传志是把杨元庆当自己的亲生儿子一样去培养的,甚至超越了这个关系,是从一种战略的角度去培养联想的接班人。

阅读材料五：柳传志 2018 年 12 月 25 日的公开信。

联想全体同仁：

2018年12月18日，我参加了国家庆祝改革开放40周年的大会，并作为"科技产业化的先行者"，获得了"改革先锋"称号。这是一项极高的荣誉，而这项荣誉不仅仅属于我个人，同样属于每一位奋力拼搏、勇往直前的"奔日子"的联想人。

我是抗日战争时期生人，亲身经历过那段中国弱到任人欺凌、穷到令人心酸的日子，所以，当我看到今天改革开放给我们国家带来的天翻地覆的变化，心中真是万千感慨。这份成果来之不易，我们当倍加珍惜。

改革开放让我们遇到了中国几千年历史上难得的大时代，它解开了绑在人们身上的绳索，让中国人的聪明才智真正发挥出来，也让我本人、让我们全体联想人拥有了充分施展、体验人生价值的巨大空间。

1978年，中国迎来了科学的春天。风起云涌的80年代，周光召院长提出的"一院两制"，使得像我这样的科研人员能走出"象牙塔"，用计算所投资的20万元人民币，在那间简陋的传达室里，为了心中"科技产业化"那面旗帜，坚定地踏上全新的征程。

从代理分销做起，我们一分分积攒资金，一点点跟别人学习什么是市场、怎么去管理企业，终于在1990年有了联想自有品牌的微机，接着历经苦战、拔寨攻城，从中国PC榜首，到问鼎全球PC之王，从专注IT领域参与全球角逐，到发展多元化投资业务，用直接投资的方式，帮助中国更多的实体企业、创业创新企业成长，希望以"资金+经验"的方式，努力培育出更多优秀企业。

34年，九死一生，是改革开放造就了这个了不起的时代机遇，是与我并肩跋千山、涉万水的联想战友们，让当初那个简陋的小平房，长成了今天的联想。作为一名企业工作者，与那些为改革开放做出突出贡献的人一起接受"改革先锋"的表彰，我深以为幸。

习总书记在庆祝改革开放40周年大会讲话时指出，"建成社会主义现代化强国，实现中华民族伟大复兴，是一场接力跑，要一棒一棒跑下去，每一代人要为下一代人跑出好成绩。"我们的企业也是如此。

> 2004年联想成立20周年的纪念大会上，我曾说，"我们翻过的只是丘陵，你们要攀登的才是真正的险峰"。未来的世界是科技主导的世界，但科技创新、科技产业化的道路却异常的艰险。创新是找死，守成是等死，我们到底应该怎么做？联想是要做百年老店的，是要为国家、为人类做出贡献的。我想，一代一代的联想领军人一定会团结全体同仁，以志存高远、脚踏实地为指导思想，确定愿景，制定方向，顶风冒雨，一步一个脚印地砥砺前行，希望纪念改革开放100周年的时候，联想的代表依然能荣幸的接受改革先锋的荣誉！
>
> 柳传志
> 2018.12.24

思考题

1. 结合阅读材料点评柳传志的领导行为。
2. 柳传志比较突出的领导素质是什么？
3. 结合阅读材料谈谈柳传志在领导传承方面的安排。

第 3 章

被领导者

在讨论领导的有效性时,最经常被忽略的问题就是被领导者。这里似乎有一个默认假设:只要领导者是优秀的,那么,他无论面对怎样的被领导者都会有优异的表现。但从现实的领导实践看,那些在某些方面或某些组织特别成功的领导者,在另一些方面或者组织却会出现问题。究其原因,不是他变了,而是他的下属变了。俗语说:响鼓不用重锤,鼓声大不是因为你的锤子多用力,而是鼓本身好。被领导者在整个领导体系中不是一个简单的被动角色,他们的状态也极大地影响着整体的领导效能。

本章首先分析被领导者的属性,认真理解和把握被领导的属性,根据他们的情况进行领导方式的调整,是领导者的理性表现。在此基础上,被领导者的建构也是需要认真考虑的重要问题,这主要涉及甄选、绩效管理和薪酬三个方面。最后,本章还将介绍与领导密切相关的团队管理。

3.1 作为人的属性

一个优秀的厨师需要了解各种食材的属性才能烹调出美味;一个优秀的木匠需要了解各种木材的属性才能物尽其用做好家具;一个优秀的财务经理需要了解金钱的属性才能最大化地发挥资金的效率;同样,一个优秀的领导者,他需要了解被领导者作为人的基本属性才能更有效地领导。事实上,做好任何工作,都首先要对工作对象有充分的认识,只有这样,才能根据对方的属性来因势利导地开展工作。本节所要介绍的被领导者的属性包括四个方面:多样性、社会性、能动性和稀缺性。

3.1.1 多样性

与组织所拥有的其他资源,如各种设备、房产、专利等不一样,作为人的被领导者,他们是多种多样的。没有两片一样的树叶,没有两个完全一样的人。黄金的成色可以做到99.99%,但人的相似性无论如何是不会有这么大的,即使是双胞胎也不可能完全相同,这就是所谓的多样性。下面这个简单的问题可以帮你更进一步了解组织内人的多样性。如果你问下属"为什么工作?"或许能够得到的答案如下:

我为了钱而工作,我需要钱买房子。
我为了地位和荣誉而工作。
我想成为这个群体里的一分子。

我为了出人头地。

我为了获取知识。

我为了满足安全需要而工作。

我为了实现自己的梦想而工作。

人们工作动机的差异性只是多样性的一方面，在更广泛的领域，包括人生观、世界观、价值观等，人们都会存在差异。这里不讨论社会学意义的人们的多样性，从企业的角度看，每个企业都是由不同的个体组成的集体。具体到今天的中国企业，面对的多样性主要表现在以下几个方面。

1. 地理来源多元化

国际企业在讨论多样性的时候经常使用国别多样性，考虑到中国的地理面积以及人们文化的差异，再加之现在人们工作流动性大大增加，地理来源构成目前企业员工多样性的主要因素。幅员辽阔的中国，实际上存在多种亚文化。不同地域的人们尽管使用同样的文字，但思考问题的角度和逻辑存在相当的差异。例如，很明显，山东人和广东人的差异不仅表现在语言上，在思维习惯和行为方式上也不尽相同。有研究表明，不同的文化传统、气候条件对人们的性格会产生重大影响，正所谓"一方水土养一方人"。一方面，南腔北调不仅会带来沟通的问题，也会降低组织的执行力。但另一方面，当来自四面八方的人们集中在一个组织中，内部的竞争和生存的压力更会极大地激发人们的潜力，而且观点的差异性本来就是创新的关键来源。

2. 学历多元化

这里所谓的学历，是一个综合的概念，它既包括知识，也包括技术、经验、能力、背景等。学历多元化又可以分为两种情况：一是学历来源多元化，二是学历层次的多元化。在泛家族经营的组织中，学缘已经扮演起了仅次于血缘的角色。相同或相似的学缘不仅可以缩短建立信任关系的时间，而且能够建立深度的信任。改革开放40年来，中国的教育事业有了长足的发展，人们受教育的机会大大增多。尤其是近些年来，越来越多的人开始接受海外教育，并在此过程中受到更多国际化的影响。于是，组织内成员的学历状态呈现更加多样性的态势，知识与能力也随之更加多元化。新生代员工拥有的丰富化和多元化的知识与能力是组织未来发展的重要基础。学历层次的多元化，是指在不同的组织层级上有着不同的知识层次。如果把组织分为战略层、管理层和执行层，那么组织的学历分布也应该是自高而低的。战略层和管理层需要更多的知识和能力，而执行层则只要能够理解决策并认真贯彻就可以了。知识层次与组织层级的匹配可以更有效地保障执行，学历"高消费"不仅浪费了个体的能力，事实上，高学历者也未必就能做好基础工作。

3. 年龄多元化

现在在一家企业，我们能够很清楚地看到员工队伍的"老中青相结合"，队伍中有"60后""70后""80后""90后"，甚至马上就要迎来"00后"员工。本来在一个组织内有各个年龄段的员工是非常正常的现象，过去的企业也是这样，既有刚开始参加工作的20多岁的年轻人，也有50多岁即将退休的老同志。不过，今天的代际差异显然比过去大得多。一个重要原因就是从2000年开始，互联网更加普及，网络对人们认知和行为的影响是广泛而深远的。例如，今天年轻人在网络上的习惯用语，他的父辈们可能就完全不明白是什么意思。在互联网公司,那些正当年的"70后"甚至"80后"都已经被看作老同志了。年轻人如何领导中老年,中老年如何领导年轻人都是今天的组织必须面对的新课题。

以上是多元化在中国企业的主要表现,国际学术界还把性别、种族、宗教等看作多样性的来源,这里就不再讨论。总之,相较于过往,今天工作场所员工的差异化正在呈现出越发突出的状态。这对领导者将意味着重大的挑战:接受、适应和管理多样性。

接受多样性就是清醒地认识到每个员工都有自己的状态和需求,不能简单地将他们做一致性处理,就好像机械化地对待机器设备一样。一个最基本的现实是,企业只能建立一套规章制度,那么,同样的规章制度作用到不同的人身上,人们自然就会有不同的反应,表现出不同的态度和意见。领导者必须认识到这是一种非常正常的状态,员工出现"意见的丛林"不是因为制度,而是由员工多样性所必然造成的事实,"众口难调"既然是不能避免的事实,领导者就必须以开放的姿态,坦然接受员工表现出的各种多样性。

适应多样性就是要包容员工的意见和他们的行为,并积极理解员工差异性背后的原因。在一个小规模的组织,人们的意见比较容易统一,但随着组织规模的扩大,人们的各种差异也会明显放大,如果没有上一章提到的"目标导向",领导者很容易就迷失在别人的意见中。领导者必须十分清楚的是,基于多样性的事实,与其你努力让所有人都满意,当然这是肯定不能实现的,倒不如更加努力,以目标为指南走出意见的丛林。在这个过程中,领导者必须能够承受由多样性带来的人际压力。

管理多样性就是抑制多样性可能的消极影响,充分发挥它的积极作用。以前面所说的年龄多元化为例,从创新的角度看,毋庸置疑,年轻人的热情是创新的源泉。缺乏年轻人的组织是无论如何也很难谈上创新的。但仔细想来,那些都是由年轻人组成的企业很难取得持续创新。许多互联网公司的失败好像也不能全部归咎于外部环境的变化,自身管理才是最关键的原因。依据性情的创新是零散的,而且这种创新很容易因为偏执而与组织的目标关联不大,甚至会对组织造成伤害。更关键的是,年轻人会特别关注自身的创新,而忽视他人的创新和贡献。尤其是当组织内没有明确的权威时,创新就会误入歧途。所以,年龄的梯队构建可以在一定程度上形成创新缓冲,年轻人的创新经过历史和经验的校正,对组织会更加有效。

展望未来,随着社会发展,企业内员工将会呈现更大的多样性,它将成为工作场所的最基本特点。领导者要学会以更加民主、开放和包容的态度来面对多样性带来的挑战,将差异性的个体整合成有效的集体。

3.1.2 社会性

与其他资源最大的不同,组织拥有的并不是真正意义的人力资源,而只是他们在组织内的工作时间,通常是8个小时,在这个时间之外,他就要回到他的家庭和社会。个人离不开他人和社会,每一个人在世界中生活都要与他人和社会(包括各种不同的社会共同体)打交道。然而,每一个人在与他人和社会打交道的时候身份并不是完全相同的。这种个人在与不同的人和不同社会共同体打交道时的不同身份,就是个人的社会角色。社会角色作为人在社会中的身份,是人在与他人和不同社会共同体发生关系过程中形成的,这就是人的社会性的一面。人在一生中,要与他人和不同社会共同体发生无数的关系,因而人的社会角色是很多的,而且随着年龄、职业等各种因素的变化而变化的。如果把人的一生看作一种角色结构的话,那么人的角色结构是动态的、变化的,并且随着年龄的增长,这种结构越来越复杂。具体来说,社会角色具有以下几个特点。

(1) 社会角色有些是先天的,有些是后定的。在人的角色结构中,有些角色是人一来到这世界上就具备的,人对这些角色一般没有选择余地。例如,作为性别角色的男人和女人,作为家庭角色的儿子和女儿、孙子和孙女,作为公民角色的人类成员、民族成员、种族成员。在人的角色结构中,大多数角色则是人来到世界上后在生活中自己选定的,如是否决定承担婚姻角色。

(2) 社会角色有些是不可改变的,有些是可改变的。在人的角色结构中,有些角色是一旦形成,就不可改变。如家庭角色中的父母子女角色,学习生活中的师生角色、同学角色等。有些社会角色会随着社会地位等的变化而发生改变。

(3) 人们的社会角色总体上是各不相同的,尽管也有一些是几乎所有人都拥有的共同角色。对于某一个人而言,他或她一般具有主要的几类社会角色,如公民角色、性别角色、儿女角色等,这些就是几乎所有人共有的。不同的成长经历和个人状态又赋予人们一些不同的角色。每一个人都是多种社会角色的集合。要素不尽相同、结构更不相同就使得每一个人的社会角色结构是各不相同的。这从另外的角度也造成了人们的多样性。

除了社会学对人的社会角色的定义和属性的分析,从企业层面来看,一个人无法回避的社会角色对其工作会产生很大的影响。近些年来,理论上开始关注由于个体社会角色所带来的工作家庭关系问题。在泰勒思想下,人被视为与机器设备一样的劳动"力",他们的角色就是生产,似乎工作者与其社会家庭是割裂开来的。但是,随着社会的发展,人们对于工作意义的再认识、对家庭的重视以及幸福的追求,使工作家庭关系成为一个既重要又迫切的问题。

对工作家庭关系这一领域的最初研究可以追溯到 1978 年 Katz 等人阐释的角色理论。这一理论基于个人在家庭与工作岗位上的身份差异,其核心思想围绕着两个假设展开。其一是"资源稀缺假说",即认为个人所拥有的时间、精力等资源是一定的,因此分配给工作和家庭时必然存在厚此薄彼。其二是"加强假说",即认为个体拥有的多个角色可以相互助长。这两种假说也成为后来的"冲突论"(work-family conflict)和"丰富论"(work-family enrichment)的起点。

按照时间顺序来梳理工作家庭领域的研究,最先占据主流的观点是角色冲突说。根据工作家庭角色边界理论,几乎每个人都是活跃于家庭与工作两个领域的跨越者。个人在工作与家庭之间的投入分配上是相互侵蚀的。这种情况在现实中普遍存在,例如,一位经理经常加班,他就没有时间陪孩子;一个员工的家人生病住院需要陪护,他就无法按时上下班。虽然学者们对于"资源稀缺假说"前提下的工作家庭冲突还存在认识上的分歧,但存在于二者之间的冲突关系却是被广泛接受的结论。

随着积极心理学的发展和学术研究本身的推陈出新,近些年来,人们开始从与"冲突论"不同的角度重新审视工作家庭相互影响的机制。研究者以"加强假说"为依据去建立新的假设。最早提出的积极渗溢说(positive spillover)认为资源是可塑的,时间和能源等资源可以共享,并发展到不同领域,产生相互作用,所以个体在一个角色活动中所获得的资源和收益可以正向溢出到他所拥有的其他领域的角色中。根据这种观点,个体作为整体而非部分,参与一部分角色产生的资源会对其他角色发生效用。这一理论突破了原有工作家庭角色必然对立的假设,明确两个角色其实是可以相互促进的。

虽然工作家庭冲突是现实存在的,但工作家庭促进也是不争的事实。所谓工作家庭促进,就是个体从一个角色的获益使他在另一领域内角色的表现更好。具体来说,工作卷入带来的技能、行为或者良好的情绪会为家庭带来积极影响;同样地,家庭卷入带来的积极情绪、家庭支持和成就感也会使个体在工作中的绩效表现更好,重新获得工作动力支持。近些年来,研究者更愿意本着积极的态度来建立工作家庭关系,于是,工作家庭促进理论有了长足的发展。学术上用于定义工作家庭促进的词汇非常多,如工作家庭增益(work-family enhancement)、工作家庭促进(work-family facilitation)、工作家庭丰富化(work-family enrichment)、积极渗溢,上述这些概念在一定范围内是可以互换的。

工作家庭促进说明了同时承担工作和家庭角色会有积极产出——不仅有利于身心健康,而且可以完善人际关系。工作家庭促进是双向的,工作经历可以提高个体的家庭生活质量(工作对家庭的促进),家庭的经历也会提高个体的工作绩效(家庭对工作的促进)。工作家庭促进不是研究者为了为工作家庭冲突寻找所谓的对立面或相反论点而刻意创造的概念,而是真实地存在于现实中。工作家庭促进通常会发生在以下情形:当一个角色的活动和表现可以激励到其他角色时;当他们从一个角色中得到的社会支持或者技能和态度对于另一个角色是有益时;当他们在一个角色中拥有了更高的自信和更好的情绪时,在这些情形下,个体参与一个角色会积极地影响其他角色的投入和表现,工作与家庭之间的关系是相互促进的。例如,一个人在企业学会的某项技能可以应用到家庭,通过家庭产生的某种关系被用来开拓企业业务。

当人们开始进入工作状态后,工作和家庭自然就成为人们必须同时面对的两个领域。如果说冲突和促进是工作家庭关系硬币的两面,走向任何一个极端都会带来个体和组织的问题,那么,企业就需要努力探索有益于员工工作家庭关系的综合策略。其中,人们经常说起的概念是工作家庭平衡。工作家庭平衡的思想起源于1970年的英国,该理论主要从工作家庭冲突角度延伸而来,试图通过解决两者的冲突来实现个体工作和生活之间的平衡。近些年有学者又提出了一个新的概念,他们同时从工作家庭冲突和工作家庭促进的角度进行研究,引入了"工作家庭和谐"的概念,即"一种令个体满意的工作和生活角色经过一致管理可以达到相互交织和谐有序的生活状态"。因为工作家庭和谐理论以一种更加积极的态度去整合工作家庭关系中出现的种种状况,所以人们更愿意去接受它。工作家庭和谐与中国儒家所谓"修身齐家治国平天下"的逻辑是一致的,都是试图在个体身上实现多角色的和谐。

今天,很多企业在努力探索,帮助员工构建积极的工作家庭关系,如家庭友好项目、员工帮助计划等。这些各种各样的具体做法不是把工作和家庭对立起来,而是承认人的社会属性,将工作角色和社会角色看作两个可以相互促进的角色,这就从根本上为两者的和谐奠定了基础。促进和谐才能幸福,冲突总会产生遗憾。作为领导者,必须学会尊重员工的社会角色,并在力所能及的范围内帮助员工更好地履行社会角色,也就是常常说的"解决员工的后顾之忧",从而使员工能够在工作角色方面更积极地投入。

3.1.3 能动性

所谓能动性,就是人是有主观积极性的,换而言之,人是可以被激励的,而组织所拥有的其他资源是没有积极性可言的。激励,即激发、鼓励,使人在某些内在或外在刺激的影响下,始终维持在一个兴奋状态中,在内在动力的驱动下,自觉地朝所期望的目标努力。激励的过程,就是管理者运用特定的手段和策略,促进工作群体或个人自觉努力实现管理目标的过程。

20世纪20年代至30年代以来,随着梅奥的人际关系理论的建立和发展,研究者纷纷开始从不同的角度研究组织成员的激励问题,并提出了许多不同的理论。这些理论大致可以分为三类,即内容型激励理论、过程型激励理论和行为改造型激励理论。

1. 内容型激励理论

内容型激励理论也可称为需要的激励理论。需要是激励人们进取的基础和源泉,内容型激励理论就是研究究竟是何种需要激励人们从事自己的工作。最具代表性的内容型激励理论包括需要层次理论、ERG理论、成就需要理论和双因素理论等。

这里简要介绍一下需要层次理论。1943年,美国人本主义心理学的创始人马斯洛在《人的动机理论》一书中,提出了需要层次理论。马斯洛认为,人的价值体系中存在不同层次的需要,形成一个需要系统。人类的基本需要是由低级到高级、以层次形式出现的。包括五个层次,依次是:生理需要、安全需要、社交需要、尊重需要和自我实现的需要。当某一层次的需要得到相对满足时,其激发动机的作用随之减弱或消失,此时上一级的较高层次需要成为新的激励因素。马斯洛的需要层次理论揭示了需要—激励—行为的关系,从而揭示了行为激励过程的共性,它还强调了人的内在需要是激励的主要诱因,强调了人的不同层次的需要对动机的激发和影响。

2. 过程型激励理论

过程型激励理论侧重于研究激励的整个认知过程以及这种认知过程如何与积极的行为相联系。过程型激励理论主要包括期望理论、公平理论和目标设置理论。

这里简要介绍一下期望理论。期望理论最早是由托尔曼和勒温提出的,后来著名心理学家弗鲁姆在他的著作《工作与激励》中系统全面地阐述了期望理论模式。人之所以能够完成某项工作并达成组织目标,是因为组织目标会帮助人们达成自己的目标,满足自己某方面的需要。弗鲁姆认为:某一目标对某人激励力量取决于他所能得到结果的全部预期价值乘以他认为达成该结果的期望概率。该模式可以用公式表示为

$$M = V \cdot E$$

式中,M为激励力量,它表明为达到预先设置的目标的努力程度;V为目标效价,指预定目标对于满足个人需要的意义,即对于满足个人需要的重要程度与价值的大小;E为人们根据过往经验判断达到该目标或满足需要的可能性的大小,是个体的主观概率。

从上面公式可以看出:目标对个人的价值越大,估计实现的概率越高,激励力量也越大;若实现目标的可能性很大而目标效价很小,或者目标效价很大而期望值很小,人被激发的动力可能都会很小。根据期望理论,要调动人们工作的积极性,在进行激励时,必须用人们可能实现的,而且对他们是有意义的目标作为激励对象。

3. 行为改造型激励理论

行为改造型激励理论重点研究怎样转化和修正人的行为，如何使人的心理和行为化消极为积极的理论。这一理论主要有强化理论、归因理论等。

这里简要介绍一下强化理论，该理论是美国哈佛大学心理学教授斯金纳提出的。斯金纳在巴甫洛夫条件反射理论的基础上，提出了"操作性条件反射理论"。该理论认为人们的行为会受到外界环境反应的影响，当行为得到来自外界环境积极的响应，人们就会继续这种行为，而当某种行为受到外界环境的消极回应，人们就会减少或停止该种行为。强化理论就是基于人们通过学习来理解和修正自身行为。根据强化的性质和目的，斯金纳将强化分为正强化和负强化。

正强化又称积极强化，是指在行为发生之后，立即用物质和精神的鼓励来肯定这种行为，在刺激的作用下，个体感到对他很有利，从而增强和增加以后的行为反应。在管理中，正强化是最常使用且易收到良好效果的强化方式，领导者通过表扬、赞赏、增加工资、奖金、升职等方式，既能起到加强被强化者积极行为的作用，又能使其他人出现积极行为的可能性增大。

负强化又称消极强化，是指预先告知某种不符合要求的行为或不良绩效可能引起的后果，允许员工通过按所要求的方式行事，或避免不符合要求的行为来回避一种令人不愉快的处境。若员工能按要求行事，既可减少或消除这种不愉快的处境，也增加了员工符合要求的行为重复出现的可能性。

负强化与正强化的目的是一致的，只是二者采取的手段不同。对于正强化来说，员工努力工作是为了从组织获得奖酬；对于负强化来说，员工努力工作是为了不挨领导者批评。两种强化手段结合使用，才能收到较好的效果。

虽然理论上有不同的角度和认识，但就个体而言，调动其工作积极性的根本还是在于准确了解他的需要，并采取合适的方式给予满足。因为每个人都是有需要的，从这个意义上说，每个人都是可以被激励的。至于激励的效果，则取决于领导者对员工需要的了解。如果领导者不知道怎么激励下属，最根本也是最简单的原因就是他不真正了解下属的需要。

这里还需要特别强调一点，激励下属是满足他们的需要，而不是领导者认为的他们的需要。随着市场经济的发展以及人们对待工作态度的变化，人员的流动性越来越大，那种终生在一个工作组织的理念越来越淡化，这就为领导者了解员工增加了困难。于是，领导者越来越不熟悉他的下属。不了解员工的需要，领导者只能自己揣摩员工的需要，然后试图去满足他们，但是这往往会陷入"想当然"的境地。一个为下属士气低落而愁眉苦脸的公司总经理抱怨说：已经给员工调了工资，增加了奖金，为什么他们还是没有工作积极性？根据后来的员工满意度调查却发现，真正对员工构成激励的最重要因素是领导认可，这才是员工最重要的需要，因为这个总经理从来没有给下属积极的反馈和由衷的赞许。所以，高水平的激励是满足员工的需要而不是满足领导者认为的员工的需要。

3.1.4 稀缺性

19世纪末20世纪初,意大利经济学家巴莱多发现,在任何一组事物中,最重要的只占其中一小部分(约20％),其余80％尽管是多数,却是次要的。这种"二八定律"已经被大量的管理实践证明,如商家80％的销售额来自20％的商品,80％的业务收入是由20％的客户创造的。这条规律也被应用到人员分析和管理活动中。我们常常可以看到,在一个组织中,往往是20％的人完成了80％的工作任务。这20％的人员决定着企业的成败,他们有智慧、有能力,是组织中的关键人才。企业的员工数可能很多,但是对企业经营绩效产生决定作用的关键员工却常常是不足的,这就是所谓的稀缺性问题。

如何管理稀缺性人才已经成为企业面临的非常现实的问题。遗憾的是,许多领导者以简单的甚至是错误的方式管理人才,要么完全忽视人才,要么过分依赖人才,这都不是科学的管理方式。下面就深入分析这个在被领导者管理方面最重要的问题,并寻找可能的、更积极的解决方法。

人才管理的第一步也是最重要的一步是识别谁是组织内的人才。那么,什么样的人可以被称作人才?古往今来,中外学者都对其作出过界定。例如,我国古代就将有德行、有才干的人称为人才;国外的相关文献多把有天赋的人视为人才。一直以来,人们对于人才的界定都非常模糊,标准也不尽相同。有的观点认为人才是才能较高的人,或有特殊才能的人;有的观点认为人才是在某一领域具有影响力、知名度高的人,如政治领袖、专家、学者等;也有的观点甚至简单地以学历或专业职务论人才等。

与人才学中界定的人才相比,本书所讨论的人才更加具体,他们就是在企业中创造价值的员工。那么,什么样的员工能够被视为组织内的人才?本书尝试用以下两个维度来分析组织内的员工,并界定人才:内部的可替代性和外部的可流动性。我们分别以低和高来简单化地表示程度,这样一来,就可以把组织内的员工大致分为四类,依次是:高替代性高流动性、高替代性低流动性、低替代性低流动性和低替代性高流动性。如图3-1所示。

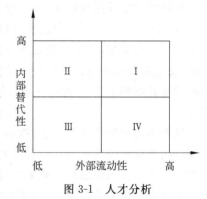

图3-1 人才分析

Ⅰ 高替代性高流动性。这类员工占组织内员工的多数,他们一般是从事通用技术的人员。当这类员工离职时,企业能够迅速地从外部人力资源市场找到替换人员。由于这类员工拥有的是一般性技能,所以他们也可以轻松地在外部寻找到工作机会。他们不是人才。

Ⅱ 高替代性低流动性。流动性的高低是由外部市场和个体的主观意识决定的。如果一个人习得的技能是特定技能,不能与外部市场接轨,他就很难寻找到外部机会。另外,个体的主观意识也会影响其向外部流动的意愿。在权衡了利弊得失后,如果个体意识到相较于外部机会留在组织内会有更大收益,其流动性也会降低。不管出于什么原因,这类员工的外部流动性不高,但在组织内部,他们却没有什么优势可言,他们经常面临被替换的风险。这类人也不是人才。

Ⅲ 低替代性低流动性。具备这类特点的员工掌握了企业内部的关键技术或重要资源,他们不能被轻易替代。但是这类人所掌握的技能在劳动力市场也不具备普适性或需求不大,有着强烈组织背景的资源使他们也不能轻松地应用到其他企业中,也就是说,一旦离开企业,他们的价值就会大打折扣,他们在外部并没有更好的机会。虽然这些人常常有"人才"的感觉,但他们不是人才。

Ⅳ 低替代性高流动性。具备这类特点的员工掌握了组织内的关键技能或资源,这使得替代他们的可能性很小。更为麻烦的是,他们还具备了高度的外部流动性,这意味着他们的能力同样能够在另外的组织得到发挥,甚至是更好的发挥。外部劳动力市场提供的巨大机会使这类员工对于组织有着很强的讨价还价的资本,有些人甚至会以这种优势来要挟组织,谋求更多的利益。低替代性和高流动性的结合决定了这类员工才是组织内的真正人才。与前三类员工相比,这类员工的管理才是领导者最应该花心思认真思考的。

通过以上模型的简单区分,组织就可以较为明确谁是真正的关键员工。企业内的员工并不是同等重要的,这似乎是每个领导者都熟知的极其简单的道理,但在实际操作的时候,领导者又喜欢表现出一视同仁的状态,采取一种看似公平的态度来对待每一个员工。这样一来,客观上重要性程度不同的员工得到了相同的对待。如果站在人才角度,他们就会认为不公平。事实上,许多人才的离职就是因为领导没有给予足够的重视。通过分析,领导者对组织中的人才有了大致的界定,这些人通常数量不多,领导者只要有意识地表达对他们的尊重和重视,就能更有效地留用他们。

除了重视之外,领导者还可以根据这个模型,通过一些更积极的做法来管理组织内的稀缺资源。在这个模型中,我们清楚地定义了人才的特征:低内部替代性和高外部流动性。而处在第Ⅰ区域和第Ⅲ区域的员工都不在此列。那么,如果企业有计划地把处在第Ⅳ区域的人才发展成为第Ⅰ区域和(或)第Ⅲ区域的员工,他们也就不再是人才了。也就是说,企业可以通过降低外部流动性和(或)增加内部替代性这两个基本思路来实现这个目的。具体如图 3-2 所示。

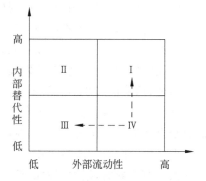

图 3-2 人才管理的基本思路

在这样思路的指导下,企业可以尝试用以下方法来降低外部流动性。

(1)组织独特环境的营造。通过环境的营造,组织不仅可以使人才所拥有的技能具有显著的组织特色,只有在本组织内才可以发挥作用,在其他组织就会受到限制,组织还可以通过环境建设营造"家"的氛围,使员工不舍得离开,或者感到离开是很"不划算"的。当一个组织环境是积极的、有凝聚力的,这个组织的环境就存在非常强大的吸引力,人们若离开这样一个组织会感到损失很大。相反地,如果组织环境十分恶劣,人们钩心斗角、互不信任,那些人才就会觉得离开它没有损失什么。

(2)定向培训。定向培训是帮助员工熟悉组织内部"是如何做事的"培训行为,其根本目的就是让员工变得符合企业要求并积极融入企业文化。与其他员工培训相比,定向培训具有明显的企业导向,更强调员工对组织的归属感和认同感的建设。通过高强度的定向培训，企业能把自己独特的文化植入到员工心中，使他们和企业融为一体。那些积极地为组织贡献，并努力与组织共同成长的员工一定是组织内最坚定者，他们认同组织的企业文化和发展目标，并将它们作为自身的行动准则和奋斗方向。这样的员工是不会轻易离开企业的。

组织独特环境的营造和定向培训通过使员工愿意与组织共同发展来降低员工的外部流动性。模型提供的另一个思路就是增加内部的替代性。大量的管理实践表明，企业不是保有"人"，而是保有这个人所持有的"才"，"人"只不过是"才"的载体。企业可以尝试用以下方法来增加内部替代性。

（1）知识共享。人才之所以关键，在于当他离开公司后，公司的核心技能和资源也随之流失。为了避免这种情况发生，组织可以把蕴藏在员工个体身上的知识和技能转化为组织的知识和技能，并让更多的员工去掌握。这种发生在员工个人之间、员工与组织之间的知识交流过程就是知识共享。通过知识共享，人才知道那些用来讨价还价的资本已经被大多数人掌握，谈判的优势已经荡然无存。当组织内部出现人才的备份者时，人才的稳定性反而能够增强，组织面临的风险则会降低。

（2）导师制。从干预个体行为以保障企业绩效的角度考虑，越来越多的企业开始引入导师制。依据不同的指导对象与内容，人们对导师往往有不同的称呼，如导师、新人辅导员、在职导师、教师等，英语中也称 mentor、coach、facilitator、instructor 等。不管怎样的称呼，其目的都是通过建立富有经验的、有良好管理技能的资深管理者与经验不足但有发展潜力的员工之间的支持性关系，将导师的经验和技能积极地传递给继任者或下属。企业建立导师制就能够做好内部的人才备份。

（3）接班人计划。接班人计划（succession planning），是指组织通过确定、评价关键岗位的高潜能的内部人才，对其进行系统开发和培养，以便为组织的未来战略和发展提供人力资本方面的持续保障。接班人计划的主要任务是为组织储备未来的领导人员，它关注组织经验的延续和继任者的发展，是组织可持续发展的重要保证。

总之，稀缺性人才不能简单地、被动地"留"，领导者必须更加积极地从降低外部流动性和增加内部可替代性两个方向上管理他们。以上的方法也只是初步的探讨，领导者还需要结合具体的工作实践，更理性地、更有效地影响被领导者中的那些"明星"。

多样性、社会性、能动性和稀缺性是人作为企业内一种资源所独有的属性。领导者要了解人是有差异的，组织规模的扩大，人员数量的增加，其实就是在考验着领导者对多样性的承受能力。接受并管理好多样性，使各种各样的人员都能在合适的岗位上发挥出作用是领导者的关键任务。人的最根本属性是他的社会性，人所具备的社会角色对其工作会产生影响，认真了解被领导者所具有的社会角色，才能更好地全面地认识被领导者。人们都是有需要的，因此都是可以被激励的，只要准确了解他们的需要，并采取合适的手段，就能起到激励的作用。领导者需要特别关注组织中的稀缺资源：关键员工或者人才，他们的状态决定着整个组织的表现，所以，更加积极地分析组织成员，厘清人员的状态，更加主动地管理人才，进一步保障组织绩效。总之，与组织所拥有的其他资源不同，作为人的被领导者有其特殊性。领导者要做好人的工作，就一定要认真地理解和体会人的属性。

3.2 被领导者的建构

领导者不可能脱离被领导者而单独存在。在领导者与被领导者二者关系方面,被领导者不是仅仅表现为一种简单的被动追随。被领导者与领导者关系好坏、对目标任务的理解和接受程度、对领导者权力的支持程度以及自身的成熟程度都直接影响最终的领导效能。因此,领导者必须有效地利用自身的影响力,使被领导者能够积极参与、配合并接受领导者的领导,从而确保领导系统的效能。

从系统的角度看,领导效能正是基于领导者与被领导者之间一种默契的响应。为了实现二者的最佳匹配,领导者必须高度重视被领导者队伍的建设。那种认为一个优秀领导者可以领导任何群体的想法显然是一种过度自负的表现。本节所讨论的建构是一个更加综合、更加宽泛的概念,因此,它不仅仅是最直接地表现为被领导者的甄选,还包括对被领导者的绩效管理和薪酬激励。

3.2.1 甄选

为了提升和强化领导效能,领导者必须非常务实地致力于被领导者队伍的建设。在实践中,因为被领导者队伍建设本身是一件非常具体、非常琐碎的事情,所以,随着被领导者队伍的扩大,领导者通常会越来越不重视队伍的建设。这种对被领导者队伍建设的不屑最终将导致领导效能的整体下降。

从组织角度探讨被领导者建设,就要求领导者认真反思组织在人员建设方面的基本理念。这些理念是企业在人力资源建设活动中的一种内在思想倾向,虽然它并不总表现在企业的人力资源规章制度中,却直接影响着招聘行为,并继而影响到组织各层面被领导者队伍的建设。具体来说,被领导者建设的基本理念包括招聘动机、招聘来源、营销观念、真实性四个方面。

1. 招聘动机

企业在什么情况下开始招聘或者说招聘行为的触发点是什么?一般来说,当人员变动出现空缺或为了更好地满足工作要求时企业开始进行招聘,前一种的招聘动机是填补空缺,后一种是为工作招聘。这是两种截然不同的思想。填补空缺的招聘思想是,只有当企业内出现诸如员工的意外死亡、突然离职或退休时,企业内出现职位空缺,企业才开始考虑招聘。这虽然是一种被动触发的招聘,但它能够给工作承担人带来安全感:企业不会主动解聘。为工作招聘,则是企业不断考察工作与现有工作者之间是否匹配。如果现有工作者的能力水平已不能满足工作的要求,虽然他还没有到退休的年龄,但企业从人与工作配合的角度考虑,将会招聘更适合的人选,人们常说的"末位淘汰"就是这种理念的体现。如果说填补空缺的思想导致的是零散的、断续的活动,那么为工作招聘则是一个连续的过程。为工作招聘的思想要求人力资源部门不断对工作进行分析,对人与工作的适应性进行考察,并随时提出招聘建议。尽管为工作招聘的理念会让工作承担人更加努力,但也会给整个组织带来过度的危机感。采用填补空缺还是为工作招聘的理念,取决于领导者对组织的判断。例如,对于一个刚刚经历并购整合的企业,填补空缺能够给动荡的组织氛围注入安全感;而对于一个老企业,为工作招聘能够带来活力。

2. 招聘来源

当组织内部出现空缺时,是通过内部还是外部来获得继任者,是企业人力资源部门在招聘前必须慎重对待的。这也是招聘理念最主要的构成部分。采取内部招聘还是外部招聘要根据企业的具体情况,因为二者各有优缺点,具体分析如下。

内部招聘的优点主要表现在:内部招聘政策会对员工产生极大的激励作用,当员工知道通过自己的辛勤努力可以获得晋升时,他们就会更加认真地工作并且注意提升自己的技能;内部申请人熟悉情况,对企业的特点、文化都非常熟悉,能很快地建立工作关系,进入工作角色;相比外部申请人,企业对内部申请人的了解显然要多一些,企业对他的个人背景、性格爱好、工作方式等都有充分的了解,可以省去许多用来评价申请人的活动;内部的申请人由于对企业活动有着较深刻的了解,并且参与了过去政策的制定,也便于保持政策的一贯性。

内部招聘的缺点主要表现在:内部员工很难摆脱原有各种关系的制约,错综复杂的人际关系会影响工作的开展;如果员工认为只要自己的年资积累到一定的程度,自然就会得到晋升,那么,企业内就会出现论资排辈的情况,员工的思想消极,生产效率低下;企业无法得到外界的新鲜思想,缺乏创新意识。

外部招聘的优点主要表现在:外部招聘所获得的人员往往会带来新的知识、新的处理工作的方法,他们会对现在的、想当然的方法提出一些改进意见,为整个组织注入活力;外部招聘政策能够给内部造成竞争压力,促使内部人员保持活力。

外部招聘的缺点主要表现在:外聘人员往往很难在短时间内同整个组织融为一体,真正进入工作角色时间也较长,工作业绩会因此受到影响;外聘人员对企业的忠诚度较低,流动性较大。

正如上面分析的,内外招聘各有利弊,领导者必须根据自己企业或团队的情况做一个决断。简单来讲,如果领导者注重建设队伍的稳定性,并培育组织文化,就可以考虑从内部选拔人员。领导者如果期望提升内部活力以及驱动创新,就需要考虑有不断加入的外部人员。从内部还是外部获得人员要视组织的具体情形而定。

3. 营销观念

营销的基本观念是以消费者的需求为导向,为他们提供需要的产品和服务。这一观念应用到人力资源管理范畴,就是要把工作申请人当作消费者、客户,为他们提供他们需要的人力资源政策和招聘活动中的优质服务。但可惜的是,今天大多数企业还是把员工作为生产投入的一部分,当作生产原料来购买,招聘中的营销观念并没有建立起来。中国文化所推崇的"礼贤下士"正是营销观念最生动的体现。礼贤下士不仅能为领导者带来心悦诚服的追随者,而且还能为领导者带来人才溢出效应,其他人知道后也会主动加入被领导者队伍中。

4. 真实性

在招聘中,有的企业为了能够吸引申请人,在招聘材料中,倾向于夸大其词,如夸大企业的实际状况,许下无法实现的诺言等。有的企业则通过录像或访谈等提供虚假的工作信息,如申请人感到企业内的每个人都很愉快;工作非常重要、有刺激性和挑战性等。这些不真实的工作信息欺骗了工作申请人,当工作申请人进入企业后,发现现实与想象差距太大,就无法安心工作。所以,越来越多的企业开始向申请人如实地展示情况。申请人在了解到工作前景的同时,也会发现工作是例行的、缺乏变化的,也许会很枯燥,员工的自由受到一定的限制等。这样坦诚的、真实的、负责任的态度会增强申请人对组织的信赖。

实事求是地与申请人交流有助于领导者控制他们的期望。人们的期望是波动的,是可以调控的。有些公司遇到的员工流动问题,很大程度上是因为员工的期望被无限放大,他们向公司提出显然无法满足的要求。对组织成员期望的最佳控制点就是在招聘环节。如果组织能够向即将入职的员工真实地展示工作状况,包括工作目标、工作结果以及未来发展,他们就能够清楚地在组织内自我定位。而不切实际的承诺或变相的欺骗虽然可以短时间内获得员工的归属,但由此形成的过高期望必然会导致未来的问题。

以上四个方面,是企业人力资源管理活动中招聘理念的主要构成部分,也是领导者思考被领导者队伍建设的基本理念。通过招聘,组织从各种渠道获得了工作申请人,接下来就要从中进行挑选。人力资源管理理论已经给出了很多挑选的方法,如笔试、面试、心理测评、背景调查等,这里就不再详细论述。事实上,从领导效能的角度看,最主要的因素不是挑选的方法,而是领导者能否直接参与挑选工作。

组织中的人员建设之所以出现问题,主要是因为用人单位与招聘者是分离的。企业中招聘的一般流程是,各个部门将人员需求情况报告给人力资源部门,然后由人力资源部门组织招聘甄选活动。虽然用人单位也会被邀请参与招聘活动,但参与的深度是远远不够的,而且用人单位通常在人员的最终录用上仅拥有有限的权力。于是,由人力资源部门招聘的人员就会被内部分配到各个用人单位。

这样的招聘过程其实存在很大的匹配风险。很明显,如果人力资源部门对业务单位的了解仅限于有关职位的基本客观信息,他们不了解更加具体的信息,如用人单位的团队氛围,这就使新进人员无法与用人单位匹配。进一步分析,用人单位在人员选聘方面的意见和判断,更多的是以工作适应性和团队适应性为基础。人力资源部门则是以组织适应性为基础的。工作和团队适应性是组织适应的基础。那些在甄选过程中表现出组织适应的人如果不能把实际的工作做好或融入团队组织中,那种适应显然是虚假的。所以,为了使得新进人员能够尽快地融入团队,最有效的方式就是用人单位的直接参与。

另外,由于用人单位在人员测评时已经有了成功或失败的参照,他们更容易把握应聘者的状态。更为重要的是,用人单位领导者直接参与招聘工作会极大地增加领导者对团队成员的权威。当团队成员意识到自己能够加入是因为得到了作为招聘者的领导者的认可,他就会心存感激,也就会更容易接受领导。这种心理可以解释为一种广义的"知遇之恩",它对于加强领导者的影响力是极有帮助的。简而言之,如果被领导者群体是经由领导者的努力建成的,领导效能就会得到自然而然的保障。

3.2.2 绩效

建立了团队和组织后,接下来,领导者需要通过扎扎实实的绩效管理工作来实现组织既定的各项目标。一般来说,绩效管理是一个持续的交流过程,该过程由员工和其直接主管之间达成的协议来保证完成。在协议中,双方对未来工作达成明确的目标和理解。直接主管将与员工保持沟通并监督检查,并在任务完成后与员工总结经验。尽管围绕绩效管理也有各种模型,但是最基本的模型还是 PDCA,也就是计划(plan),执行(do),评估(check),行动(action)。考虑到整个的绩效管理就是行动,又鉴于需要特别强调对于绩效持续改善极为重要的学习功能,本书对这个基本模型的最后一个步骤进行微调,调整为"学习"(learning),也就是说,本书提出的绩效管理的模型是 PDCL。

1. 计划

计划,不仅是绩效管理的第一步,也是所有管理工作的第一步。管理的基本功能中,计划是当仁不让的第一:任何管理行为都不能是人们的随性所为,而是在计划的规定中有条不紊地进行。

绩效计划是关于工作目标和工作标准的契约。绩效计划会明确说明员工在本次绩效期间所要达到的工作目标是什么,员工的各项工作目标的权重如何,达成目标的结果是怎样的,这些结果可以从哪些方面去衡量,评判的标准是什么等。这些约定将使得绩效计划是具体和可执行的。一个良好的绩效计划不是单向的任务布置,而是领导者与下属之间充分互动交流的结果。在交流的过程中,领导者需要向下属明确说明以下方面。

(1) 企业整体的目标是什么。

(2) 为了完成这样的整体目标,我们所处的业务单元的目标是什么。

(3) 为了达到这样的目标,对员工的期望是什么。

(4) 对员工的工作应制定什么样的标准。完成工作的期限应该如何制定。

下属也不是被动接受任务,在沟通过程中,下属也需要将自己的认识和顾虑等反映出来。

(1) 自己对工作目标和如何完成的认识。

(2) 自己对工作存在的疑惑和不理解之处。

(3) 自己对工作的计划和打算。

(4) 在完成工作中可能遇到的问题和需申请的资源。

通过充分沟通,领导者和下属对未来工作达成共识,并在此基础上形成具体的绩效计划。一个充分酝酿的计划才更有可能被有效地执行。

2. 执行

即使采取目标管理的方式,领导者也必须保持对任务执行状况的了解,这种了解不是干预下属的行动,而是对任务进度、执行状况以及突发状况等有所把握。为了使任务能够正确执行并达成绩效要求,领导者在计划执行过程中需要保持与下属的及时沟通。

(1) 工作的进展情况如何。

(2) 员工和团队是否在正确的达成目标和绩效标准的轨道上运行。

(3) 如果有偏离方向的趋势,应该采取什么样的行动扭转这种局面。

(4) 哪些方面的工作进行良好。

(5) 哪些方面遇到了困难或障碍。

(6) 面对目前的情况,要对工作目标和达成目标的行动作出哪些调整。

(7) 管理人员可以采取哪些行动来支持员工。

3. 评估

绩效评估的目的不是简单地将评估结果与对员工的奖惩挂钩,实际上,有效的绩效评估是通过评估的过程让人们能够知道什么地方做得好,应该继续保持下去,什么地方做得不够好,原因是什么,应该如何改善。所以,一个良好的评估体系能够让人们意识到自己与要求的差距。

领导者在评估中扮演了非常重要的角色。从绩效评估的指标来说,一个完整的指标体系通常都包括客观指标和主观指标。客观指标就是所谓的硬指标,可以通过数字来说明的业绩状态,这在今天越来越讲求绩效的组织中是非常重要的。但是,考核指标体系也不能忽略那些表明绩效者心智努力的付出。客观指标的衡量就是用数字说话,这其实是简单的。主观指标的衡量更多地依赖于领导者的主观判断。既然是主观判断,不可避免地就会出现一些偏差。在评估时,领导者要有意识地控制好主观偏差,这样才能让被领导者有公平的感受。下面所列是主观判断时人们经常出现的心理误区,领导者要特别注意。

(1) 晕轮效应(halo effect)。评估者对受评者的某个方面做评价时,常受到对受评者整体印象的影响。如评估者评估某人的工作表现时,常因他对受评者的良好印象,而给予较高的评价;相反地,若对他整体印象不好,则给予较低的评估。晕轮效应常使绩效评估产生扭曲的现象,故而可增加评估次数或做不定期的评估,来减少主观偏差。

(2) 刻板印象(stereotypes)。评估者对受评者的评价,常受到受评者所属社会团体特性的影响。换句话说,当评估者评估某个员工时,常选择该员工所认同的团体特性,加诸该员工身上,并作为同样的特性来评价。例如,某人是一个足球明星的粉丝,则评估人员将以这个足球明星的特点,而认为某人同样具有此种特点。此种现象是评估者对事物或现象予以简单分类所形成的偏误。为避免这种偏误,可采用同事互评(peer rating)。

(3) 集中趋势(central tendency)。评估者不愿或无法确实区分受评者的实质差异,而采取集中于中度评估的现象。这种集中趋势的绩效评估无法分出优劣,不易建立公平的评估,很难达成"赏罚分明"的效果。为避免集中趋势的偏误,可实施员工比较法和强制分配法。

(4) 相似错误(similarity error)。评估者在评定别人时,常给予具有和自己相同特性、专长者以较高评价。例如某评估者认为自己是进取的,他可能以进取心评估他人,这样对具有这样特点的人有利,而对没有这项特点的人就很不利。为避免发生类似错误,可增加评估次数。

(5) 极端倾向(extremity orientation)。评估者将绩效评估定在同一极端的等级,不是失之过宽,就是评定太严。评估过宽称为宽大错误,由于其评分偏高又称为正向偏误;评估太严者称为严厉错误,由于其评分偏低又称之为负向偏误。如果所有组织成员均由一人评估,一般不会导致极端倾向。如果评估不是由一人做的,那么,即使员工有相同的工作表现,也会得到不同的评估分数,造成偏误。在这种情形下,可利用强制分配法调整其偏误。

(6) 膨胀压力(inflationary pressures)。随着时间的迁移,评估者对受评者的评价分数有逐年提升的趋势。这种趋势易形成压力,事实上可能意味着评估者的评价标准降低,而不是受评者的绩效越来越好。这种现象,评估者应该自行注意,并自我调整。

(7) 不当替代(inadequate substitution)。评估者在做绩效评估时,不选择实际绩效的客观标准,而以其他不当的标准来替代。例如,评估者以年资或热心程度、积极态度、整洁等个人主观观点作为评估标准,致使评估结果失去精确性。此外,评估者以主观态度去收集一些客观信息,以支持其决策,也是一种不当替代。在这种情况下,评估者应注意调整心态,聚焦于员工的绩效本身。

领导者除了要注意在评估时尽可能减少主观偏差外,还应该做好绩效评估面谈。绩效评估的目的是让未来有更好的绩效,所以,在评估结束后,领导者可以拿着评估表,通过与员工面对面的深度交流,共同努力弄清评估结果背后的问题。在绩效评估面谈中,员工有机会说明绩效问题的原因,也有机会提出改进工作绩效的建议;领导者可以帮助员工分析工作责任、工作目标、能力状态等,从而帮助他更好地完成任务。

在绩效评估面谈中,领导者要特别注意以下几点。

(1) 清楚地说明面谈的目的,鼓励员工说话,倾听而不要打岔。

(2) 避免对立和冲突。

(3) 面谈要聚焦于讨论绩效问题而不是员工个人的性格,优缺点并重。

(4) 面谈要集中于未来的绩效改进,而不是追究过往。

(5) 以积极的方式和建设性的建议结束面谈。

4. 学习

绩效管理循环的最后一步是学习,这是人们经常忘记的,似乎绩效评估结束后,绩效管理也就结束了,有时即使做了这一步,也是草草走过场而已。这其实是不应该的。学习对于绩效管理来说,或许是最重要的一步。人们常说的所谓"螺旋式上升",就是人们通过工作不断积累经验,在未来遇到同样的工作时,能够表现出更有效的行为。精益求精的领导者在对下属绩效管理时,最重视这个环节。通过最终的总结,使人们在技能上、认识上都有大的飞跃,整个组织也才可能更加卓越。

学习的功能主要包括三个部分:第一个是总结成功经验:在这一个绩效评估期,工作人员什么地方做得好;第二个是总结失败教训:在这一个绩效评估期,工作人员什么地方做得不够好或是出现了工作问题;第三个是发现改进方向:基于上一个问题,谁也不可能一开始就把工作做好,但是坦诚地面对问题,积极地改进才是应该的态度。

通过这三个部分,领导者可以将组织在一个评估期或者一项具体任务上所获得的经验和教训整理出来,再仔细地提炼,就可以形成有价值的组织知识。这不仅可以让目前的工作承担者更加深刻地记忆和理解,也能够让新来的工作承担者更快地提升自己,从而让整个组织表现出不断进步的状态。

计划、执行、评估和学习是绩效管理的四个基本步骤,也是领导者在具体推进工作时的最基本的模型。按照这样的循环进行,持之以恒,组织就会更加卓越。

3.2.3 薪酬

在讨论薪酬之前,有必要先介绍一个更广义的概念:报酬。所谓报酬,就是员工从企业得到的回报的总和。报酬分为外在报酬和内在报酬。外在报酬,是指工资、薪水、奖金、佣金和红利等一系列可以通过货币单位来衡量的直接货币报酬。内在报酬是指通过工作带来的成就感、满足感等间接非货币报酬。外在报酬和内在报酬也可以简单地理解为物质收入和精神收入，或者也可以更狭义地用奖金和奖状来类比。虽然来自精神层面的内在报酬对一个人的影响非常巨大，但物质层面的外在报酬会更加直观和实际一些。领导者在考虑报酬体系设计时，外在报酬和内在报酬都应该考虑。

外在报酬，也就是人们常常说的薪酬，它对员工的影响是非常直接和巨大的。企业不认真思考和设计薪酬系统，员工的工作状态就不能持续保障。那么，薪酬都由哪些因素构成呢？广义概念上的薪酬由四个主要部分构成：基本薪酬、绩效薪酬、辅助工资和员工福利。

（1）基本薪酬。基本薪酬，也就是工资，是企业根据员工所承担的工作或者员工所具备的完成工作的技能向员工支付的稳定性报酬，前者通常被称为岗位工资，后者被称为技能工资。基本薪酬的数额具有相对的稳定性，支付的时间也相对固定，它是员工可以预期的收入。这一薪酬组成部分对员工来说是非常重要的，因为它不仅为员工提供了基本的生活保障和稳定的收入来源，而且往往是确定可变薪酬的一个主要依据。

（2）绩效薪酬。绩效薪酬是对员工超额工作部分或工作绩效突出部分所支付的奖励性报酬，在企业中通常以奖金的形式来体现。绩效薪酬是对员工过去工作行为和已取得成就的认可，因此它的数额是不固定的，要基于员工的工作业绩。绩效薪酬是典型的激励性薪酬，它的目的就是鼓励员工提高工作效率和工作质量。

（3）辅助工资。辅助工资又称非标准工资，是指基本工资以外的各种工资，包括加班加点工资、工资性的津贴和补贴、附加工资等。辅助工资有较大的灵活性，是基本工资的补充。对于某些工作或行业，如对经常需要加夜班和从事野外作业的员工来说，辅助工资是非常重要的一部分。

（4）员工福利。福利是企业为员工提供的不以金钱形式体现的间接报酬。相对于奖金只适用于高绩效员工来看，福利是适用于所有员工的。福利的内容很多，除了国家相关法律规定的养老、失业、医疗等之外，企业也会根据自己的情况为员工提供不同形式的福利。员工福利是薪酬体系的重要组成部分。

以上是薪酬系统的大致构成。每个部分还都包括一些子项目，拿员工福利来说，企业还会提供免费午餐、办公场所的娱乐设施、带薪的法定节假日等。这样加起来，一个企业为员工提供的薪酬真的是一个庞杂的体系。当然，员工更直观感受的薪酬是工资，所以，在薪酬设计时，企业必须首先确定好工资体系，这是基本，其他的报酬项目都是直接或间接由工资派生出来的。

企业工资体系设计的基本原则是公平。因为在一个企业中，人们希望被公平地对待，而工资正是公平对待的最直接体现。如果工资体系没有对公平方面的考虑，很难想象这个工资体系会让大多数员工满意。公平理论其实是一个简单的比较，见表3-1。

一个人的公平感来自比较，比较下来，就会有以下三种情况。

如果我的报酬与我的付出的比值和别人比较相等或大致相等，这时，我认为得到了公平的对待。

表 3-1　公平理论

自己		与他人比较		
我的报酬/我的付出	=	别人的报酬/别人的付出	=	公平
我的报酬/我的付出	<	别人的报酬/别人的付出	=	不公平
行动：1. 请求增加工资；2. 工作松懈；3. 试图让别人多干活；4. 与他人比较；5. 跳槽				
我的报酬/我的付出	>	别人的报酬/别人的付出		不公平
行动：1. 工作努力；2. 请求减少工资；3. 增加别人的工资；4. 让别人也少干；5. 与其他人比较；6. 跳槽				

如果我的报酬与我的付出的比值小于别人的比值，这时，我认为是不公平的。采取的行动大概有：首先是我会要求主管增加我的报酬；如果增加报酬的请求得到拒绝，我就会降低工作付出；如果由于企业严格的规定，我无法降低工作付出，我可能就会向上级汇报，增加对方的工作量；如果我发现错误地选择了比较对象，就会同他人比较，来寻求公平；最后，各种努力都失败后，我就会选择跳槽，离开这个我感觉不公平的企业。

如果我的报酬与我的付出的比值大于别人的比值，这时，我也认为是不公平的。采取的行动大概有：首先，我会努力工作，让自己也心安理得一些；如果工作量已经确定，要实现公平，即我主动请求减少工资（这种情况并不多见）；另外，也可以通过增加别人的工资或让别人也少干，达到公平；有时，我会觉得错误地选择了比较对象，更换比较对象，进行新的比较；最后，由于工作付出和工作所得不相符，引起其他员工的强烈不满，自己在企业中很难工作下去，不得不选择跳槽。

可以看出，当员工感受到不公平时，他不会一上来就采取过激的行动。而是通过调整报酬和付出，员工自己在企业内寻找公平感。如果报酬不能改变，我们就常常可以看到员工减少付出来实现自己想象的公平。如果"不公平感"蔚然成风，企业里还有工作的员工吗？这个公式还可以解释为什么很多企业推行工资保密政策。在保密的情况下，我知道我的付出和我的报酬，我知道别人的付出，但我不知道别人的报酬，于是，公平的比较就不能进行下去。在"眼不见为净"的心理下，员工至少不会陷入自我追求公平的怪圈中。

需要特别说明的是，公平理论中的比较包括两部分。一部分比较是在企业内部的员工间进行的；另一部分比较则在企业的内外部进行，即员工与其他企业中的员工比较。一个员工感受到的公平，其实是这两部分公平的综合。人力资源部门在设计企业的报酬系统时，就要充分考虑这两部分公平的建立。

建立内部公平的基本方法是工作评价法，它的逻辑是基于工作说明书并结合企业未来发展战略，对企业内工作的价值尤其是未来价值给予评估，确定它们的相对重要性，并在此基础上来大致明确基本的薪酬。工作评价法已经有了成熟的计算框架，企业人力资源部门的专业人员一般都会掌握这种方法。建立外部公平的基本方法是薪酬调查，就是企业委托第三方，在相关市场、相关行业、相关职位、相关工作以及相关薪酬要素等方面了解其他企业的薪酬情况，这样，企业就能够知道自己的薪酬体系是否具备竞争力。成熟的企业一般都会通过薪酬调查来作出薪酬体系调整的决策，避免闭门造车。外部薪酬调查也已经非常成熟，企业只需要咨询当地的人力资源顾问公司、人才市场或者相关网站就可以。

薪酬体系的确是非常庞杂的,在其中,起到最重要影响的,也是最基础的是员工的工资体系。一个好的工资体系不是追求什么新潮的炫目的名词,而是要给员工带去公平。目前的理论已经提供了相当成熟的公平建设方法,关键是领导者要认认真真地做起来。

相较于显性的外在报酬,内在报酬是隐性的,它是企业带给员工内心的满足、满意和幸福感。在员工激励方面,很多领导者过于注重外部报酬,甚至将报酬简单地等同于外在报酬,而忽略内在报酬。人们都熟悉的"钱不是万能的,没有钱是万万不能的"这句俗语,虽然后半句强调了外在报酬的价值,但前半句也说明了外在报酬的局限。在有些情况下,被激发的内在动机会发挥更大的作用。例如,人们都非常怀念创业时候的情景。那时,人们为了自己的梦想而工作,一个勉强能够支持生活的报酬就可以让大家开心。没有人计较收入的多寡,互相尊重、认可以及合作产生的巨大成就感使人们备受激励。总之,在外在报酬作为保障的基础上,应匹配必要的内在报酬,使员工能够物质、精神双丰收。

对于内在报酬和外在报酬应该如何匹配,理论上现在也没有一个明确的说法。但是从员工心理角度看,有一点是可以肯定的,那就是奖金和奖状都是不可或缺的。这里,我们简单梳理一下内在报酬和外在报酬匹配的简要原则。

(1) 人们必须在内在报酬和外在报酬之间寻找平衡。

(2) 或许人们最初的工作动机是为了外在报酬,但一定时间后,人们会需要内在报酬。

(3) 或许人们最初的工作动机是为了内在报酬,但一定时间后,人们会需要外在报酬。

(4) 外在报酬提供了一种保障,内在报酬让人们内心愉悦。

(5) 相比较外在报酬,内在报酬会给予人们更长久和深刻的激励,看看员工办公桌上放的奖杯和橱窗里展示的奖牌就知道。

一个良好的薪酬体系就是要精致地思考和构建各个要素,毕竟薪酬对于人们的激励是最直接和最显著的。但这不意味着领导者忽略那些与钱无关的激励手段,人们需要物质,也需要精神的满足。

领导者需要积极对待被领导者的建构。按照目标甄选合适的被领导者,通过扎实的绩效循环使他们不断提升,充分考虑被领导者的需要来建立公平的薪酬体系。领导者在被领导者建构方面的积极投入会让他收获令人难以置信的追随者,也正是通过这些最基础的工作,领导者能够与被领导者建立起更加亲密的关系。

3.3 团　　队

事实上,任何领导者都是在一个具体的团队中,即使公司最高领导人,他也是通过领导身边的团队来推动整个组织实现愿景。所以说,与领导最为密切相关的就是团队。团队,也是一个更加普遍的组织形式,从体育竞技项目的运动队、文艺演出中的交响乐队,到企业中质量改善小组,人们更多的是在一个团队中从事一项工作。本节将重点介绍什么是团队,团队如何建设以及高绩效团队的运作特点。

3.3.1 团队的概念

团队理论是20世纪70年代西方兴起"向日本学习"浪潮的产物,是从"日本经验"中提炼出来的。日本企业员工下班以后大多不是直接回家,他们常常三五成群地一起去居酒屋。根据日本一家报社对东京、大阪等地区100余名30岁以下的男女雇员的调查,60%的职员下班以后选择去居酒屋喝酒,其中一人独饮者极少,绝大多数是与同事同饮,而他们的话题则多与业务活动、人际关系有关。在居酒屋时,日本人的表现与工作时完全判若两人,他们不分职位辈分,相互敬酒、彼此聊天,百无禁忌,很多关于业务活动的充满创意的点子就在居酒屋里诞生。在这种生活习惯基础上,并结合戴明有关质量改进的管理思想,日本企业将由相同、相近或互补的工作场所的员工自发组成的非正式小群体引导为正式的致力于质量改善的品管圈(quality control circle)。像品管圈这样的团队建设不仅为企业带来了质量改善,而且营造出积极的组织氛围,为企业竞争力打下了坚实的组织基础。

团队,是两个或两个以上个体相互作用和协作以便完成组织预定的某项特别目标的最小单位。团队的概念包含三个要素:首先,需要两个或两个以上的人员,团队的规模可大可小,但一般规模都不超过15人;其次,团队人员有规律地相互接触,彼此间不打交道的人不可以组成一个团队;最后,团队人员共享绩效目标,成员相互协作以完成共同的团队目标。

团队有多种类型:问题解决型是最早的一种团队类型,一般由来自同一部门的5～12个员工组成,组织比较松散,活动也不多,成员每周只用几个小时碰碰头,讨论如何提高产品质量、生产效率和改善工作环境等问题。但它除了根据讨论向组织提出建议以外,几乎没有权力按讨论结果和所拟建议独立和单方面采取什么行动。20世纪80年代以后,这种情况有了很大的改观,问题解决型团队不仅提出问题解决建议,并且能按照团队讨论结果,采取有效的行动。但是,鉴于问题解决型团队在调动员工参与组织决策的积极性上的不足,随之又出现了自我管理(自主型)型团队。这种类型的团队由10～15人组成,他们承担以前自己上司承担的责任:控制工作的节奏与速度;决定工作任务的分配;安排工间休息。一些彻底的自我管理型团队甚至可以挑选自己的成员并让成员进行相互质量评估。这样,主要管理人员的重要性就大为下降,如某厂有100多个团队,它们负责工厂的大多数决策:有权安排检修;决定工作日程;常规性地控制设备采购;解雇与聘用员工;设置生产目标;建立与能力相应的工资标准等。此外,攻关型团队也是今天十分盛行的一种团队形式,它是横向跨部门的任务攻坚队,是聚集各路精英,专门解决各种重要的关键技术问题的团队,能使组织(甚至跨组织)不同领域员工交换信息,激发出新观点,解决面临的问题,协调复杂的项目。全国总工会曾经提出六型班组——学习型、安全型、创新型、技能型、节约型、和谐型,并在全国企业推广。六型班组就是团队以自己的具体情况,充分体现自己团队的特色,而不断提高团队效能。

近些年,随着技术手段在人际交往中的广泛应用,团队成员的组成更加复杂,不仅跨部门、跨层次,甚至跨地域、跨组织等。尽管团队形式呈现多元化,但团队的实质没有改变:目标导向和心理协同。

凯兹巴赫和史密斯提出了一种有趣的团队分类法，他们根据团队的状况将团队分成工作群体、伪团队、准团队、真团队和高效团队。所谓工作群体，就是指那些简单地将人员集中在一起，并不要求显著提高绩效的组织。其次是伪团队，这类团队并没有共同目标或者其他预期结果，它们是所有团队类型中最弱的一种，甚至并无实际产出。在现实实践中，这类伪团队很普遍，如有一家销售公司，人员不多，只十几个人，任务也很明确，本来应该说是很容易成为一个团队。但是在实际工作中，每个人都有自己的"小九九"，一些重要的资源不能及时共享，而且相互拆台。准团队开始强调生产过程，但准团队缺乏明确的职责。一旦团队有了职责，就成为真团队。真团队是指成员平等承担共同目标、任务或结果的团队。最后一种类型的团队就是高效团队。这种团队中，一些成员还承担着帮助其他成员的职业发展和获得成功的责任，这个充满凝聚力的高效团队的绩效要显著高于其他类型的团队。

团队不仅要形成共同的目标，还需要在团队成员间建立良好的心理运行机制，使他们形成一种强烈的、积极的归属感和"我们感"。多兹尔在《仇恨的本质》一书中讨论到，为了能够生存下来，人们从其最自然的感受开始，以二分的视角来看待周边。这种二分是以"快乐—痛苦"模式为基础的，作者认为痛苦往往与威胁个体生存和种族繁衍的危险因素有关，而快乐则与实现基本进化目标密切相关。于是，在此基础上，人们就把那些有利于自己的人和事划为"我们"，而把那些不利于自己的人和事划为"他们"。

其实，这种看待环境的二分观点在我们儿时更为明显。例如，小时候看电影时，总喜欢问大人的问题是"谁是好人谁是坏人"。尽管长大后，人们会觉得当时的问题很幼稚，并开始喜欢用更加复杂的道理看待社会，但对于周边的这种二分界定是根深蒂固的。通过二分，人们寻找到"我们"并尽力融入其中，寻找到"他们"并保持警惕和敌对。在团队所营造的"我们"的氛围中，人们除了能够寻找到快乐，更重要的是，通过"我们"，人们会感觉到自己更加强大，抗风险的能力也得到加强，从而能更好地躲避或减弱来自"他们"的痛苦。

在心理认同的驱使下，团队成员会形成自豪感，也会更加积极地投入到团队工作中，会表现出心理相容和参与分享。心理相容是群体成员之间心理上的相互理解、容纳和协调，是成员产生相同感受的基础，在心理相容基础上，团队成员也能够更加积极地处理存在的矛盾。有了强烈的"我们"的身份认同，团队成员就希望更多地积极参与和投入团队事务中，这又会进一步强化团队成员的心理认同。

3.3.2 团队的建设

有了对团队概念的基本认识后，如何循序渐进地建设一个团队？虽然团队构成不同，团队目的不同，一般来说，团队建设大致要包括以下几个主要步骤。

（1）确立共同的目标。团队的定义明确指出，是否有共同的目标成为判断团队成立与否的关键指标。所以，团队领导者要做的第一件事就是为整个团队确立一个共同的目标。这个目标可以是伟大的愿景，也可以是非常具体的阶段性成果，但不管怎样，目标将会使团队的每个成员都明确努力的方向。目标不仅为团队成员指引方向和提供动力，也会使个体行为更有的放矢，让整个群体充满活力。为了使目标真的能够起到作用，领导者需要带领大家用大量的时间和精力来讨论、修改和完善出一个在集体层次上和个人层次上都被大家接受的目标。

(2) 明确团队游戏规则，也就是在团队内建立绩效评估与激励体系。所谓没有规矩不成方圆，领导者通过建立基本的规则，让整个团队有章可循。如果团队是组织中的一个小群体，那么，它的基本规则就是由组织确立的，在此基础上，团队内部可以进一步明确对团队成员的行为评判和奖惩体系。如果不能建立起明确的团队游戏规则，就无法建立起公平、公正的环境，团队成员的行为和贡献也无法评判。努力工作、按团队规则办事的人得不到回报，而那些出工不出力的团队成员又得不到惩罚，长此以往，整个团队的心理机制就会被破坏。

(3) 培养相互信任精神。培养相互信任的精神，就要让团队的每个成员都明白，团队成员之间是有彼此承诺的，是可以被信赖的。只有建立了相互信任的状态，整个团队才会拥有最为强大的战斗力，兄弟齐心，其利断金，即使面对艰难困苦，只要彼此相互扶持、共同努力就一定能够达到目标。领导人有责任创造一个公平宽松的环境，强调每个成员在团队中既是为自己也是为别人工作，同时鼓励成员用语言和行动来支持自己的团队。

(4) 完善成员技能。首先，团队领导者要非常熟悉团队成员的能力状态，将合适的人安排在合适的岗位上。其次，为了团队的有效运转，领导者还需要提升团队成员的基本团队技能。例如，聆听、反馈、解决冲突及其他人际关系技能都应该是每一个团队成员所具备的。最后，领导者要根据团队未来的发展，通过学习培训，不断为团队补充新的知识和能力。通过这些工作，领导者可以让团队成员明白，团队不仅是工作的群体，也是个体成长和发展的依托。

(5) 分配好团队成员应扮演的角色。一个团队需要有能承担不同角色的成员，就好像一支足球队，既有前锋也有后卫。每个角色对承担人也有着不同的要求，而成员能承担什么角色，又是与他的人格特质有关的。领导者如果不能根据个人所长，分配好个人应扮演的角色，事情的结果可能就会大相径庭。一般来说，一个团队中通常有9种角色，他们不尽相同，但对整个团队达成目标都是不可或缺的。

① 革新者。这一角色定位在产生创新思想，这种人富有想象力，善于提出新观点和新概念。

② 倡导者。这一角色定位在倡导和拥护产生的新思想。这种人乐意接受、支持新观念，在革新者提出新创意之后，他们擅长利用这些创意，并找到资源支持新创意。

③ 评价者。这一角色定位在分析决策方案。

④ 组织者。这一角色的作用在于设订目标，制定计划，组织人力，建立起操作程序和种种制度，以使新创意成为现实。

⑤ 生产者。这一角色的作用是提供指导和坚持必须按时完成任务。

⑥ 核查者。这一角色定位于关心具体细节，核查所有事实与数据，避免出现任何差错。

⑦ 支持者。这一角色的作用是处理外部冲突与矛盾，保护团队不受外来者的侵害，增强团队的稳定性。

⑧ 建议者。这一角色的作用在于使团队在决策前充分收集信息。

⑨ 协调者。这一角色的作用是专门联络团队成员,建立分享信息的机制。

以上大致是团队建设的基本步骤。虽然这里将团队建设过程流程化,在具体实践中却并不一定要这么按部就班地进行。领导者需要知道,一个高绩效团队不是随意组合的,而是需要投入大量精力认真建设的。

3.3.3 团队的运作

上一节已经清晰地说明了团队建设的主要步骤,但一个高绩效团队的建设还有赖于团队成员在团队运作过程中不断磨合。再和谐的团队,在运作过程中也不可避免地会出现问题。对团队效能影响最大的问题主要有两个:一个是团队成员的分工协作;另一个就是团队如何处理工作中的冲突。领导者需要积极地对待这两个必然会出现的情况,消极回避只能大大降低整个团队的工作效率。

在团队运作过程中,一个最基本的问题就是团队成员的分工协作。团队的力量来自成员的协作与配合,成员之间存在很强的技能互补和优势互补,进行团队建设并不一定要求入选团队的所有成员都是精英。事实上,一个充斥精英的团队往往都不是一流的,精英的强烈个性和对实现团队目标的轻视完全可能使团队成为一盘散沙。成员之间如果相互不认同、不信任,甚至彼此攻击,那么由此产生的误会和分歧就像病毒一样在团队内部扩散,最终导致团队的解体。

这里的分工协作主要是具体任务层面的,与上一节所讨论到的角色并不矛盾。如果团队分工不明确,团队成员之间就会不可避免地出现围绕工作的互相扯皮、互相推诿甚至是互相指责;如果团队成员之间没有彼此的协作或者帮倒忙,不仅影响到工作的正常进行,也会伤害团队心理。究其实质,分工,是对自己职责有清晰准确的认识;协作,是对他人职责有充分的认识。这样,团队成员就可以不仅出色地完成自己的工作,而且也知道该怎样与其他团队成员有效地协作。

美国海军陆战队"海豹突击队"以其团队作战能力举世闻名。因为必须承担特种作战任务,突击队通常都是以小分队的形式来组织行动。由于人数不多,每一个小队都根据队员的具体特长进行了最为明确的分工,根据具体工作分为班长、机枪手、通信员、突击手、狙击手、军医以及爆破手。他们都有各自相应的独立的职责,如班长负责指挥管理整个小队,并协调队员间的关系。而各个队员根据自己的具体工作也承担了相应职责,如通信员担负与总部及友军联系的任务,狙击手则负责狙击对方重要目标,军医则是各成员生命的保障。具体分工十分明确和严格,每一个成员都必须尽自己最大的努力做好自己的本职工作,任何环节的差错都会导致小队的全军覆没。

解决团队运行中的分工与协作问题,需要借助人力资源管理中的一项专门技术:工作分析。工作分析是人力资源管理活动中的一个单元,它是用来提取有关工作全面信息的基础性活动,它具体描述了组织成员的工作职责以及相应的任职资格。工作分析的结果是工作说明书,见表3-2。

表 3-2 工作说明书

职务名称：	市场部部长
文件编号：	
拟制：	
核准：	
生效日期：	

一、基本资料

1. 职务名称 __市场部部长__   2. 直接上级职位 __总经理__   3. 所属部门 __市场部__
4. 辖员人数 __20～25__   5. 定员人数 __1__

二、工作概要

1. 工作摘要

制订公司市场发展计划,管理销售渠道,协调售后服务,同时负有管理、指导和培训本部门职工责任

2. 具体说明

编号	工作任务的内容	权限	考核基准	工作规范号
1	督导制订公司市场发展计划	全权	公司销售增长率、市场占有率	
2	督导销售渠道管理	全权	供货运输的计划完成程度	
3	协调售后服务	全权	客户的满意度	
4	为研发提供市场信息	全权	公司新产品开发的成功率	
5	对本部门员工进行指导、考核	全权	部门的整体绩效	

三、任职资格

1. 学历要求

所需最低学历	专业
大学本科	企业管理专业或化工专业或营销专业

2. 所需技能培训

培训科目	培训期限
市场营销技巧	1年
法律及财会知识、对外贸易知识	
管理技巧	
相关产品知识	

3. 年龄与性别特征

适应年龄	大于30岁	适应性别	均可

4. 工作经验要求

(1) 从事销售三年以上
(2) 车间生产实习半年以上

四、职位关系

可直接晋升的职位	副总经理
可相互轮换的职位	销售部经理,人力资源管理部经理,文宣部经理
直接汇报的职位	总经理

千万不要小看这张工作说明书,它是整个团队甚至整个组织运转的基础,因为它解决了组织中一个最基本的问题:岗位职责。一个企业的工作说明书的制定过程是复杂、严谨和动态的。在一个团队内进行工作分析,要比规范的人力资源管理中的工作分析简单一些,主要包括以下几部分内容。

(1) 由于涉及工作职责的界定等重大问题,工作分析必须得到来自领导者的大力支持,领导者必须亲自参加团队职责确定的过程,并且批准对于团队成员职责的认定。

(2) 全面收集相关工作数据。除非是简单的活动,对于重大任务,团队需要事先收集与任务相关的各种数据,它们将成为未来职责界定的依据。数据收集既可以通过阅读过往资料,也可以直接和相关人员面谈。

(3) 分析和讨论数据。工作职责的界定必须通过团队会议的最终商讨来确定。在分析的过程中,经常会出现有些团队成员因为惯性认识,对新的工作职责不能理解和接受的现象,这就需要领导者来最终判定。

(4) 定期地更新工作职责,因为随着企业内外环境的变化,工作也在发生变化。每个人在团队中的分工也经常发生变化,所以,定期地梳理和再次明确各自的职责是非常必要的。

通过工作分析,团队领导者就可以将每个团队成员的岗位职责明确下来,这就为各司其职奠定了基础。而在工作分析的过程中,团队成员通过讨论交流,对彼此的职责也有了初步的认识,这就建立了未来协作的基础。工作分析将更加理性地推动团队的运行,明确的分工和相互的协作也能够进一步强化彼此之间的心理契约。

尽管有着明确的分工,在团队内部也特别强调协作,团队成员之间也有着高度的心理认同,但是在团队运作过程中总是不可避免地会出现冲突。从一般意义上看,冲突就是不一致、矛盾、斗争、对抗,甚至发展到暴力和破坏,是一个消极的现象。如若换一个角度,围绕工作展开的争论也能够给团队带来积极的效果。冲突理论将组织中出现的冲突总结为两种:破坏性冲突和建设性冲突。

所谓破坏性冲突,就是双方目标不一致而造成的冲突。破坏性冲突一般都会带来消极的后果,无论是发生在个人之间还是群体之间,这种冲突都会影响群体成员之间的感情,破坏群体成员之间的关系,阻碍群体目标的完成。这类冲突一般具有以下几个特点。

(1) 双方对自己的观点都十分有信心。

(2) 不愿听(或者根本不听)对方的观点和意见。

(3) 由对问题观点的争论,进而转为人身攻击。

(4) 互相交换情况减少,以致完全停止。

所谓建设性冲突,就是指双方目标一致,而在方法和认识上存在不同所产生的冲突。建设性冲突能够为组织发展带来以下好处。

(1) 发现问题。组织表面的和谐往往隐藏着许多潜在的危险,冲突可以把这些问题暴露出来。

(2) 找到解决方案。冲突可以使人们更加深入、更加全面地思考存在的问题,找到更加有效的解决方案。

(3) 推动组织变革。通过对冲突的分析和解决,人们往往可以发现影响效率的工作流程、岗位安排以及组织结构,进而推动组织变革的顺利进行。

(4) 创新。冲突增加了人们彼此的交流和认识,人们可以更加理解不同职责的员工的想法,也可以得到更多的意见和建议,这在一定程度上可以促进创新。

(5) 加强团队内部的团结,消除不利因素,使团队变得更有凝聚力,团队成员变得更加忠诚。俗话说,"不打不相识",冲突反而有助于友谊的强化。

(6) 形成有益的组织文化。适度的冲突在组织内部可以形成更有益发展的组织文化,大家更乐于阐述观点,把问题摆在桌面上说清楚,这对组织的健康很有好处。

典型的建设性冲突如"鲇鱼效应"。挪威一家远洋捕捞公司发现存放在水槽中的沙丁鱼不喜欢游动,而半死不活的鱼和冷冻的鱼一样丧失了鲜味。几年后,他们解决了这个难题,办法其实很简单:在每个水槽中放进一条鲇鱼,原本懒洋洋的沙丁鱼一看见鲇鱼,立刻感到威胁,为避免被鲇鱼吃掉而迅速游动起来,于是整个鱼槽都被"搞活"了。企业在用人方面也是一样,通过引进能干的人才以形成潜在的冲突,其他的员工就会感到紧张和压力,以至于要拼搏进取。由此一来,整个团队就生气勃勃。

通过上面的分析,我们知道冲突是具有两面性的,冲突对组织来说并不全是坏事。只要能够有效控制,冲突甚至能够产生很好的组织效果。尽管这样,人们对于团队内部的冲突还是有两种担心。一方面,很多领导者害怕团队中的冲突会使他们丧失对团队的有效控制,并且担心有些人的自尊会在冲突过程中受到伤害。另一方面,一些领导者认为冲突和争吵会浪费时间,不能保证留出更多时间来实施决策,投入到他们认为"真正的"工作中,从而可能降低提高团队的工作效率。于是,一些团队领导者往往通过避免意见分歧来巩固自己的团队,这显然是对团队和谐的认识误区。因为无原则的和谐,短期内可以将团队需要解决的重大问题掩盖起来,久而久之,这些未解决的问题会变得更加棘手。

在中国的文化氛围里,好"面子"、讲信任、避免诉讼等传统的价值观,影响着中国人对冲突的态度及其处理方式。人们总是觉得冲突暗示的是人与人之间的敌意,因此,大家总是希望避免冲突,喜欢以和平的方式而不是强制方式去解决冲突。而且,人们通常会注重冲突有害的一面,而忽视其有益的一面。当人们意识到潜在冲突时,一般来讲不会主动去激发它,可能有相当多的人会采取折中、妥协甚至逃避的策略来对待它。为了顾全"面子",也会多采取侧面而非正面的手段解决冲突,在组织冲突管理方法上则表现为一般选用折中、缓和等较中庸的手段处理冲突。这样做常常是推迟冲突,而没有真正解决冲突。

领导者可以以一种平和的、积极的心态去面对和解决团队中出现的冲突。在执行任务的过程中出现冲突是再正常不过的,没有冲突才是需要担心的。在冲突管理方面,西方管理学提供的最基本的模型如图 3-3 所示。

冲突管理通常包括两个维度,合作和坚持。合作表示的是对对方的态度,坚持则表示对自己观点的态度。由这两个维度交叉组合一共可能出现 5 种不同的行为决策:回避(不坚持且

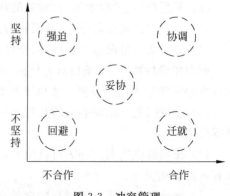

图 3-3 冲突管理

不合作)、强迫(坚持但不合作)、迁就(不坚持但合作)、协调(坚持且合作)、妥协(合作与坚持都在中等状态)。

（1）回避的方式。回避的方式就是不坚持、不合作。人们利用这种方式逃避冲突,忽略不同意见或保持中立,事不关己,高高挂起。这种方式反映了人们对冲突的极力回避。

（2）强迫的方式。强迫的方式是坚持的、非合作的行为,它反映了人际冲突的输赢格局。采用这种方式的人总是力图达到自己的目标,而不顾他人。这种方式有时能帮助人们达到个人目标,但如果领导者过于依赖强迫方式,忽略团队成员的利益,久而久之,就会降低他们的工作动力。

（3）迁就的方式。迁就的方式就是合作的、不坚持的行为。迁就表示不自利,表示鼓励他人与自己合作,或服从他人的愿望。迁就一般给别人留下好印象,但也会经常被看作软弱、谦恭。

（4）协调的方式。协调的方式是合作的、坚持的行为。协调方式代表共同缔造最好结果的愿望,是解决人际冲突的双赢方式。采用这种方式来解决冲突的领导者认为冲突是自然的、有用的,如果处理得恰当,甚至会导致更有创造性的结果。

（5）妥协的方式。妥协的方式介于合作和坚持之间。退一步海阔天空的心态是这种方式的基础,冲突双方的让步行为使冲突得到一定程度的解决。

这五种不同的对待冲突的态度和行为既取决于领导者的个性,也要视组织的内外环境而定。那些善于处理冲突的领导者知道在什么样的情况下应该以合作为主,在什么样的情况下以坚持为主。理论上虽然提供了清晰的界限,但在实际操作中要依赖于领导者对情况的具体分析和判断。

尽管我们可以以更加积极的态度去认识冲突,但冲突毕竟会对组织产生影响。不能良好地管理冲突,组织整体绩效就会受到影响。虽然管理学已经提供了成熟的分析模型以及解决问题的方法,具体到团队冲突管理,团队领导者仍需要特别注意两个问题:一个是积极的建设性冲突需要营造特定的组织氛围,它是以合作为前提的,也就是说,冲突是为了团队更好地实现目标;另一个是团队成员必须对自己在团队中扮演的角色有清楚的认识,角色越界是许多冲突的根源。

团队是领导者推进各项工作的基本单位,即使是组织的最高领导者,他也是通过团队来将组织愿景一步步落实的。本节介绍了团队的基本概念,并说明了团队建设的基本内容以及团队运行的关键问题。领导者需要与被领导者亲密协作,一个强大的团队是有效领导的坚实基础。

本书所讨论的有关领导的基本模型特别强调被领导者在整个系统中的作用。被领导者不是简单的跟随,他们与领导者的积极互动才能产生领导效能,一个优秀领导者离不开一个优秀的被领导者集体。为了更好地领导,领导者需要认真理解并体会被领导者的属性:接受、适应和管理被领导者的差异和多元;通过社会性更好地把握被领导者;人们都是有需要的,因此是可以被激励的;尽管人们是平等的,但人们对于组织的贡献是有差异的,领导者需要更加重视那些组织中的稀缺人才。在被领导者具体的建构方面,领导者要积极作为,从甄选理念的确定、绩效管理的推进到薪酬体系的设计,这些与被领导者密切相关的工作都要特别注意,它们会影响被领导者的持续追随。鉴于最直观的领导行为发生在团队层面,无论是高层领导者还是中基层领导者,都需要充分理解团队建设的规律,打造高绩效团队。

相关阅读:雷军

- 简介

小米科技创始人、董事长,改革开放40年百名杰出民营企业家。

- 相关阅读材料

阅读材料一:改编整理自搜狐网.雷军是这样组建团队的。

雷军因上市公司金山董事长和小米创始人的身份而为人熟知,他在小米初期找到7个"极强"合伙人的故事一度被传为佳话。也正因为雷军在找人阶段的"正确投入",让小米在6年后的今天仍然保持强大的生命力。

当第一部安卓手机出现时,我(从叙事角度出发,下面使用第一人称)强烈感觉到安卓机会重现当年PC击败苹果机的场景。于是我决定做手机,尽管之前没有从事过硬件产业,但不想错过中国下一个十年的机会。年过四十,我再次回到创业的路上。

2010年4月6日,在银谷大厦807室,14个人一起喝了碗小米粥,小米就此踏上旅程。

但就像一个在手机行业门外观察了很久的人,真正踏入这条河流,才知道跟过去的荣光不能完全融入,仍会遇到很多创业者难以跨越的"痛苦"。

首先要解决的问题就是找人。无论什么样的企业,找优秀的人都很困难。解决这个问题只有两种办法:

第一,花足够的时间找人。

第二,把现有的产品和业务做好,展示未来的发展空间和机会,筑巢引凤!

小米创立初期,规模小,甚至连产品都没有,如何组建极强的团队,如何获得对方的信任?所以在最开始的半年,我在找人上花了80%的时间。我虽然是连续创业者,但没有玩过硬件,最难搞定的,就是优秀的硬件工程师。

我的做法其实挺"笨"的,就是用韧劲。我用excel表列了很长的名单,然后一个个去谈。我有个观点,要用最好的人,在核心人才上面,一定要不惜血本去找。这些优秀的人大多有所成,你要让他们自己去发现答案,为何要舍去目前的一切和你一起做看似"疯狂的事情"。

那时候每天见很多人,跟每个人介绍我是谁谁谁,我做了什么事,我想找什么人,能不能给我一个机会见面谈谈。结果失败的比例很高,我每天恨不得从早上谈到次日凌晨一两点,仍迟迟找不到志同道合的人,这是巨大的煎熬。但我相信事在人为,创业者招不到人才,只是因为投入的精力还不够多。

为了找到一个非常资深和出色的硬件工程师,我连续打了90多个电话。为了说服他加入小米,我们几个合伙人轮流和他交流,整整12个小时。当时他没有创业的决心,始终不相信小米模式能盈利,后来我开玩笑问他,"你觉得你钱多还是我钱多?"他说:"当然是您钱多。"我就对他说:"那就说明我比你会挣钱,不如我们俩分工,你就负责产品,我来负责挣钱。"最后他"折服"了。

为了找硬件负责人,我们几个合伙人和候选人谈了有两个月,进展非常慢,有的人还找了"经纪人"来和我们谈条件,不仅要高期权,而且还要比现在的大公司还好的福利待遇,有次谈至凌晨,我们一度接近崩溃。

中间倒是有一个理想人选,一个星期谈5次,每次平均10个小时,前后谈了3个月,一共谈了十七八次,最后一刻,这个人对于股份"无所谓",我还是比较失望,发现他没有创业精神,不是我想要的那种人。

我找人有两个要素:

第一,要最专业。小米的合伙人都是各管一块,这样能保证整个决策非常快。我要放心把业务交给你,你要能实打实做出成绩来。

第二,要最合适。主要是指要有创业心态,对所做的事要极度喜欢,有共同的愿景,这样就会有很强的驱动力。

3个月的时间里,我见了超过100位做硬件的人选,终于找到了负责硬件的联合创始人周光平博士。第一次见面的时候,我们本来打算谈两个小时,从中午12点到下午2点,但一见如故,一直谈到了晚上12点。

后来,他告诉我,愿意加入小米的最后一锤子推力,是我跟他说,必要的时候,我可以去站柜台卖手机。所以,创始人到底有多想做成一件事情,在聊的过程中对方也在判断。

如果你没有我那么多名单可以聊,你可以先问问自己,你最希望自己的合伙人是哪个公司的人,然后就去那个公司楼下咖啡厅等着,看到人就拉进来聊,总能找到你想要的人。我以前还用到过一个"笨办法",到处请教"你认为谁最棒",问了一圈下来,就有名单了。

找人是天底下最难的事情,十有八九都是不顺的。但不能因为怕浪费时间,就不竭尽所能去找。我每天都要花费一半以上的时间用来招募人才,前100名员工每名员工入职我都是亲自见面并沟通的。这样招进来的人,都是真正干活的人,想做成一件事情,所以非常有热情,会有一种真刀实枪的行动力和执行力。

人是找来了,接下来,怎么才能留住他们呢?

1. 打造利益共同体

有竞争力的报酬并不等于重金、高薪。我定了一套组合方案,邀请任何人加入的时候会给三个选择条件,他们可以随便选择:

第一,你可以选择和跨国公司一样的报酬。

第二,你可以选择2/3的报酬,然后拿一部分股票。

第三,你可以选择1/3的报酬,然后拿更多的股票。

实际情况是:有10%的人选择了第一和第三种工资形式,有80%的人选择了第二种,小米工资"2/3的报酬"也是不低的数字,足够员工照顾生活,而且他们持有股票,非常乐意与创业公司一起奋斗,共同成长,战斗力也会很足。

而小米初期的员工,每个都投了钱,大家是真正破釜沉舟地愿意去参与创业。所以当时我每天都"战战兢兢",因为每个员工都可以到办公室去问"雷总我们公司办得怎么样了?"但也因为这样,大家花自己钱的感觉是不一样的,不会轻松把钱打水漂。

2. 将培养真正落到实处

我们努力去营造一个中高端人才的环境，培养和引进相结合。创业公司都清楚人才重要，所以很重视内部培训和提升，但是往往做不好。

我觉得主要问题是没有设置专项的培训费。没有费用预算，人力资源部不会当成专门的事情来做，也没有办法引进好的讲师和好的课程。落实培训工作，必须有专门的预算和专人负责。唯有如此，才能保证企业有绵绵不断的执行力、创造力。

3. 用人，要懂得包容

大多创业者找到人以后，会有一个新问题出现。企业在发展，你追求的目标比你现在的能力所能达到的目标总是要高一些，你会发现，很多岗位的人都不合适，同时又付不起很高的价钱来请人，只好小马拉大车。

我本人最开始是做技术的，转换成管理者的过程之中，我自己最大的一个挑战就是如何学会宽容。在你的眼光看来，这个小马一看上去就不合适，但你要容忍他现在的能力和他身上一些不完美的东西，然后告诉他应该达到什么样的高度，再通过学习和培训帮助他提升能力。

在创业型的企业里面，找问题实在是太容易了。那么，反过来是不是能够一眼就看到这个小企业身上，或者这个人身上的优点？小马能够拉大车，我觉得核心就是宽容，要拿放大镜看他的优点。

光看到这个人有学习能力还不够，关键还得给他足够的培训和方向指导，一步一步让他提升能力去适应。

阅读材料二：改编整理自王潘.小米重生故事：雷军忍无可忍，向团队开刀.腾讯深网。

雷军对他的团队包容度很高，是看中团队的稳定性，因此高层管理人员不会轻易变换。但也因此，小米承担了一些选人用人上带来的失误。

2016 年，小米的联合创始人之一、首席科学家周光平、供应链团队的直接负责人郭俊被撤换，改由雷军亲自带队管理研发和供应链。

究其原因，是周光平和研发团队对于新产品的研发推进严重滞后，拖住了整个公司的前进脚步，直接致使小米在 2015 年的电商"双 11"大战中没有推出计划中的小米 5，不得不使用推行红米系列产品、下调手机价格 200～300 元等策略来应付竞争，最终战况惨烈。

同时，周光平和郭俊的强硬为人态度使得小米高层事务沟通和司外对接变得艰难。郭俊本人对供应商态度相当怠慢，引来了业内的不少抱怨，使得公司在这一层面上困难重重。在小米 5 发布前，三星半导体中国区的一位高层带领团队同郭俊的供应链团队进行接洽，但在会议过程中，由于两方都态度十分强势，发生了极大的冲突。三星高层拍桌子离开会场。在之后，尽管三星 AMOLED 屏幕出货量很大，却始终不卖给小米。这两件事之间，也许存在联系。

有关人士曾说，雷军在 2016 年多次造访了三星总部，而这也被外界解读为去致歉并希望得到三星供应的屏幕。在雷军亲自带队，并换上情商和经验更加丰富的张峰、颜克胜之后，小米终于在 2017 年迎来了触底反弹。

阅读材料三：改编整理自雷军.小米团队管理的创新,2013.

中国很长时间是产品稀缺,粗放经营。做很多,却很累。一周工作7天,一天恨不得12个小时,结果还是干不好,就认为雇用的员工不够好,就得搞培训、搞运动、洗脑。但从来没有考虑把事情做少。互联网时代讲求单点切入,逐点放大。

扁平化是基于小米相信优秀的人本身就有很强的驱动力和自我管理的能力。设定管理的方式是不信任的方式,我们的员工都有想做最好的东西的冲动,公司有这样的产品信仰,管理就变得简单了。

当然,这一切都源于一个前提,成长速度。速度是最好的管理。少做事,管理扁平化,才能把事情做到极致,才能快速。

小米的组织架构没有层级,基本上是三级:7个核心创始人—部门leader—员工。而且不会让团队太大,稍微大一点就拆分成小团队。从小米的办公布局就能看出这种组织结构:一层产品、一层营销、一层硬件、一层电商,每层由一名创始人坐镇,能一竿子插到底地执行。大家互不干涉,都希望能够在各自分管的领域给力,一起把事情做好。

除7个创始人有职位,其他人都没有职位,都是工程师,晋升的唯一奖励就是涨薪。不需要你考虑太多杂事和杂念,没有什么团队利益,一心在事情上。

这样的管理制度减少了层级之间互相汇报浪费的时间。小米现在2 500多人,除每周一的1小时公司级例会之外很少开会,也没什么季度总结会、半年总结会。成立3年多,7个合伙人只开过3次集体大会。2012年"8·15"电商大战,从策划、设计、开发到供应链仅用了不到24小时准备,上线后微博转发量近10万次,销售量近20万台。

我第一定位不是CEO,而是首席产品经理。80%的时间是参加各种产品会,每周定期和MIUI、米聊、硬件和营销部门的基层同事坐下来,举行产品层面的讨论会。很多小米公司的产品细节,就是在这样的会议当中和相关业务一线产品经理、工程师一起讨论决定的。

全员6×12小时工作,小米坚持了将近3年。维系这样的工作,从来没有实行过打卡制度,而且也没有施行公司范围内的KPI(关键绩效指标)考核制度。

小米强调你要把别人的事当成第一件事,强调责任感。例如我的代码写完了,一定要别的工程师检查一下,别的工程师再忙,也必须第一时间先检查我的代码,然后再做你自己的事情。其他公司可能有一个晋升制度,大家都会为了晋升做事情,会导致价值的扭曲,为了创新而创新,不一定是为用户创新。其他公司对工程师强调的是把技术做好,在小米不一样,它要求工程师为用户创新,工程师必须对用户价值负责。

小米公司有一个理念,就是要和员工一起分享利益,尽可能多地分享利益。小米公司刚成立的时候,就推行了全员持股、全员投资的计划。小米最初的56个员工,自掏腰包总共投资了1 100万美元——均摊下来每人投资约20万美元。

我们给了足够的回报,第一是工资上我们是主流;第二是在期权上真的是有很大的上升空间,而且每年我们公司还有一些内部回购;第三是团队做事确实有时候压力很大,但他会觉得有很强的满足感,很多用户会极力追捧他,比如说"某个工程师万岁"。

做朋友的心理就是,如果你这个问题是你的朋友来找你解决的话,你会怎么做?那当然是你能解决就给他立刻就解决了,解决不了也要想办法帮他解决。

小米学习的是海底捞。就是把它变成一种文化,变成一种全员行为,给一线赋予权力。例如,用户投诉或不爽的时候,客服有权根据自己的判断,赠送贴膜或其他小配件。又如,曾有用户打来电话说,自己买小米是为了送客户,客户拿到手机还要去自己贴膜,这太麻烦了。于是在配送之前,小米的客服在订单上加注了送贴膜一个,这位用户很快感受到了小米的贴心。

再比如,小米在微博客服上有个规定:15分钟快速响应。还专门开发了一个客服平台。不管是用户的建议还是吐槽,很快就有小米的人员进行回复和解答。从我开始,每天会花一个小时的时间回复微博上的评论。所有工程师是否按时回复论坛上的帖子是工作考核的重要指标。

为了让工程师拥有产品经理思维,我们从一开始就要求所有员工,在朋友使用小米手机过程中遇到任何问题,无论是硬件还是软件,无论是使用方法、技巧的问题,还是产品本身出现了bug,都要以解决问题的思路去帮助朋友。甚至要求所有工程师通过论坛、微博和QQ等渠道和用户直接取得联系。

小米还让工程师直面每一段代码成果在用户面前的反馈,当一项新开发的功能发布后,工程师马上就会看到用户的反馈。小米甚至要求工程师参加和粉丝聚会的线下活动。

这样的活动让工程师知道他做的东西在服务谁,他感受到了用户不仅仅是一个数字,是一张张脸,是一个实实在在的人物,有女用户、女粉丝非常热情地拉他们签名、合影。这些宅男工程师就觉得他写程序不是为了小米公司写,是为了他的粉丝在做一件工作时,这种价值实现是很重要的。

阅读材料四:改编整理自雷军2019年1月11日小米公司年会演讲。

各位小米的同学们:

大家新年好!

对每个小米人来说,2018年是里程碑式的一年。这一年,在所有人的努力下,小米在香港成功IPO(首次公开募股),在各个领域都取得了累累硕果。

2018年小米具体干得怎么样?在这里,我想先通过8个成绩,跟大家汇报一下。

2018年7月9日,我们成功在香港主板上市。在资本市场大势不利的情况下能够上市,本身就是巨大的成功,而且我们还成为港交所首个同股不同权上市公司,创造了香港史上最大规模科技股IPO,以及当时历史上全球第三大科技股IPO。

2018年是我们手机再度突破的一年。2018年10月26日,我们提前两个月实现了年出货量突破1亿台的目标,巩固了全球手机品牌第一阵营的地位。

2018年是小米大家电雄起的一年。小米电视仅用了5年的时间就登顶中国第一,在海外市场连创佳绩。我们还进入了大白电市场,试水推出了空调、洗衣机等产品。

2018年是AIoT(人工智能物联网)布局丰收的一年。我们是全球最大的IoT(物联网)消费级平台,连接了1.32亿台设备(这里面不包含手机和笔记本电脑),内置小爱同学的激活设备数超过1亿台。

2018年是我们国际化飞跃的一年。我们进入了全球80多个国家和地区,在其中30个国家和地区的手机市场进入了前五名。截至2018年第三季度,海外市场收入已经占到了集团总收入的43.9%。特别是在印度,手机连续5个季度保持出货量第一。在印尼、俄罗斯、西班牙等国家的市场,我们也都取得了耀眼的成绩。

2018年是互联网军团初具规模和小米金融业务扬帆启航的一年。我们的互联网服务在非移动端和海外市场开局良好,展现出强劲势头。我们的互联网金融业务,在服务米粉的同时,也开始全面服务我们的产业链伙伴,以及金融机构伙伴。

2018年是品质突破的一年。2018年集团共召开245次质量讨论会,几乎每一天都有质量推进会。正是因为狠抓质量,我们获得了2018年中国质量协会"质量技术一等奖",站到了中国质量最高的领奖台,并成为首家获得这一奖项的互联网公司。

就在昨天,我们还重新定义了手机的质量标准,"小金刚"红米Redmi Note 7提供18个月超长质保,把业界标准一下子提升了50%。这里我要说,质量是一个全员工程,高品质离不开我们每个人的尽职尽责。

2018年还是小米组织建设的开局之年。我们做出了公司史上最重要的组织架构调整,开始了从游击队向正规军的转变。我们新设立了集团组织部和参谋部,重组了10个一级业务部门,让一大批年轻管理干部走上了前线。这一年也是小米人才引入的丰收年,我们引进了以卢伟冰为代表的一大批顶尖的技术和管理人才。

2018年,是小米发展史上里程碑式的一年,是小米奋斗8年阶段性胜利的收获年,更是小米新征程的开局年。

同学们辛苦了!在这里也要感谢每一位在背后默默支持我们的小米家属,谢谢你们!

2019年,我们怎么干?

同学们,可能每个人都感受到了,冬天已经来了。2019年我们即将面临最严峻的挑战,没有一丝一毫盲目乐观的余地。

从外部大环境来说,中美贸易战增加了经济形势的不确定性。从手机行业来说,全球手机行业整体需求不振已是摆在眼前的事实。在这个冬天,所有人的日子都很不好过。

同时,我们也面临很多内部挑战。当前小米面临的两个主要挑战:

公众、米粉对小米的期待与小米创新、发展速度之间的矛盾。

小米的高速发展速度与我们今天的管理能力之间的矛盾。

挑战很严峻,但可以克服;矛盾很突出,但可以解决。好消息是,内外挑战都在解决过程中,我们需要的只是更多的时间。

面对内部挑战,我们一直在不断突破创新、提升品质、升维品牌、拓展渠道,并强化集团总部职能,强化战略指引和组织建设。这一进程距离下一次产生质的飞跃,还需要两到三年时间。

面对行业冬天,我们常说,冬天来了,春天还会远吗?5G就是手机业务的春天。5G时代来临,将会带动智能手机行业新一波的换机潮。但是我们也要清醒地认识到,这一幕并不会马上发生,距离5G大规模商用,同样还有两到三年时间。

这两到三年,对我们而言,挑战越大,机遇越大。因为越是冬天,"感动人心,价格厚道"的好产品就越有竞争力;越是冬天,效率高的企业存活、应变发展的能力越强;越是冬天,我们夯实基础、修炼内功的效果也越显著。

2019年,我们具体要怎么干?

坚定地打持久战!尤其是对于手机业务,我们要丢掉速胜论的幻想,对形势容不得一丝一毫的误判,对竞争不能有一分一秒的松懈。我们既要目光长远,对5G时代目标笃定,并且积极提前布局;也要脚踏实地,在战场的每一处始终保持勇猛机敏,积小胜成大胜,一丝不苟地打好每一场仗。在5G春天到来之前,这将是一场持久战,手机业务始终站稳全球第一阵营就是胜利!

2019年,我们手机业务最重要的是:继续夯实基础,持续发力创新、品质与交付,同时坚定地推行手机多品牌策略。两大主品牌小米和红米Redmi将各自独立,小米将专注先进技术的率先导入,立足中高端到旗舰市场,布局新零售线上下全渠道;Redmi将死磕极致性价比和电商市场。除此之外,我们的黑鲨、美图、POCO品牌,将在游戏用户、女性用户、海外极客用户的垂直赛道上全面发力。

智能手机的全球市场规模依旧巨大,我们依然有极大的开拓空间。2019年,我们将重点开拓西欧、东欧、独联体和拉美市场,继续在国际市场开疆拓土。在国内市场,我们将继续深耕渠道能力,建设全渠道、全品类、全场景的新零售体系。

过去8年,手机一直是我们的核心,小米正是抓住了移动互联网的机遇,才能在全球市场迅速崛起。从2013年开始,我们以手机为中心孵化出了生态链的打法,这一策略在过去5年取得了举世瞩目的成就,在IoT布局上全球领先。

今天,AI(人工智能)时代的到来,给了我们比移动互联网时代,还要大至少一个数量级的超级机遇。

过去,人们经历了遥控器时代、键盘时代和触控时代,每一次交互革命都深刻影响了一代人,成就了一批世界级的公司。随着AI+语音交互越来越日常化,使用语音来控制照明开关,甚至打开空调、观看电视都只是一句话的事儿。

可以预见,未来所有家庭里的设备都将互联互通,能够用语音来进行交互,这将带来一轮规模巨大的智能家居设备的换机潮。并且将建立起AIoT的平台网络,贯穿人们生活的分分秒秒、角角落落的场景,集结海量的用户、流量和数据。

IoT就是万物智慧互联,就是超级互联网,赢得了AIoT,小米就赢得了未来的"硬件+互联网"。这也正是小米践行使命的历史性机会——"让全球每个人都能享受科技带来的美好生活"。

所以2019年,我们正式启动"手机+AIoT"双引擎。这,就是小米未来5年的核心战略。AIoT是什么?对外我们讲的是AI+IoT,人工智能+物联网平台。

我要告诉大家,从2019年起,对于小米而言,AIoT就是"All in IoT"!

All in IoT,现在就是行动的时间!从现在开始5年内,我们将在AIoT领域持续投入超过100亿元!

创业8年后,小米从13个人到现在超过2万人,从1 000万人民币起家,到手握超过400多亿现金,从做手机到今天启动"手机+AIoT"双引擎战略。一路走来,没有人比我们遭受过更多的冷眼、嘲笑甚至诋毁;也没有人比我们经历过更多的为追求产品极致而取舍煎熬的痛苦;更没有人在如此短暂的时间里,像我们一样创造如此之多的商业奇迹。

不管寒冬还是盛夏,不管掌声还是咒骂,我们始终抬头挺胸、一路向前。背后支撑着我们,始终不变的到底是什么?

是"心怀梦想,无所畏惧"这8个字。这就是创业初心的本质。从2010年4月6日至今,在3 202个日日夜夜里,我们始终如此!

8年前,手机行业巨头林立。国际上,诺基亚、三星、苹果,哪一个不是超级怪兽?在国内,华为、联想、中兴,哪一个不是家大业大?当我们说要用互联网的方式做手机时,谁都没有正眼瞧过我们一眼,但我们硬是赤手空拳杀入了这个残酷的战场。我们怕过吗?我们退缩了吗?没有!

今天,面对中国血战、全球征程,面对智能家庭、AIoT的历史机遇,我们犹豫过吗?我们迟疑过吗?也没有!

所以,不管什么样的困难摆在眼前,我们都没有什么可怕的!干,就是了!

我在昨天红米Redmi Note 7发布会上,说过一句话:"生死看淡,不服就干!"我喜欢这句话,就因为它充满了血性。这种无所畏惧,就是我们心中的那一团火!每个小米人,心里都有一团火,这团火熊熊燃烧,一烧就是8年。我们心中的火,比严冬更狂野,比暴雪更猛烈!

"手机+AIoT"双引擎战略已经正式启动!同学们,让我们大步踏上2019年的新征程,让汇聚小米人的这团火越烧越旺!

谢谢大家!

思考题

1. 雷军是如何打造团队的?
2. 结合阅读材料,点评雷军的人才管理理念。
3. 结合阅读材料,点评雷军的领导行为。

第 4 章

影 响

人与人的交往,总是通过语言、表情、动作彼此之间不断地发生着相互作用和相互影响。根据心理学的理论,个体的行为总是与他所受的外界的刺激有关。相互交往中的甲、乙双方,对甲来说,乙是客体,乙的言论和行为便是对甲的一种外界刺激物,反之亦然,双方的言行都在影响着对方的心理和行为。由于双方各自所具有的刺激强度和刺激量不同,给对方造成的心理和行为影响也不相同。刺激量小的一方总是服从于刺激量大的一方,其行为就明显地表现为接受对方的影响;刺激量大的一方虽然也受到对方的影响,但是,由于作用较小,在行为的反应上则不够明显。对于领导系统中的领导者和被领导者来说,因为领导者居于主体地位,尽管领导者也会受到被领导者的影响,但领导者还是更能对被领导者产生影响。

一个领导者要实现有效的领导,关键在于他的影响力。所谓影响力,就是一个人在与他人的交往中,改变他人心理和行为的能力。这种影响力每个人都有,只是强度不同。单就一个人而言,其影响力也会随着交往对象的变化、场所的变更等发生相应的变化,就像一个高明的演奏家能够打动那些懂得欣赏音乐的观众,而对那些不懂欣赏没有音乐知识的人,演奏家再努力也是对牛弹琴一样。

本章首先介绍影响的基本方法,这些通过社会心理学大量实验总结出的方法具有一定的普适性,领导者完全可以借鉴这些方法去影响被领导者。在一般影响方法的基础上,组织中的领导者可以通过掌握的权力进一步增强影响,但是,领导者应该使用什么权力影响还必须基于被领导者的状态。很显然,今天的工作者与以往有了很大的不同,这样,领导者就必须调整影响权力的使用。本章的最后将介绍理论上归纳出的经典领导方式。

4.1 影响的基本方法

社会心理学通过大量实验,总结出一些人际影响的基本方法,这些方法可以应用到组织的领导情境中。领导者在影响被领导者时,可根据情况选择互惠、承诺、从众以及服从等方式使对方产生预期的行为。

4.1.1 互惠

心理学家阿伦森 1956 年做过一项研究,他选择了一批大学女生参加实验,随机让一名女生"无意中"听到另一名女生对自己的评价。评价以四种方式进行:一直说她的缺点,一直说她的优点,先说缺点再说优点,先说优点再说缺点。结果哪种方式最受欢迎呢?

实验结果表明,大部分人都更喜欢对自己持积极评价的人,特别是最初批评自己而后来转为好评的人。当别人喜欢自己时,自己也会回报以喜欢的情感,这就是一种投桃报李的互惠关系。

互惠是人类人际关系的基础,是人们的一种基本心态,简单来说,就是人们都有"我们应该帮助曾经帮助过我们的人"的逻辑,对于他人给予的收益,我们自然地要通过回报来进行心理平衡。社会交换理论认为,人们只有在觉得社会关系很公平的时候才能得到最大的满足,也就是说,不希望被人利用,也不希望占别人的便宜。"无功不受禄"表达的就是人们不希望带着一种亏欠的心态进行人际交往。

互惠心理作用下,人们对回报的即时性和等值性是比较在意的。通常来说,人们会以最短的时间、类似的行为对之前所获得的收益给予回报。比较典型的是中国文化传统中的"回礼"。在接受对方的礼物后,我们要准备回礼,回礼的时间不能太晚,否则就是不礼貌了,通常来说,一个月内就需要把准备好的礼物送给对方。回赠的礼物不能是同样的物品,否则就成了原物奉还了。礼物的选择既要考虑对方的兴趣,也要价值相当,你送我两斤茶叶,我送你两瓶酒等。

虽然互惠机制中的好处是类似的或等值的,但有时候也会出现不对等的回报,就是一方只用较少的投入就能得到对方更大的投入,"士为知己者死""滴水之恩,涌泉相报"表达的就是这种状态。这种不对等机制已经广泛应用于商业领域,我们常常可以看到在商场里,销售人员给顾客一些"试用"物品,不少人就在"不能占人家小便宜"的心理驱动下购买原本不打算买的物品。现在这样的商业策略已经司空见惯了。

不仅如此,一方即使不投入,也能通过互惠机制得到对方的回报。互惠机制是基于人们的一种心理平衡。别人对我们好,我们通过回报来平衡;如果我们对别人不好,例如拒绝别人的请求等,在后来,我们就希望通过满足对方新的请求来建立平衡。有些人就是利用人们的这种互惠心理,在没有任何付出的情况下,首先激发出对方的愧疚心,然后再发生预期的行为。这是互惠机制下的"拒绝—后撤"策略。我们看下面的例子。

某公司王经理想要对组织内部的文化以及员工心理素质进行问卷调查。由于调查问卷测试范围广、测量维度多,许多问题需要思考犹豫之后才能给出答案,完成一套调查问卷所需时间长达 20 分钟。而且测评内容涉及员工情绪因素,如果强制参加会使统计结果出现偏差,所以无法强制员工填写问卷。因此在问卷发放与回收的过程中,王经理非常担心员工产生抗拒心理,进而导致整个调查活动无法顺利进行。

为了顺利完成调查任务,王经理运用了影响中的互惠原则。首先,王经理向员工们宣布公司即将对大家进行一个调查访谈,耗时近两个小时。果然,这招致了员工们的反感甚至抱怨,而且大家普遍的意思是拒绝参加并且希望王经理能将员工们的心声传达给上级部门。隔了一天之后,王经理面露喜色地和大家说"宣布一个好消息,由于公司体恤下情,所以两个小时的调查访谈改为填写 20 分钟的调查问卷,既然公司已经作出了让步,希望这次的调查问卷大家可以认真对待,仔细填写,尽量把自己的真实意思表达出来,这样也有利于我们公司的发展!"果然,这次没有员工反对,也没有员工不满或者拒绝填写,最终调查问卷顺利完成。

在这个例子中,王经理就是用这种先被拒绝、貌似退步、最后被接受的方法。而且由于员工已经拒绝过一次2个小时的调查访谈,因此王经理第二次提出填写调查问卷,在得到了"好处"之后,员工就不会再倾向于拒绝了。

领导者可以运用互惠的心理机制影响下属产生预期的行为。最简单的,通过善待、友好的行为等方式,领导者可以给予被领导者关心,作为互惠的回报,被领导者会通过更加积极地投入地工作来帮助领导者。领导者还可以将对被领导者的关心扩展到他的社会角色,上一章讨论的工作家庭促进其实就是这个道理,当领导者帮助员工更好地履行其社会角色,作为最直接的回报,被领导者将会更加积极地投入工作中来。例如,互联网公司也开始学着过去国有企业的做法,帮助员工解决孩子上幼儿园的问题,有些公司甚至就在楼下建起了幼儿园,这样一来,员工加起班来也就没什么后顾之忧了。

在领导系统中,互惠的行为当然首先是由领导者启动的。领导者的友善将会激发被领导者的积极行为,这就会让整个团队处在一种人际友好的状态下。这里需要提醒的是,作为领导者也需要注意被领导者启动的互惠机制,也就是被领导者试图影响领导者。如果被领导者中的某些人为了自己的私利开始示好领导者,领导者如果给予不正常的回报,那么这将会引发被领导者中的不公平情况,这对整个团队的氛围是不利的。

4.1.2 承诺

人们会去努力完成他们答应的事,这就是承诺机制。没有承诺,似乎就没有义务和责任,人们的行为就会是随意的。一旦有了承诺,即使不是用书面契约,哪怕只是口头上的承诺,人们的行为也会发生变化。社会心理学中有一个著名的莫拉蒂海滩实验,它充分说明了承诺对人们行为的影响。

实验人员假扮游客,在海滩上大声地听着收音机(这是为了引起旁人的关注)。过了一会儿,他就把收音机留在海滩上,径自下海去游泳了。这时另一个实验人员假扮的小偷走过来把他的收音机拿走,而且他的行为让旁人会意识到他就是个小偷。这个实验反复做了多次,让实验人员惊讶的是,每次都没有人去干预,顶多是有人会嘟囔这么几句,"这个收音机好像不是他的,怎么给拿走了呢"。研究者对实验做了调整,这一次让收音机的主人在下海游泳前,对周围的游客说一句帮忙看一下收音机之类的话,其实也没有专门说给谁,大家也都是通过眼神或者点点头表示收到了信息。这一次就很不同了,当"小偷"再来行窃时,几乎大家都出来阻止,甚至有些人追赶小偷。

这个有趣的实验告诉我们,人们会努力追求行为与承诺的一致性。既然答应了,就应该要做到。说到做到是我们的基本心态。这样类似的实验在社会心理学中还有很多。例如,一个为环境保护的募捐者,她发现直接到社区去募捐,被拒绝的可能性很大。于是,她首先设计了一个最简单的问卷,调查"您认为环保重要吗?您愿意为环保做一些贡献吗?"。这样一个简单的、泛泛的问卷,自然得到社区居民的积极回应。第二天,她再去募捐,因为前一天大家已经说了愿意为环保做贡献,这就是已经作出的承诺,而当具体行为要发生时,大家也就没有办法拒绝了。

还有人专门做过研究,对比发现隆重举办婚礼的结婚者比仪式低调的结婚者的离婚率要低很多。因为在婚礼的现场,在主持人的引导下,在亲戚朋友的祝福下,新郎新娘当众承诺对彼此、对家庭等的责任,这增加了婚姻的稳定性。另外,每次重大的体育赛事,如奥林匹克运动会等，我们都会看到裁判员和运动员公开宣誓，虽然也会有个别不诚实的行为，但是整个赛事还是更加公平公正了。

在领导系统中，领导者可以通过承诺机制，让被领导者更多地投入工作中，增加他们对工作的责任感，实现从"要我做"到"我要做"。20世纪40年代，心理学家勒温的一位同事法兰奇和一家服装工厂的人事经理做了一项研究，讨论如何解决工人因工作内容改变而产生抵触情绪的问题。工厂中，很多员工由于不满意工作管理制度的更改，开始罢工，导致工厂的产量大幅度降低，更有一些员工对其他同事进行语言攻击。

法兰奇决定采用三种方法来推行新的制度。他们告诉第一组员工他们的工作有哪些地方需要改进，并让他们明白管理层看到怎样的结果，但是并没有让员工参与决策的过程；从第二组员工中选出了几位代表与管理者会面共同参与决策，讨论制度更改将要面临的问题；让第三组员工全员参与决策讨论，在讨论中他们积极给管理者提出建议，并且帮忙制订有效的管理计划，明确各自在计划中的角色。

实验结果发现，三种方法的效果截然不同。没有参与决策讨论的员工产量减少得更快了，下降了20%，9%的员工辞了职，并且员工表现出对管理者和同事更多的敌意与攻击行为；第二组用了两个星期恢复到了制度改变前的正常生产水平，员工非常合作，没有人辞职；第三组员工仅用了两天时间就恢复到了更改前的产量水平，且产量持续上升，比以前的平均水平高14%。

强化被领导者的承诺的关键是，双方共同讨论并确定被领导者的工作任务，不是下属自己制订目标，更不是领导者将工作目标分配给下属。目标管理的关键就是目标的制订是基于领导者与被领导者的讨论，而不是简单的布置，这样就让双方都对目标产生了承诺。目标确定后，最好是通过会议等场合将个体目标公布出去，这相当于是一种公开承诺。有些公司会把个人、团队或者部门的目标贴在墙上，这既是一种鞭策，也是一种约束。有些公司会让员工在上班前喊口号、唱司歌等，这些也都是试图通过承诺的方式来增加员工的投入。当然，在员工承诺的时候，领导人也要承诺。领导者践行自己的承诺就可以更进一步锁定被领导者的承诺。

4.1.3 从众

所谓从众，就是在社会团体的压力下，个人放弃自己的意见而采取与大多数人一致的行为。人们平时讲的"随大流"就是一种从众行为。在社会生活中，从众行为非常普遍。例如，假期前，大家商量去哪里玩，多数人都想去爬山，少数同学想去游湖，个别同学还想去沙漠徒步，最后大家都同意了去爬山，这种跟随大多数的行为就是从众行为。在日常生活中，所谓的"人云亦云""随大流"的从众行为是非常普遍的。例如股票市场，人们都知道"炒股有风险、入市需谨慎"，但许多投资者还是被诸多一夜暴富的神话吸引，不惜把房、车抵押用来买股票，尽管许多人缺乏最基本的金融证券知识。

人是社会性的动物，一个人的工作和生活都离不开群体，从众现象普遍存在于日常的工作和生活中。从众是指当个体受到群体的影响（引导或施加的压力），会怀疑并改变自己的观点、判断和行为，朝着与群体大多数人一致的方向变化。例如，现在盛行的各种各样的儿童补习班与兴趣班。除了认为自己的孩子要有一技之长外，许多学生家长更是看到邻家孩子都在上这个班那个班,自家的孩子也要上一些补习班或者兴趣班以免落后,就会不考虑孩子自己的意愿而强迫他们去上补习班或者兴趣班。在越来越热的出国留学中,从众行为的表现就更加突出。

人们为什么要从众呢？一个基本观点是,人们在不了解信息(情况)的时候,别人的行为就自然成为学习的榜样。换句话说,很多决策行为并不是对直接问题的理性决策,而是对他人已经决策的行为进行的"理性"决策。因此虽然行为上表现一致,但由于个体差异,结果并不相同。例如,投身于股市的许多人没有享受到财富反而被套牢,损失惨重,一个在海外的旅行团在购物时,看看别人买什么品牌买什么物品,大家会一窝蜂地去买。

更为普遍的是,从众行为的产生源于个体的心理压力,由于群体规范的存在,个体想被群体接纳或从群体中获得重要信息。为了免受团体其他成员的非议与排斥,乃至孤立,于是做出从众行为,从而获得同伴的好评、欢迎和喜欢。可见,人们的从众行为是为了取得外界给予的种种报偿而避免种种惩罚而发生的"随大流"行为。

著名的阿希实验揭示了人们心理的从众机制。该实验通过测试观察者目测线条长短的实验,检验群体因素对实验对象的影响程度。结果发现：有 1/4~1/3 的被试者始终保持独立性,无从众行为；约有 15% 的被试平均做了总数 3/4 次的从众行为；所有被试平均做了总数 1/3 次的从众行为。影响从众的关键因素包括群体的规模、群体的一致性、群体的凝聚力、群体的权威性、个体在群体中的地位、个体的知识经验、个体的个性特征、性别差异、文化差异等。罗德邦德和彼德·史密斯用阿希方法在 17 个不同的国家做了 133 次实验,集体主义的社会(如挪威、中国、日本)的个体比个人主义的社会(如美国、法国)的个体更容易从众。

领导者可以合理利用从众心理,说服他人积极合作,达成所期望的目标。在施加影响的过程中,领导者可以先说服部分个体,利用这部分个体的合作行为带动更多其他个体。大多数情况下,在群体压力下,个体在权衡保持独立与追随群体的利弊后会表现出相同的合作倾向,领导者的影响也因此实现。最经常采用的方法就是通过树立典型、模范、明星等的方式,给更多被领导者一个可以效仿和从众的对象。当然,领导者在团队中确立模范时,要特别注意模范本身的确是可以成为行为样板的,否则就有可能适得其反。

从从众的角度也可以理解企业文化对人们行为的影响。企业文化构成要素中,有一个非常具体的内容就是模范人物,他是企业价值观和行为规范的真实体现。企业对模范人物事迹的描述和赞扬,使他们自然而然地成为员工们从众的对象。例如全国劳模李素丽、孔祥瑞等,他们不仅仅是所在企业员工学习的榜样,已经成为更多劳动者学习的榜样。榜样的力量是无穷的,这也说明从众的影响力非常巨大。

4.1.4 服从

服从是指个体在社会要求、群体规范或他人意志的压力下,被迫产生的符合规范或他人要求的行为。服从行为是因为受到来自外界的影响而被迫发生的。外来的影响有两种主要情况：一种是社会规范、传统、法规等,另一种是权威人物。

美国心理学家奥尔波特曾做过一个关于服从的调查研究。在一个十字路口,他观察并记录了 2 114 次汽车驾驶情况,结果如下：见红灯立即停车的有 1 594 人,约占总体的

75.4%;见红灯减速的有462人,约占总体的22%;见红灯稍缓停车的有47人,约占总体的2%;见红灯仍旧冲过去的有11人,约占总体的0.5%。绝大部分汽车驾驶者还是服从交通规则的,不服从的是极少数。一旦社会规则建立,在人们在意识里,就有了服从的要求。

  人们在生活中还会对个别权威服从,这种服从往往也是无条件地服从。对权威的服从有两种情况:一种是因为钦佩权威而服从,另一种是因为害怕权威而服从。一般来说,人们的服从行为虽然可能与其本人内心有一定的距离,但不大会引起内心很大的矛盾与冲突。但有时来自权威的要求与一个人的内心会发生矛盾。例如,权威要求下属从事一件明显违背道德的事,个人为了自身的安全不得不服从权威的命令,精神上会感到惶恐不安。

  关于"服从"的最著名的实验就是米尔格拉姆的服从实验。米尔格拉姆于1963年在耶鲁大学进行了"服从的经典研究",针对人们的服从倾向进行了深入的研究。参加实验的志愿者两人一组进行分组,一个人扮演教师的角色,另外一个人会扮演学生的角色(事实上扮演学生角色的是实验助手,进行表演以测验教师角色的人的服从心理),一起进行字词配对的游戏,当学生的回答错误的时候,扮演教师角色的人就要对学生进行电击的惩罚,电压的范围是15~450 V,电压以每次答错增加15 V的幅度增长。学生的扮演者会故意答错问题,并且当电压增加到150 V时,学生开始"求饶",当老师心理开始动摇的时候实验者会告诉他"继续下去,而且实验要求你必须继续下去,一切结果均由实验者承担"。实验的结果出乎实验者预料:在实验过程中,当电压加到300 V时,只有5人拒绝再提高电压;到315 V时,又有4人提出拒绝,;电压达到330 V时,又有2人提出拒绝;345 V、360 V、375 V的电压阶段又分别有1人提出拒绝提高电压的要求。直到电压增加到450 V的过程中,只有这14个人认为这样电击陌生人是不道德的而向实验者提出拒绝的要求,拒绝继续执行命令,而剩下的26名被测试者都根据实验者的命令坚持到了实验的最后。当然,被电击的学生并未真的被电击,尖叫、哀求的声音都是录音,帮助对被测试者进行心理测试。这次的实验结果表现65%的人都会坚持完成实验者的命令,尽管他们听到了叫喊和哀求。为了进一步确定人的服从倾向,米尔格拉姆选取了相互熟悉的40组实验者进行实验,均为20岁到50岁的男性,结果显示,即使对方是自己熟悉的人,仍然有65%的人坚持到了用最高的电压电击对方。

  经过实验,心理学家米尔格拉姆指出服从是人的一种基本倾向。人们对于比自己地位高的人或者是权威人士发出的命令的服从倾向更加明显。所以,领导者可以利用人的服从心理制定领导策略。当然,当社会规范或权威的要求虽然合理,但不符合个人需要时,个体也会表现为不服从。不同情况下,不服从表现的形式也不太一样。通常有以下几种不服从的表现形式。

  (1)抗拒。这是最直接的不服从行为,个体对于来自外部的要求表现在行动上拒不执行,并且提出口头或书面的抗议,主观上情绪偏激,怀有对立情绪。领导者提出了被领导者难以接受的要求,下属拒不执行。"将在外,君命有所不受"就是下属拒绝自己认为无理的要求。

  (2)消极抵制。团体中有些成员对于团体规定不愿意执行,又不敢明目张胆地表示不同意,只好阳奉阴违地表面上顺着干,暗地里采取消极抵抗的办法。

(3)自由主义的态度。这是比较普遍的消极做法,领导者在的时候,人们会表现出来遵守团队规范、认真努力的样子,而当领导离开后,他们就表现出另外一种状态。这不是真正的服从,那些服从的表现只是一些权宜之计,在无人督促的情况下就会采取自由主义的态度。

在领导系统内,领导者还是要通过自身权威的不断提升,让被领导者产生心悦诚服的服从。除此之外,领导者还必须通过制度建设让组织成员知道服从的好处以及不服从的坏处,这也可以从利益角度强化他们的服从意愿。

本节所讨论的互惠、承诺、从众、服从等方式,是领导者影响被领导者的基本方法。除此之外,社会心理学中的利他、侵犯、喜好、暗示等也是可以影响他人的方法,读者可以阅读相关内容,这里就不再讨论。总之,影响是对他人心理和行为的干预,在具体实践中,领导者要结合领导情境和被领导者状态,探索更有效率的影响方法。

4.2 权力分析

影响力也可以被定义为权力,一个人对另一个人有影响力,就意味着他是拥有权力的一方。人们常常说的领导力,可以是领导者影响力或领导者权力的通俗说法。在领导者与被领导者的互动过程中,领导者对被领导者有影响,被领导者对领导者也可以施加影响,那些影响了领导者行为的被领导者,在二者关系中,其实是处在领导者的位置,虽然他们没有领导者的头衔。尽管"向上领导"的观点也很流行,但这也只是被领导者的一种抱负或者理想,拥有权力的始终还是领导者。本节先介绍一般意义上的领导者权力构成,然后分析在新的领导环境下,领导者权力的使用,最后讨论集权与分权。

4.2.1 权力的构成

根据影响力的性质,通常把影响力分为强制性影响力和自然性影响力两种。

强制性影响力,也叫作权力性影响力,是随着领导者所担任的职务而来的。一个人担任了某个职务,便获得了这个职务的法定权力。一般来说,这种影响力带有强制性,它主要是由社会或组织赋予个人的职务、权力和地位等构成的,下级不能随便不接受领导。这种影响力,并不是人人都有的,在企业里属于管理者所有,在军队里属于长官所有,在家庭里属于家长所有。总之,它通常属于职位和权力的拥有者。强制性影响力的特点在于它对人的影响带有强迫性、不可抗拒性,它给人在心理和行为上的影响,主要表现为被动、服从。

关于构成强制性影响力的基础,一般认为它有以下三个来源。

(1)强制权。这是一种建立在惧怕基础上的权力,也叫作惩罚权力。当一个人握有能使他人不愉快,甚至是痛苦的手段时,便获得了这种强制性权力。人们为避免惩罚而被迫接受上司的要求或服从领导。

(2)奖励权。这种权力是与强制性权力对应的。上司有奖励下属的权力,下属只要服从上司的意愿,便会获得积极的奖励。这种奖励可能是物质的,如工资、奖金、实物等,也可能是非物质的,如表扬、晋升等。凡是手中握有能够满足别人需要的物质和非物质手段的人,都具有这类影响力。人们为了获得奖励而愿意接受他的影响。

(3) 法定权。这是指在正式组织中,居于某种领导地位的个人所具有的强制性权力。这种权力是组织赋予的,它本身带有法定的性质。法定权之所以会造成影响力,是由于社会规范和人们的传统观念决定的。一个领导者在组织中的地位越高,他所拥有的法定权影响力也就越大。

自然性影响力,也叫非权力性影响力。它与权力性影响力的不同,在于它不是外界赋予的那种奖励和惩罚别人的手段,而是产生于个人的自身因素,也就是人们常说的个人"威信"。它是由于领导者自身具有良好的表现而受到下级由衷的敬佩,并依靠自己的威信和以身作则来影响别人,从而起到领导的作用。生活中常常有这种现象:一个知识渊博、待人可亲的人,他的话别人往往听得进;在车间里,一位受尊敬的老师傅的话往往会比班组长甚至车间主任还管用,其原因就在于他自身的因素所造成的自然性影响力具有较大的信服性。

构成自然影响力的基础,一般认为它有以下两个来源。

(1) 专长权。专长权就是个人在知识、技能和才干等方面具有一定专长,并在与他人的交往中,获得他人的了解和信任。这样的人就容易赢得他人的尊敬和信服,下属一般也更愿意支持这种行家做他们的领导。从一定的意义上来说,由专长所构成的自然性影响力作用最大,对人产生的心理影响最自然,也最不可抗拒,由它所带来的行为动力也最积极。

(2) 魅力权。魅力权就是领导者在与他人的交往中,通过表现出来的一种或多种优良品德,在被领导者中建立起个人魅力。一位品德优良的领导者,不仅能够赢得人们的敬佩,而且人们也愿意接近他,成为他的"粉丝"。敬佩就是一种甘愿接受对方影响的心理倾向。例如,同样一番道理,让一位英雄模范人物来宣传就比用一位普通的人效果好,这主要是因为前者具有良好的品质因素。

在现实生活中,这两种非权力性影响力对领导者的作用和威信来说,往往具有很高的价值。自然性影响力的特点在于,它对别人所产生的心理和行为影响是自然的,是建立在使人感到是"对的"、是"应该的",即信服和敬佩的基础上。它使人在心理上并不感到是一种压力,而是通过潜移默化的自然过程变为他人的内驱力,并在行为上表现为自愿、主动。因此,它对人能产生很大的激励作用。

强制权、奖励权、法定权和专长权、魅力权共同构成了领导者的权力基础。如何使用权力,用哪种方式去影响下属,这些取决于被领导者的状态,而不能由着领导者的性子。今天的被领导者与以往有很大的不同,如何领导他们已经是很多领导者面对的挑战。有关新的领导情境下权力的使用,我们会在下一节讨论。

4.2.2 权力的使用

每个领导者都或多或少地拥有上一节所讨论的五项权力。打个比方,领导者有个权力工具箱,这里面就有五种工具。面对同一种情况,不同的领导者可能会使用不同的工具。例如,同样是面对绩效不好的员工,有些领导者采用鼓励的方式建立他的信心,有些领导者采用批评的方式指出他的问题，有些领导者采用手把手教育的方式辅导他等。没有哪一种权力就是最好使用的，但在权力使用方面的确存在明显的领导者个人偏好。从某种角度看，这种权力使用偏好也塑造了领导者的个人领导风格。

虽然领导者有自己使用权力的习惯和偏好，但是究竟使用哪项权力更取决于领导者面对的组织状态以及被领导者状态。也就是说，该用扳子的地方不能用螺丝刀，尽管你很擅长使用螺丝刀。下面以创业企业发展的基本历程为例，看看领导者权力使用与组织状态的匹配。

从权力模型的角度去审视组织成长时，我们不难发现大多数创业者更多的是依靠专长权和个人魅力影响权来组建创业企业。最典型的例子来自IT行业，无论是苹果、松下、微软、惠普，还是小米、腾讯，这些组织的创建都是基于创始人的技术专长。在这些公司起步阶段，作为领导者当然也是拥有奖励权和强制权的，但是他们很少使用或者即使使用也没有什么规范可言。看看那些刚刚起步的创业型公司，下属和领导者常常都是一种"没大没小"的状态，人们之间还没有什么明确的身份意识，领导者只是有一种貌似的法定权。大家通过创新，有了一种产品或模式，这是公司的起步。

但是，随着组织规模的扩大、技术复杂性的增加，以及技术边界的高速扩张，创业最初的技术专长将逐渐被分解和深入。于是，凡是持续发展的组织，其创业者都能够把以专长权和个人魅力为基础的影响权转向以奖励权和强制权为基础的影响权。换句话说，创业的激情有效地被制度的激情所替代，只有这样，组织才能够持续发展。松下幸之助以自己所擅长的自行车灯头制造起家。在1931年，他就开始施行基于单个品种的事业部制。松下幸之助知道，许多技术已经走出了创始技术阶段，他需要通过自主经营的体制来获得更加优秀的人才并保持人们的创业激情。正是这样良好的权力过渡才使松下幸之助建立起庞大的商业帝国。

处在这个阶段的企业，已经走过了刚开始的极不规范阶段，人员规模也在不断增加，业务也在不断成长，企业有了规范化的需要。于是，企业有意识地进行战略规划，把过去非正式的组织架构开始规范起来，以前没有什么制度完全凭员工激情的工作开始规范化起来。从领导者权力的角度，一系列的规范化无非让领导者拥有了奖励权和强制权，或者说，领导者的奖励权和强制权开始摆脱了个人色彩，更加成熟。

随着企业进一步发展，规模进一步扩大，人员数量也不断增加，这个时候，企业开始意识到统一的价值观对于一个庞大公司的作用。于是，企业都开始准备企业文化建设。从大的方面来说，企业文化是价值观和行为规范，本书后面会有所讨论，而从具体来看，上一节讨论了企业文化构成的重要因素"模范人物"，他是企业文化真实的体现，也是企业内人们从众的对象。需要注意的是，在大多数企业中，创始领导者都是企业文化中模范人物的不二人选。于是，在企业文化的建设和传播过程中，作为模范人物的领导者被塑造出非凡的魅力，领导者的魅力影响权得到了极大的增强。在这个时候，甚至不用使用法定权，领导者只需要个人魅力就足以产生强大的影响力。

从上面的分析，不难看出，在不同的组织阶段，领导者需要使用不同的权力，不能仅凭个人习惯或偏好。另外一个非常普遍的情形也能很好地说明权力使用与组织状态的适配，那就是人们经常讨论的"空降兵"水土不服的问题。一般认为是"空降兵"不了解企业情况，水土不服，没有办法融入。从领导者权力角度，我们却发现，"空降兵"之所以不成功常常是因为权力使用错误所导致。对于刚刚加入组织的新领导者来说，尤其是那些被公司高薪高职挖角而来的领导者，他们拥有了比先前更高的职位，为了证明自己的水平，常常迫切地使用法定权开展工作。然而，虽然"空降兵"拥有职位，但他们并不真正熟悉组织的情况，这就使他们的法定权没有实施的群众基础，而匆忙地大刀阔斧地工作又会触及企业既定的利益格局，必然在一段时间后遭到其他领导者的排斥。对于"空降兵"来说，随意使用法定权是造成工作不顺利的最主要原因。比较理想的方式可以参考上述的创业领导者的权力发展模型。也就是说，他们可以通过首先使用专长权，这种温和的权力能够帮助"空降兵"创造一些业绩，然后再明确奖励权和惩罚权，并通过这两种权力来筛选被领导者。过了一段时间后，法定权也就名至实归，这时候，原本比较困难的工作也就有了基础。

除了领导者所处的组织状态对权力使用有着客观要求，被领导者的状态也是领导者在使用权力时必须考虑的重要方面，领导者采取什么权力方式进行影响还必须根据领导行为的对象来谨慎调整。今天的被领导者与以往有很大的不同。伴随互联网成长的新一代，他们有着丰富的信息和知识，挑战权威、关心自我，单纯的强制性权力不能使他们心悦诚服地追随。领导者不能简单地依靠强制性权力来发号施令，必须通过自身不断的学习，不断提升知识和修养，使自己能够成为被领导者心中的"偶像"，通过自然性权力构建坚实的影响力基础。如果说对于 60 后、70 后，强制性权力具有良好的效果，那么对于新生代员工，他们更希望自然性权力的领导者。这绝不是什么危言耸听，进入 21 世纪后，随着被领导者状态发生的巨大变化，领导者权力已经发生转移。

领导者对于这种权力的转移要非常清醒。在今天的领导情境里，强制性权力并不是就完全没有作用了，只是它们不像以前那么威力巨大了。作为被领导者的新生代员工，他们更加看重领导者的能力和品德，他们会因为领导者的专长和魅力而发自内心地追随，这样的追随本身就是幸福的。从被领导者变化的角度看，人类悠久的领导传统、领导方式等都在面对挑战。

拥有五项领导权力的领导者，在权力使用方面有着自己的偏好，这是领导风格的具体体现。究竟应该使用哪项权力来影响下属，这要根据组织的情形以及被领导者的状态而定。权力选择不合适，领导者的影响力就会大打折扣，领导效能也就不能实现。

4.2.3　集权与分权

前面从个体角度讨论了权力的构成和使用，下面从组织角度讨论权力的分配，这就是人们常常说起的：集权与分权。从组织角度看待权力，就需要首先明确一个概念：职权。职权，就是指组织设计中赋予某一职位以决策、发布命令和希望命令能够得到执行而进行奖惩的权力，也就是前面所讨论的来自组织的强制性影响力。集权是指职权的集中化，决策权向处于较高管理层次的职位集中的组织状态和组织过程。相反，分权就是指职权的分散化，职权向处于较低管理层次的职位上分散。当然，自然性影响力是属于领导者自己的，它不存在集权还是分权的问题。

集权通过统一的标准与命令形成统筹全局的能力，能够集中力量解决问题。集权领导者对中下层组织成员的控制程度高，能够形成较高的组织凝聚力和执行力。因为集权，领导者可以调动更加全面的资源完成重大任务。其负面影响是只通过较高层领导者的知识和能力来指导决策,限制了中下层组织成员的知识和创新力的应用。当决策所需的知识范围超越高层领导者的知识范围时,决策的质量会限制组织的发展。在集权的状态下,信息交流渠道较窄、拉长,降低信息交流的效率。进一步地,高层过度集权会造成组织下层成员的懒惰,降低下属积极性,使其思维固化。

分权是指决策权被高层领导者分配给中低层管理者行使,较高层领导者给予中低层管理者一定程度的指导,将组织目标分解开来,后者具体问题具体分析,以降低控制复杂组织的难度。分权可以提高组织的激励水平,促进组织高效运作。高层领导者能够将精力放在更困难的发展问题上,不必被琐事缠住手脚,中下层组织成员能有效发挥自身能力和作用。分权在扩大智慧来源的同时,也可以激励员工的工作积极性,有利于增强责任感,将个人目标和组织目标融为一体。需要注意的是,分权也存在一定的缺点:权力过于分散可能导致领导者难以控制全局,导致官僚作风,降低组织的运行效率。另外,权力基础分散的组织常常会出现部门利益凌驾整体利益之上的情况。

既然集权和分权都各有利弊,领导者在权力分配上需要根据组织状态以及领导情形谨慎确定。在集权还是分权的选择上,也没有一定之规。一般来说,影响集权和分权设计的重要因素包括以下几个方面。

(1) 决策失误的机会成本。当一个决策失误的机会成本越大,就越需要高程度的集权,发挥高层领导者的视野优势和个人能力,把握住组织整体的战略和发展方向。

(2) 组织的规模。组织规模较小时,集权能做到更高的效率和控制性,当组织规模扩大后,面对众多的不确定性和多样性,如果仍然坚持集权,那么决策质量、组织适应能力、信息交流效率都会受到限制。规模越大的组织,越应该设置合理的结构来进行适当的分权领导。

(3) 管理人员的能力。当中下层管理人员的能力无法承担分权与决策带来的责任时,高层领导就不能够将更多的权力分散下去。将权力授予不具备能力的管理者会导致更多失误的诞生。但是,管理幅度学说提出领导者的控制幅度最好在8~10人,下属的人数同管理人员的能力有关,但再有能力的管理者也无法应付过多的事务,所以,高层领导者应该有意识地培养下属,使他们在未来能够承担分权的责任。

(4) 控制的可能性。当组织具有有效的制度和环节,形成核心集团和分权中心之间的有力联结,高层领导对分权有较好控制可能性的话,就可以分更多权力。

(5) 组织的动态特性。当组织处于迅速成长过程中时,高层领导者需要更集中地控制权力以将组织的前进方向控制在自己手中,时刻把握组织的发展方向。当组织应对复杂的环境时,领导者则可以将琐碎的日常事务处理权力下放给中下层管理人员,以节省更多精力做更有效的判断决策。

虽然上面列出一些影响因素,但职权是集中于高层领导者还是分散到较低组织层次并没有一个固定的标准,完全要根据组织的具体情形,动态地调整。美国组织行为学家坦南鲍姆和施米特于20世纪60年代提出的领导行为连续体理论为集权与分权设计的参考提供了一些解决方法。他们提出了7种主要的领导模式,如图4-1所示。

(1) 领导者作出决策并宣布实施。

(2) 领导者说服下属执行决策。

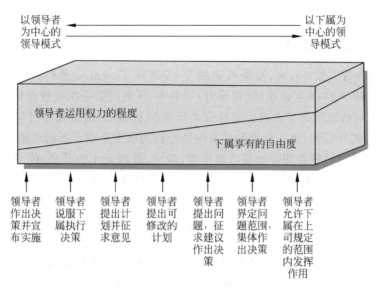

图 4-1　领导行为连续体模型

(3) 领导者提出计划并征求意见。
(4) 领导者提出可修改的计划。
(5) 领导者提出问题，征求建议作出决策。
(6) 领导者界定问题范围，集体作出决策。
(7) 领导者允许下属在上司规定的范围内发挥作用。

虽然西方学者尝试用这种动态的连续状态来描述集权与分权的状态，他们也给出了领导者与下属的权力互动，但是在具体实践时，怎么可能有这么清晰的安排。权力分配"度"的拿捏的确可以归属于艺术的一类，这有赖于领导者的经验、对被领导者状态的了解、与被领导者的关系、领导环境的状态等一系列因素的整体考虑。但是，有一点是可以肯定的，那就是领导者不能一直集权或分权，而要根据情况适时地集中和分散。也就是人们经常说的，天下大势，合久必分，分久必合。

领导者权力是保障领导效能的重要工具。领导者权力是双刃剑，如果恰当使用，它能够产生良好的效果，但是使用不当，也会给领导者自身带来伤害。在每个领导者都拥有的五项权力中，强制权、奖励权和法定权是组织赋予领导者的规范权力，它们是比较强硬的，而专长权和魅力权是基于领导者本人的权力，它们更温和一些。领导者需要审时度势，根据组织状况和被领导者情形来确定权力的使用。从未来发展的趋势来看，基于领导者个体的权力将成为领导者的主要选择，当然，这并不意味着强制性权力就没有作用了。进一步地，更积极地建立集权与分权的平衡也是领导者实现愿景必须面对的重要问题。

4.3　经典领导方式

研究者总是试图总结有效的领导方式让人们去对照。经过研究者们不断地归纳，已经总结出各种各样的领导方式。本节将介绍实践领域被普遍接受的主要领导方式：变革型领导、交易型领导、魅力型领导和家长式领导。

4.3.1 变革型领导

"变革型领导"这一名词,最早可追溯至 1973 年 Downton 的《反叛领导》一书。由 Burns 所著的并于 1978 年出版的《领导力》一书中,该名词第一次被概念化而被世人所了解。Burns 在对政治型领导人进行定性分类研究的基础上,提出领导过程应包含变革型和交易型两种领导行为,这一分类为后来的领导行为研究开辟了新的思路。他认为,变革型领导是领导者通过较高的理念与道德价值,激发、鼓舞员工的动机,使下属能全力投入工作,进而使下属逐步成长为新的领导者,而领导者则成为推动改革的原动力。

在《领导与超越期望的绩效》一书中,Bass 丰富了"变革型领导"这一概念,并明确了其操作性的定义,代表着这一理论迈出了重要的一步。Bass 依据 Burns 的见解,认为变革型领导会使员工对领导者产生信任、尊敬及忠诚。他认为变革型领导通过让员工意识到所承担任务的重要意义,激发员工的高层次需要,建立互相信任的氛围,促使员工为了组织的利益牺牲自己的利益,并达到超过原来期望的结果。

除了以上的基础研究,后来的学者们进一步丰富化了对变革型领导的理解。有学者提出变革型领导是一种附加价值的情感领导,强调高层次、内在动机与需要,领导者激发成员发挥智能,超越原有的动机与期望,这种领导具有文化与道德的意义。有学者认为变革型领导是领导者能与下属共同创造专业气氛与态度,通过专业的发展、决策的分享、自我价值的提升,进而创造一种尊重、接纳、友善、支持成长与学习环境。也有学者认为变革型领导为了鼓励成员变革,他努力营造一种合作、决策分享的组织取向,并强调专业能力的发展与授权。尽管对变革型领导概念的理解都有不同的侧重,但研究者们在描述这种领导模式时都没有离开"变革"这个主题词。

有关变革型领导者的行为,不同研究者也有不同的发现。现在得到学术界较多接受和沿用的变革型领导行为维度划分是 Burns 和 Avolio 于 1993 年发表的四维度学说:理想化影响力、鼓舞性激励、智力激发、个性化关怀。

(1) 理想化影响力。变革型领导者一般具有公认较高的伦理道德标准和极强的个人魅力,深受被领导者的爱戴和信任。大家认同和支持他所倡导的愿景规划,自愿自发地尊重、跟随甚至崇拜他,并对其成就一番事业寄予厚望。

(2) 鼓舞性激励。在实践中,变革型领导者往往运用团队精神和情感诉求来增强整个团队的凝聚力,齐心协力地实现团队目标。对不确定性充满信心的变革型领导者也会将这种信心传递给他的团队,表达对他们的热切期望,激励更多人加入团队,在他所创造的平台上实现梦想。

(3) 智力激发。变革型领导者注意激发下属的创造力,鼓励他们勇于挑战自我,启发他们发现新观点,运用新方法解决问题。变革型领导者是开放的,这对于整个团队的创新来说非常重要。

(4) 个性化关怀。变革型领导者关心下属,不仅是他们的工作状态,而且包括他们的个人需要和愿望。他能够认真倾听,而且能够因人而异地培养每个下属,这时他就像一个教练,带给下属更多的温暖。

总的来说，变革型领导者通常具有强烈的价值观和理想，他们致力于激励员工超越个人利益，为了团队的伟大目标而相互合作、共同奋斗。后来围绕变革型领导的大量学术研究表明，变革型领导对员工绩效、员工满意度以及组织承诺等都有着直接的影响。在不确定的环境下，组织更是需要变革型领导者引领大家去积极地面对挑战和困难，因为变革本身就是领导的主题词。

4.3.2 交易型领导

Burns 认为交易型领导通过奖励与下属工作进行交换，来鼓励下属。这与激发下属实现自我实现的目标是不一样的，它更是一种短期的交换结果。他认为交易型领导为下属提供的是纯粹的交换，例如，用下属的工作来交换选票等。交易型领导是基于社会交换的观点，强调成员与领导者之间的关系是互惠的，基于经济的、政治的及心理的价值互换。

Bass(1985)把 Burns 的概念引入商业性组织中，指出，变革型领导和交易型领导是两种有区别但并不是完全互相对立的领导行为。交易型领导就是使下属清楚自己的角色责任、完成领导者所预期的工作且给予下属必要的承诺。交易型领导强调通过外在奖励和纪律约束来激励员工，因此交易型领导是基于一个交换的过程，过程中领导者提供报酬以回报下属的工作及绩效。

后来的研究者在他们对于交易型领导所设定的框架内进一步丰富这个概念的内涵。例如，有学者认为交易型领导与下属为了各自的利益与目的，通过协议约定而各取所需，至于各自的利益，可以是实际的物质，也可以是一种心理感受。有学者认为交易型领导者依照下属的努力与表现情况给予及时的奖赏反馈。也有学者认为交易型领导通过澄清角色及工作要求来建立目标与方向，并以此来引导或激励下属等。虽然学者们的理论各有侧重，但都不否认交易型领导的几个关键特点：纯粹交换、规则明确、内外激励。

交易型领导强调管理实质是与员工进行有针对性的利益交换，他们通过提供给员工相应奖赏来达到目的，激励具有信号作用，可引导员工更聚焦、更有效地完成任务。另外，交易型领导通常都是目标导向的，在实现目标的过程中，当员工的行为出现偏差时，交易型领导会采取积极的纠偏举措对员工进行正确引导，这样做的目的不仅是保障目标的实现，领导者的反馈本身有利于员工的发展，也可以视为一种更加广义的交易。

交易型领导方式不可避免地会有一种功利的色彩，它强调员工严格做好职责内工作，严格按照与员工事前具体明确界定的工作内容、工作成果及对应奖惩机制工作，这就意味着员工将更加侧重于具体执行。交易型领导特别强调奖赏及过程控制，因此员工缺少工作自主性。另外，交易型领导的结果导向使他们在行为上更关注目标的实现，因此在工作过程中，领导者通过设定奖惩机制鼓励员工按照要求完成既定任务，如果目标设计不合理，就会造成一定的伦理问题。

尽管交易型领导这个概念听上去不像别的概念那么高大上，但是，这种方式因为更加注重目标达成，也注重领导者与被领导者之间权益的交换和平等，因而，在一些临时组织或者并没有长期目标的组织，倒是一种极为有效的领导方式。交易型领导者虽然没有像变革型领导者那样关怀下属，但在给予下属的回报方面也是清晰的，这让被领导者更加明白自己的努力和欲求满足之间的关系。

4.3.3 魅力型领导

对于领导方式,人们都普遍认同最基本的方式就是所谓的魅力型领导,古代先贤大致都因为这种最原始的领导方式被人们前赴后继地膜拜。领导魅力,简而言之,就是因为领导者个人特殊素质所产生的、让被领导者无法拒绝甚至陷入痴迷追随状态的影响力。这种领导方式之所以充满魅力,是因为魅力型领导让人们忘记其规范性权力,而将关注点集中于领导者本身。这种纯粹基于个体自身能力的领导方式唤起的是人们的一种本能,也就是直接作用于人们的内在动机。

House(1976)对魅力型领导有着奠基性的研究。House认为魅力型领导的产生总是与危机情境相关。这可以从社会心理学的从众行为得到解释,那就是在高度不确定的背景下,人们的行为极易失去方向,这时,魅力型领导出现,他以一个"明白人"身份出现,用语言和行动为大家指明了方向,不仅如此,他还用其坚定的信念为一个一盘散沙的队伍注入了"确定性"。House明确指出魅力型领导的三种个人特征,即高度自信、对自己信念的坚定不移和支配他人的倾向。而在领导者与追随者的关系方面,他认为魅力型领导者能够充分调动员工的积极性和创造性,建立领导与员工之间共同的愿景。

魅力型领导的关键正如这个概念的名称一样,就是领导者到底应该具备怎样的特质才能被称为是有"魅力"的。德国社会学家马克斯·韦伯认为魅力是"存在于个体身上的一种品质,超出了普通人的品质标准,因而会被认为是超自然所赐,超凡的力量,或者至少是一种与众不同的力量与品质"。这些品质普通人往往难以企及,从而将其视作超凡神圣、具有模范性的,或者至少他们会将具有这种魅力品质的人视为领袖。由于这种魅力超出了人们的正常生活,所以它难以用理性、美学或者别的观点加以解释。沿着韦伯的思路,后来的大量研究更是反复地证明魅力型领导者有别于普通优秀领导者,他们的可望而不可即以及种种神秘让他们自然地成为领袖。

虽然领导特质理论学派一直在通过对伟人事迹的分析总结那些魅力,但纵观古今中外被普遍认可的魅力型领导者可知,领导者所拥有的魅力不是一种固定的能力或品德,不是一种普适的力量或品质。恰恰相反,魅力型领导者常常拥有泾渭分明的评价,有些人极为喜爱,有些人极为厌恶。由此可见,魅力更多是领导者和被领导者在一个特定环境下的互动呈现,这多少有一点"王八看绿豆"。就像俗语里说的"情人眼里出西施",在爱的氛围里,对方都是充满魅力的。例如,磁铁也只是对铁才能产生吸引力,而对于木头、石块就完全没有作用。魅力型领导的这种指向性使得后来者很难获得与前任一样的影响力,这就使得魅力型领导很难成功地传承,即使后来者使用同样的方法、同样的决策也不可避免地被下属认定为拾人牙慧、东施效颦等。套用今天比较流行的话,"一直被模仿,从未被超越"大致就是这个道理。

撇开那些特质,从行为层面看,魅力型领导通过个人魅力以及高尚的道德品行来感染下属,增进团队成员之间的友谊关系,并进而影响下属对于愿景的努力。魅力型领导者经常表达对下属需求的关心、较高的期望和信心,这种对团队成员的善待也是强化领导者魅力的关键方法。如果非要将魅力分成层次,那么,与人为善或者真正地替员工着想大概就是魅力的最高层次了。

近些年围绕魅力型领导有很多争论,而且似乎批评的意见更多。就魅力型领导者自身而言,他的强大魅力对组织也毫无疑问是一把双刃剑。一般而言,魅力型领导会有众多追随者,追随者中又有一些"死忠粉"。这群人习惯性地认为魅力型领导的考虑都是全面准确的,因此对其所做的任何决定都无条件支持拥护,并不遗余力地为其奔走呐喊。一旦有反对声音,他们会出现更感性而非理性的反应,即不分青红皂白地进行打压指责。对于那些存有反对声音、不同意见的人来说,他们是否选择发声要考虑自己所处的人际环境,一旦周遭环境的压迫太大,即使头脑再清醒的人,也可能选择缄默,转而随大流。在对领导者个人崇拜的氛围里,组织中越来越多的成员会逐渐形成习得性无助,整个集体开始出现无意识。

在变革中的 21 世纪,最原始的魅力型领导甚至更有可能再次成为最重要的领导方式。环境的不确定性会让那些优秀的领导者带着光环不断前行,他们所具有的危机处理能力和强烈的自信,对环境的敏锐判断以及面对困境的意志坚定,他们强势的战术执行力等都会成为追随者膜拜的原因。但是也必须意识到魅力型领导天然的一些缺陷,组织才能够避免不必要的问题。

4.3.4 家长式领导

相较于其他领导方式,家长式领导是在中国特有的文化环境下产生的一种领导理论。台湾学者郑伯壎(1995)根据华人企业的经营实践,最早提出了家长式领导的二元理论,即家长式领导包含两方面的行为:立威与施恩。在立威方面,家长式领导又表现出四种典型行为,具体包括专权作风、贬损部属能力、形象整饰与教诲行为。相对应地,被领导者会表现出顺从行为、服从行为、敬畏行为与羞愧行为。在施恩方面,家长式领导会表现出个别照顾与维护面子,而被领导者则会相应表现出感恩与图报行为。

家长式领导方式的提出能够更好地解释中国文化背景下的领导行为,因此,逐渐被学术界所接受。后来,郑伯壎等人(2000)的研究进一步丰富了这个理论,他们认为家长式领导除了立威与施恩两个维度的行为外还应该包括德行这样一个行为,即家长式领导的三元理论。这样一来,家长式领导可定义为:在一种人治的氛围下,显现出严明的纪律与威权、父亲般的仁慈以及道德的廉洁。威权领导、仁慈领导、德行领导构成了家长式领导的基本模型。威权是指家长型领导者希望将下属完全控制在自己的能力范围中,完全听命于自己。仁慈是指领导者对员工的长期关怀,包括个别照顾、体谅宽容两方面的施恩行为。德行是指领导者个人的职业操守与道德品质。

家长式领导具有非常浓厚的人治色彩。郑伯壎特别强调了家长式领导与西方领导理论本质的区别:西方的领导理论是建立在上司与下属间地位平等的基础上,而华人社会则是从一开始就需要建立清楚的上下级关系,确定名分,名不正言不顺。不仅如此,基于中国文化背景下的家长式领导并不是对所有部属都一视同仁的,他们有意还是无意地总会按照差序格局将被领导者区分为自己人和外人,这种区分具有典型的中国文化特征。家长式领导与被领导者关系的亲疏远近首先取决于两者的关系,即是否与领导有社会连带关系,血缘、亲缘、学缘等会是亲密关系的基础;其次被领导者服从甚至愿意为领导牺牲个人利益的程度也影响着双方的关系,"士为知己者死""肝脑涂地"等都是忠诚的表达;最后才是下属的能力,有意思的是,对有能力的下属,家长式领导总是有着矛盾的心态,一方面使用,另一方面又会提防。

家长式领导最大的特点就是,领导者会有强烈的责任感,他也会将企业员工视作自己的孩子,对他们的工作和生活也会非常关心,整个组织在这种领导方式下也会建立大家庭一样的文化氛围,这些对于处在变化环境中的企业来说,能够形成更加稳定的员工队伍,也能够唤起员工对组织的强烈的归属感和自豪感。但是,也必须注意长期的家长式领导会造成领导者过度集权,这将影响员工工作的积极性和创新意愿,尤其是对后来加入企业的员工。另外,家长式领导大多出现在家族式的民营企业,伴随企业领导的传承,当老一代领导者离开企业时,新一代领导者势必会面对巨大的挑战:已经习惯于过去家长式领导的员工很难接受新的领导者,这就意味着整个组织要进行巨大的变革,不仅是领导方式,包括价值观、人际关系等都需要调整。但不管怎样,在悠久传统文化影响下的中国企业领导者,必须要以更加开放的心态,对文化传统取其精华、弃其糟粕,才能顺应新的国际领导环境。

以上是对人们经常说的领导方式的一个简要介绍。虽然研究者们一直在努力将现实中的领导方式归类,然后更加清晰地呈现出来,但是,现实中的领导行为是复杂和多元的,不可能用一种领导方式就可以涵盖。学术上所创造的名词更多的意义在于交流的方便,至于学习者,完全不用把自己预先安放在一个既定的模式中,而要根据情形来变化和调整,因为实现目标是领导模式是否有效的唯一判断标准。

领导者是通过影响来使被领导者发生行为,这也是领导者与管理者的重要区别。了解一些基本的影响方式,对于领导者来说是必要的。更重要的是,领导者要清楚如何使用自己所拥有的权力,要根据具体情形选择最为合适的权力。从趋势看,基于领导者个体的、软性的权力将成为最有力的影响工具。至于领导方式,没有最优的,只有最合适的,这种适配性完全是基于领导者对被领导者的清醒认识。

相关阅读:鲁冠球

- 简介

曾任浙江万向集团董事局主席兼党委书记,改革开放40年百名杰出民营企业家。

- 相关阅读材料

阅读材料一:改编整理自吴晓波. 激荡三十年[M]. 杭州:浙江人民出版社,2008.

1978年,在素来有工业传统的江浙一带,一批小工业作坊——没有人做过确凿的统计,如果我们用"上千个"这个概念应该不会太偏离事实——已经星星点点地冒了出来。在浙江钱塘江畔的萧山县,鲁冠球创办的农机厂悄悄度过了它10周年的纪念日。

萧山虽处鱼米之乡的江南,却是江沙冲击出来的小平原,人口众多而地力贫瘠,鲁冠球生来对种地毫无兴趣,他自小流浪乡里,先学打铁,后修自行车,25岁那年,他东借西凑4 000元,带着6个人办起了"宁围公社农机厂",并自任厂长。宁围是他出生地所在,在他将近50年的职业生涯中,这位日后著名的"中国企业常青树"把公司办到了大洋彼岸,自己却从来没有离开过这块土地。

鲁冠球办厂,可以说真是从一穷二白起家。工厂没有地方买原材料,他蹬着一辆破自行车每天过江到杭州城里,走街串巷地收废旧钢材,有时候就蹲在一些国营大工厂的门外一整天,有厂里不要的废钢管、旧铁线扔出来,就宝贝一样地捡回去。

生产什么,也是有上顿没下顿,一开始做了一千把犁刀,跑去向农机公司推销,一进门就被赶了出来,因为他没有"经销指标"。那是一个铁桶般的计划经济年代,生产什么,购买什么,销售什么,都要国家下达指标,指标之外的物品流通便属"非法"。

精明的鲁冠球东钻西闯,好不容易找到了一条活下来的缝隙,那就是为周边公社的农具提供配套生产,如饲料机上的榔头、打板,拖拉机上的尾轮叉,柴油机上的油嘴,要什么做什么。

到1978年,雪球慢慢滚大,鲁冠球的工厂竟已有400号人,年产值300余万元,厂门口挂着"宁围农机厂""宁围轴承厂""宁围链条厂""宁围失蜡铸钢厂"四块牌子,到这一年的秋天,他又挂上了"宁围万向节厂"的牌子。四周的农民恐怕没有几个弄得清楚失蜡铸钢、万向节到底是个什么东西。在后来人看来,从农作耕地到初级工业化之间,鲁冠球似乎已经在费力地搭建自己的企业基石。

让人尤为惊奇的是,只有初一文化水平、从来没有接触过任何企业管理知识的鲁冠球在很早就尝试着管理工厂的方法。在1969年建厂之际,他就实行了基本工资制,工人工资额固定,按月出勤结算发放。1971年,他提出了计件(时)工资制,根据工人的劳动量来分配他们的收入。

直到1978年后,少数觉醒的国营工厂才小心翼翼地开始试验这种分配制度。

"做工厂不能有什么就做什么,到了一定的时候就要小而专、小而精。"鲁冠球后来说,他从1978年开始考虑一些问题。如果这是事实的话,他可能是当时8亿中国农民中仅有的几个开始思考这些问题的人。

1980年鲁冠球获得了一场最大的胜利——他第一次挤进了"计划"内的序列。而这场胜利,来源于一个"意外"。

鲁冠球做了一个决定,他把挂在厂门口的七八块厂牌都一一撤了下来,最后只剩下一块"萧山万向节厂"。他是那种直觉很好的人——这几乎是所有草创企业家的共同天赋,在跌打滚爬了10来年之后,他决心今后只把精力投放到一个产品中,那就是汽车的易耗零配件"万向节"上。

他自己兴冲冲地背着产品去参加行业交易会,结果被人轰了出来,因为除了国营工厂,别的企业都"一律不得入内"。鲁冠球当然不会就此甘心,他在会场门口偷偷地摆摊销售,他带去的万向节以低于国营工厂20%的价格出售因而受到欢迎,像土拨鼠一样地悄悄扩大着自己的地盘。

为了让制造出来的产品真正占领市场,鲁冠球表现出超乎常人的决心,这年夏天,安徽芜湖的一家客户寄来退货信,说是发给他们的万向节有部分出现了裂纹。鲁冠球当即组织30个人去全国各地的客户处盘查清货,结果竟背回来3万多套万向节。

鲁冠球把全厂工人全部召集起来,然后自己第一个铁着脸背起装满废品的草包,朝宁围镇上的废品回收站走。这3万多套万向节被当作6分钱一斤的废铁全部卖掉,工厂因此损失43万元。这在当年几乎是一个天文数字。

鲁冠球的这次近乎传奇的行动，让他领导的乡镇企业开始具备起大工业的气质。当年，中国汽车工业总公司要确定3家万向节的定点生产工厂，在全国56家万向节生产厂中，萧山万向节厂是唯一的"集体所有制乡镇企业"，它原本连参与评选的机会都没有，但是鲁冠球却四处运作，硬是让北京的专家评审组把它列入了参评的对象，最后竟通过了审定，成为3家定点工厂之一。

这次定点的确定对于鲁冠球来说是决定性的。它让这家"身份低微"的企业开始被主流工厂认可。万向节是一个并不很大的行业，鲁冠球的胜利似乎预示着一种可能性，那就是体制外的民营企业有机会凭着机制的灵活和技术上的优势在某些冷门的行业获得成功。

"计划"看上去是那么严密，却可能被灵活的"小家伙们"一举突破，这个道理将在日后一再地应验。

"1981年的日子很难过。"很多年后，萧山的鲁冠球回忆说，钢材提价1.3倍，煤提价5倍，成本持续上涨，而与此同时，原先签订的一些订货合同都被中止了，理由只有一个，"根据上级的规定，我们不能再进乡镇企业的产品"。鲁冠球想到大学里去要一个大学生，当时全厂数百人只有一个高中生，更不要说工程师了。大学分配办的人像见到了外星人一样地看着他："你是不是来错地方了？"

直至1984年，他花8 000元向浙江大学"买"进了一位大学生，在当时，大学生进乡镇企业工作是一件不可思议的事情。

1985年，美国的《商业周刊》以《中国新时代的英雄》为题报道了鲁冠球和他的万向节厂，这是鲁冠球第一次出现在海外新闻媒体上。

1986年的那篇《乡土奇葩》更是让他成为中国乡镇企业的一个榜样人物。在这一年由当时发行量高达600万册的《半月谈》评选出来的"全国十大新闻人物"中，他高票入选，对他的介绍是：鲁冠球，杭州万向节厂厂长，他把一个乡镇小厂办成了能与发达国家相匹敌的企业，生产的万向节打入了美国市场。他被誉为"从田野走向世界"的企业家。

农民企业家——这个称呼始自鲁冠球，后来成为媒体上的一个通称。

鲁冠球被视为"共同富裕的典型"。在《乡土奇葩》这篇报道中，记者除了对鲁冠球的经营能力大加褒扬之外，更津津乐道的是，鲁冠球是一个无私的共产党员，是共同致富的带头人。记者借用鲁冠球的嘴巴说，"这把火（指通过创办企业摆脱贫困）要烧到围墙外面去，让全乡人民逐步富裕起来。"

记者还列举了很多事例，如鲁冠球把自己应得的25万元承包收入全部"捐"给了企业——事实上这后来成为万向集团产权改革的最大伏笔，当时，鲁冠球在接受法新社记者的采访时说："如果我的收入与工人的收入悬殊，就会出现紧张关系，而我希望工人努力工作，如果他们看到我比他们拿的多得多，他们就会失去自己是工厂主人翁的感情，而这对于事业是不利的。"

他还参与建设了乡里的中学教学大楼、农贸市场和饲料加工厂，他把乡里尚未安排的108名复员军人都招进厂里，全乡每10个人就有一个在他的工厂里工作。因为万向节厂的发达，所在乡还修起了四条贯穿全乡的大马路，有一半的家庭住上了"小洋楼"。

1987年，鲁冠球当选中共十三大代表，在会议期间，作为唯一的企业界代表出席中外记者招待会,接受采访。

跟其他改革典型不同的是,面对鲜花、荣誉,这个修车匠出身的中年人从来没有头脑发热过。他拒绝把工厂的总部搬进杭州城,也没对汽车配件以外的行业发生太大的兴趣。在工作之余,他把很多时间花在读书和学习上,在大学教授的辅导下,他提出了"企业利益共同体"的新概念,在一篇发表在《求是》上的文章中,他直言:

"国营企业的整体素质比乡镇企业高,技术力量比乡镇企业强,为什么有些国营企业经济效益反而低于乡镇企业?我认为,主要是因为相当一部分国营企业在推行承包责任制的实践中,并没有真正解决两权分离的问题,在分配形式上没有彻底打破'大锅饭',还没有确立职工在企业中的主人翁地位。而乡镇企业在这些方面有明显的优势。"

这年10月8日,在北京召开的全国经济体制改革理论研讨会上,鲁冠球发言:"承包应该是全权承包,应该将自主权充分地交给企业,如果没有人事权、投资权,企业就无法到市场上去竞争,无法打入国际市场。"

鲁冠球已经看到了承包制的局限性,它无法从根本上解决职工及经营者对资产的终极要求。他所经营的万向节厂在资产关系上属于他所在的宁围乡政府,尽管他以强势的作风拥有绝对的领导权,但是,谁也不能保证在某一天,乡政府以一纸公文就让他卷铺盖走人——这样的故事将在后来的10多年里一再地上演。

于是,从"企业利益共同体"这个概念出发,鲁冠球进而提出了"花钱买不管"。他将万向节厂的净资产评估为1 500万元,然后与镇政府谈判,提出将其中的750万元归乡政府,其余归"厂集体"所有,乡政府的利益以基数定额、逐年递增的上缴利润来体现。

鲁冠球幸运的是,他在自己声誉的顶峰期完成了这次界定——有异曲同工之妙的是,5年后,柳传志在联想跌入最低谷的时候完成了同样性质的一次界定。尤其高明的是,这个产权设计外部边界清晰,内部边界模糊,鲁冠球没有为自己争取个人股份,他聪明地绕开了最敏感的地带,却为日后的渐变留下无限的可能性。

通过这次产权界定,鲁冠球获得了对企业的绝对控制权,却又没有丧失"集体企业"的性质,如他日后所说的:"万向的产权架构有自己的特点,越往上越模糊。我们的产权是企业所有,是企业的员工'全员'所有,这样我们就能享受一些优惠政策。什么都明晰了,水至清则无鱼;每个人都有隐私,企业也有自己的'隐私'。"

1992年,鲁冠球击败国内所有的万向节专业制造工厂,他的产品拥有全国60%的市场份额。这一年,他让自己21岁的儿子鲁伟鼎出任万向集团的副总裁,而他自己则忙着飞北京跑公司上市事宜。在证监会,连门卫都不给他好脸色,到了中午只能坐在台阶上吃盒饭。

一年后的11月,"万向钱潮"股票在深圳证券交易所上市。

2007年7月8日,对于老资格的民营企业家鲁冠球来说,是一个很特别的日子。这一天是他创业的第38个纪念日,同时,他创办的万向集团宣布成为美国AI公司的第一大股东,万向的海外业务规模首次超过了国内业务,这意味着当年的修车铺变成了真正意义上的跨国公司。

AI是一家很独特的公司,它由美国三大汽车制造商克莱斯勒、福特和通用发起,是专门为这三大公司提供模块装配及物流管理的公司。万向集团作为中国最大的汽车配件生产商能够成为 AI 的大股东,意味着中国企业开始以资本并购和专业参与的方式,直接"嵌入"全球汽车产业链的核心部位。

在鲁冠球位于萧山乡镇的家中,一直悬挂着一幅汽车的图片,他的"造车梦"到何时会真正实现?

美国 20 世纪初期的传奇企业家洛克菲勒晚年对友人说:"也许以后别人的资产比我还多,但我是唯一的。"这句话,鲁冠球、柳传志和张瑞敏等人也应该有资格说,因为他们所经历的转型大时代是唯一的。他们起身最早,活得最久,事业做得生龙活虎。

然而,商业又是一个用结果来检验过程的冒险游戏,他们必须更长久地活下去。

"那些没有消灭你的东西,会使你变得更强壮。"德国哲学家尼采的名言应该可以成为这些企业家共同的生存格言。

阅读材料二:改编整理自李进武.鲁冠球的人才观及其实践——万向集团高速发展探秘[J].中国机电工业,1995(1).

作为一名优秀的领导者,鲁冠球自身时刻保持的思考与勤奋之气质,对身边人的影响无疑是巨大的。在万向集团成长的年代,信息不像现在这样充斥浸泡着每一个人的生活,普通人很难从自我学习中形成自己对外界的认知,建立起完整而正确的三观。拿万向人的例子来说,普通的万向员工所能得到关于工作态度、人生态度的最大影响力,当来自他们的工作场所内——鲁冠球给整个集团传递的价值观,在现在看来仍是先进的,实用性极强的。

鲁冠球把"领导生产"的传统观念转为"领导人",培养员工形成对"要做什么样的人,活得才更有意义"的思考。他提倡每个员工都把自己当作主人,"想主人事、干主人活、尽主人责、享主人乐"。整个集团都在他的领导下形成了实干的企业文化。鲁冠球自己身体力行,勤于工作,因此员工受他本人的实干精神感染极大。同时,他从精神和物质激励两个层面结合,用反馈鼓励员工实干,实际操作性更强。在他公开或非公开发表的演讲、文章中,"实干"二字几乎贯穿始终。这种领导者个人内化的精神通过几十年的工作和交流在整个集团内部反复强调,建立在每一个万向人的心中。

他发表过这样一段话:"我必须身先士卒。古人云:其身不正,有令不行;其身正,不令而行。要搞好企业,首先要从我做起,多讲奉献,少讲索取,我深知'上行下效'的道理,所以我在要求员工的同时,以'四管'来要求自己:一要管好上级,对上级负责,把上级布置的工作做好;二要管好下级,对下级的错误负责;要想管理严明,一定做到一级一级地管好;三要管好亲朋好友和子女,要一视同仁,一切以能力为标准,做到自己问心无愧;四要管好自己,千万不要贪钱、贪色、贪赌、贪权,先管好自己才能管好别人。"

鲁冠球很早就树立了自己的人才观——"好人不等于能人,能人也不是完人"。"情面"一词不适用于企业的管理,在集团二次创业的过程中,他就把最初的元老级成员从高层管理岗位替换下来,放到了更适合他们做的职位上,而选择能力更强、有专业经验的知识型人才为集团发展助力。他自己的妻子直到 1992 年退休,都是车间里一名最普通的钻床工。

再拿一位万向集团的"原热处理车间主任"朱金水的事情举例:这位朱主任能力强,但受到金钱诱惑,私自在工作时间之外"搞第二职业",被发现后取消了主任职位。但在集团遭遇到一次有关热处理炉的技术难关时,鲁冠球仍决定起用这个专业技能很强的"原车间主任"。这一次,朱金水全心全意,带领团队在条件极其匮乏的情况下攻克了难关。当然,这不能被简单理解为对有问题的员工随便宽容——领导者的识人之能力、用人之魄力,在此时就体现尽致了。有前人对这个案例发表过自己的理解:"处分一个人是原则,否则就没了'法';再用也是个原则,因为人总是要变的,变,要给他一个环境和土壤。"

作为一名泥土里挣扎着爬起来的企业家,鲁冠球的坚韧精神也为人称道。他常说,人即使摔了跟头,也要抓把泥。从任何可取与看似不可取之处,他都努力带领着整个万向集团汲取有效的经验,用这种最淳朴的学习方式鼓励进步。他长年有一个与公司高管团队共同学习的习惯:每当有大企业倒下,他就叫人收集这家企业的相关资料,集中起来学习、探讨失败的原因,名曰"反向学习法"。始终谨慎、坚韧的态度,使得万向集团得以长久屹立。

阅读材料三:改编整理自鲁冠球.我对搞好企业的体会[J].中外管理,1997(10).

怎样当好企业领导?

一个企业能不能搞好,关键是看是否有好的领导。过去国有企业董事长和总经理平级,一张纸下来同时任命董事长和总经理;现在国家改变任命办法,由资产所有者任命董事长,由董事长任命经营者,层次比较清楚,这样抓国有企业改革就抓到点子上了。

怎样的领导才算好领导?我从30多年的企业实践中体会到,好的领导必须具备以下几点。

1. 要有牺牲奉献精神

作为一个领导者,要带领一批人,使企业长盛不衰,这需要做许多工作,没有牺牲奉献精神是不行的。现在做什么工作,无论是开发产品、开拓市场,还是去交一个朋友,没有时间和精力投下去,是不可能的。要当好企业负责人,就要全神贯注,全部投入到企业中去,要牺牲玩乐、爱好、享受。1969年,我到这个厂,离家只有4公里,为了把厂搞好,我把家搬到厂里,一住就是15年。一直到1984年,才搬回家去。当时我在厂里的房子只有20多平方米。杭州西湖那么著名,但我只是在结婚的时候去了一趟,到现在还没有再去第二趟。我到北京出差多次,但没有去看过长城。我现在总是感到两个不足:一个是知识面不广,另一个是时间不够用。我总认为,要把企业搞好,要有实力,要进行大量的积累。

这些积累要靠全体员工共同努力,要多积累少分配。自己分配多,员工分配少,这个企业就不可能搞好。当了领导,没有牺牲奉献精神,就像社会上说的,围着园子、轮子、桌子、裙子转,哪里有时间去思考、去学习?今年春节我们企业大年三十放假,初六上班,休息6天。我从年三十到初五就坐在办公室里,哪也不去,也不接待客人,就是把没有做完的工作理好。

2. 要不断学习驾驭企业的本领

现在市场千变万化,在这样一个市场中,怎样把钱赚回来,这是作为一个企业负责人最基本的条件,也就是要有驾驭企业的本领。本领并不是天生的,而是通过学习提高得来的。21世纪是学习的世纪,个人要学习,一个企业要学习,一个国家要学习。学习是人的本能,学习是多方面的,要下苦功夫,所以我向单位里的同志提出几个建议:要读万卷书,行万里路,交万人友,创万年业。只有通过学习才能提高自己的决策本领、待物本领、公关本领、开拓市场本领。掌握了这些本领以后,才能驾驭企业。所以我总结了一下,要多看、多思、多听,最后要多干,就是把学到的理论和知识,在企业里实践,失败了重新来过,成功了做得更好。通过这样做,不断提高自己的水平,企业才能在竞争中站稳脚跟。

3. 要有正确的管理思想

我们搞企业怎样赚钱求发展呢?我体会到一点,正确的管理思想是企业发展的保证。如果没有正确的管理思想,企业就会走弯路,甚至会走错路。现在的市场确实是瞬息万变的,是魔鬼市场,但是"魔高一尺,道高一丈",只要"得道"就能抓住市场。这个"得道",以我的认识,就是建立利益共同体。我搞企业要赚钱,产品卖给用户,卖给经销商,他们也要有利润。所以不论想什么问题,办什么事,都不要考虑怎样损人利己,而要考虑怎样找到对大家都有利的事来做。正确的管理思想,出发点就要正确,每个人都要通过诚实劳动,把生产搞上去,成本降下来,生产符合市场需要的产品,这样的企业才能真正立于不败之地。国外有个经验:凡是效益特高的东西,一般是不会长久的,只有依靠建立利益共同体,企业才能持久。我们生产的万向节,在国内市场现已占到65%以上,我们成本已经压得很低,利润空间已经相当小,这是经过多次技术改造才实现的。现在大的汽车厂,一汽、二汽,自己都不生产万向节,由我们生产。美国通用汽车公司到中国想控制市场,但它们控制不了我们,我们的产品不但不积压,而且进入了它的配套线,因为我们的产品质量可以达到它们的要求,而且成本比它们低,所以它们自己不做,向我们来买。这样它们得到利益,我们也赚到现钱。世界上的钞票,随处都能赚,我们一定要把凡是能够赚的钞票都赚过来,赚来的钞票仍然还给社会,"取之要有道,用之要欢乐",这样企业才能生存。

怎样建立一支好的员工队伍?

不管是大学生、研究生,还是博士生,进了我们企业之后,我们都要抓如下几个方面的工作。

第一,工作分配合理些。有什么方面的才能,就分配什么工作。

第二,物质分配合理些。到我们公司后,基本工资是多少,根据素质而定。基本工资定好以后,由岗位、级别确定岗位工资。加上效益工资,共是三块。基本工资保证员工进企业后有饭吃,之后,要他们提高,要有上进心,要拼死拼活干,你可以得到一万、两万、五万、十万。不干,就是拿基本工资。

第三,多种用工形式促使大家有上进心。我们公司有试用合同工、合同工、固定工,其中35%左右是固定工。贡献特别大的,就是终身员工。终身员工退休后,收入和工作时一样。这样一来,真正形成了"想主人事,干主人活,尽主人责,享主人乐"。1980年我们搞调整,6个月没发工资,大家还是拼死拼活干。从那时到现在,每月按时发工资,一天都没有拖过。也就是说,从1980年以后走上了正轨,职工有很强的凝聚力。

现在我们采取"严字当头、严格管理、严格要求、一丝不苟、铁面无私"的制度,该处理的就处理,该解聘的就解聘,该奖励的就奖励,引进竞争机制、风险机制。这几方面的工作做好以后,企业就稳定下来了。

阅读材料四:改编整理自鲁冠球.有目标 沉住气 悄悄干[J].管理与财富,2008(4).

如果有人认为:万向就是生产产品,在赚钱,那就不全了。万向实际上在培养一批人、造就一批人。人与人之间，做人是退一步海阔天空，做事就要进一步海阔天空，这两个是辩证统一的。企业家不是唯利是图的，赚钱只是我们实现目标过程中的一种手段，企业家主要是造就一批人，企业最终靠人才来创造。所以说，财聚则人散，财散则人聚，取之而有道，用之而欢乐。做企业就要有这个境界，回报社会是企业家的终极思想。

在人才储备上同样需要稳定为先。知识是通过日积月累形成的，观念、文化更是如此。如今人才流动频率非常高，要用一种文化把人凝聚起来才行。我们万向几万名员工就是靠文化精神理念聚集在一起的，围绕"奋斗十年添个零"的目标，形成一种文化。如何形成呢？就是要善待、尊重员工，让他们放开手脚干。这就叫：人人头上一方天，个个争当一把手。让每个员工发挥自己的最佳才能。要满足员工的物质需要、精神需要，更重要的则是给员工表现的空间，这是一门艺术。

为此，我们提出大集团战略、小核算体系；生产专业化，产品系列化。就是把企业做大的同时，再把企业做小。而这，正是做好一个大企业最自豪的地方。企业大有大的好处，可以树立形象，但调动人发挥人专长的时候，就是越小越专越好。俗话说，三个臭皮匠顶一个诸葛亮。

当然，我们也要转变，过去我们仅仅是在有限的资源领域里做了些发展，如今，要从有形向无形方向转变，加大无形的投入。

往哪里投呢？就往人力资源投，早在20世纪80年代的时候我们就到吉林工大委培大学生，那时无形的投入现在变成了有形的骨干，但力度还不够。现在，我们在这方面还要加大投入，不光口袋满，而且要变成有精神、有智慧的脑袋，这就要敢于花大代价。

再就是改善生活环境和工作环境，加强感情投入。就是尊重他善待他，增加他们的收入和福利，不关心员工的领导肯定不是好领导。

人才聚集起来，在人力软件上进行大投入，这是一个企业稳定持续发展的最大保证。多年来，万向对人才的重视从没有变过。引进"空降兵"需要从实际出发，而更重要的还是靠自己培养。培养是一种文化，是一种互相理解与信任，而这一定是日久见人心的，需要一个磨合的过程，大家互相了解后才能形成信任，路遥知马力，日久见人心，靠时间得出的经验，何乐而不用呢？而信任是最低的成本，只有这样才可以调动人的积极性。

还有一点，就是一定要走出去。万向就是让员工读万卷书，行万里路，交万人友，创万年业。知识是靠人与人的交往得来的。通过走出去，通过交流并综合分析，可以选择自己喜欢做的事，做错了也不后悔。万向从产品走出去，到人员走出去，再到企业走出去，已经在8个国家建成了18个企业。而事实上，万向能有今天，就是因为走出去比较早。走出去的最大经验，就是看到差距，明确了自己的奋斗目标，通过互相交流，学到了人家的管理经验和技术。现在我们品牌国际化了，经营国际化了，是中国向世界进军具有国际竞争能力的企业。

阅读材料五：改编整理自莫凡.写在外公一周年祭[EB/OL].新浪财经,2018-10-25.

于我，很多外公的为人处世之道是我希望保留并延续下去的宝贵财富。外公这一辈子，都在给我上课，故索性把我从外公那里学到的整理成文字小记，以供时刻参读。

1. 扎实基础

对外公文字的最早记忆来源于父亲办公桌上一张公文纸上的一句话——树从根脚

起,根深才叶茂。这是外公写给父亲的,后来被父亲镶嵌在了镜框里摆在书柜上以供勉励。

长大以后听到外公经常提及的一个词是"实力",他有一句抄写在小纸条上的话是这样的:"要有实力,达不到的目标不要怨天尤人,要靠自己的专注和不懈的努力;实力来源于平日里的积累,水滴可穿石,积少便成多。"

2. 制订计划,遵守时间

外公有一份常年固定的时间表,他的行动会严格遵守时间表上的安排。在诸如会议或者宴请这些场合的时候,他总是会要求提前 10 分钟到场,他说:"我早到一点没关系,提前把时间预留出来就好了,但是迟到了总是会不好意思的。"

3. 如果不是因为迫不得已,晚饭一定要回家跟家人吃

外公的时间表上,一定会有一项回家吃饭的计划。他从不加班,也几乎不外出应酬,每天都要回家陪我外婆吃饭。

我记得在我大约 9 岁的时候,暑期回杭州总是喜欢在舅舅的办公室玩,当时舅舅和我现在的年纪差不多,开始在万向集团轮岗。有段时间,舅舅经常不回家吃晚饭,有一天外公下班时,就亲自来舅舅办公室找他,让他回家吃饭,舅舅说不回去。虽然已记不清各种细节,但面对儿孙一向是"哈哈哈"大笑的外公暴怒的样子,却在我心中留下了深刻的印象。

外公总是说:"家里的饭菜多好吃啊,哪里的饭菜都没有家里的好吃。"我想,这大多半原因是因为外婆,这其实是一种简单质朴的爱。

4. 要有求知欲,保持对新鲜事物的好奇

每每跟外公聊天的时候,他总会询问我,关于我所听到或者接触到的新鲜事物,有时候还会一起探讨。他的求知欲非常强,每天摄入的信息量也非常大。每次去外公办公室看望他的时候,最常做的一件事就是阅读他递过来的实时资讯。

5. 食饮有度,切忌浪费

酒不可贪杯,饭菜不可超量,切忌浪费。

外公是一个很爱吃的人。但外公的午餐从来都是荤素搭配,量少而精,他午饭时"吃"得更多的,恐怕是当日的时事要闻。晚饭外公也不敢懈怠,不肯把腰带的松紧解开,强迫自己少吃一点。对于在外面吃饭时的剩菜剩饭,他总是强调要打包回家。

6. 把自己包围在高质量的朋友圈

外公经常跟我说要广交天下好友,但是不可泛泛而交。

但有一点切记,不管有没有深交,待人一定要真诚。

7. 遇事不怒

外公晚年有一个很可爱的习惯。有一次我回到外婆家,发现房屋中很多角落都贴了一张写着"遇事不怒"的纸条。我问外公这是什么,外公说这是他为了时刻提醒自己在遇到不好的事情时要克制自己的愤怒情绪而写下的,贴在房屋中很多地方,便能让他时时刻刻提醒自己。

以上所写只是我现今能想到的,如有疏漏,日后补上。

这一年多来,我唯有专心致志工作,把外公写的话语贴于办公桌上以激励自己。

但终不能释怀的,是身边永远缺失了一个我信任的智慧的声音。

就像是一艘大船在心里沉没了,我曾经并没有意识到但实际上深深依赖的一个庞大力量,就这样消失了。

思考题

1. 鲁冠球如何带领万向集团发展?
2. 结合阅读材料分析,鲁冠球的领导方式有什么特点?
3. 如何评价鲁冠球的人才观?

第 5 章

环 境

领导效能不单单与领导者、被领导者相关,还与领导者和被领导者所共处的环境极大相关。就像外界物理气压会影响水的沸点一样,在高原地区是无论如何也不可能将水烧至 100℃。领导环境在领导效能方面也起到非常重要的影响作用。有关领导环境的一个显而易见的判断是,如果环境是有利于领导者行为的,领导效能就可以被放大;如果环境不是有利于领导者行为的,领导效能就可能被缩小。例如,如果大家打心底里支持信服领导者,那么他就能进行更有效的领导。如果组织充斥着怀疑和消极,领导者的工作只能事倍功半。

所谓领导环境,广义上说就是领导者所领导的群体存在的内外部整体环境。更直接地、狭义地理解,领导环境就是领导者和被领导者互动过程中形成的内部环境。领导环境既包括物质的硬环境,也包括人际互动中的软环境。相较于前者,后者对领导行为的影响更大一些。理论上对此也有支持,例如葛伦的领导—成员交换理论,圈子内的成员因为得到领导更多的眷顾而产生更高的满意度,也会更努力地为领导者创造绩效。本章将集中讨论影响领导效能的组织内部软环境。

相较于组织外部的大环境,领导者对于企业内部的领导环境是可以有所作为的。磨刀不误砍柴工,领导者可以认真地调整和塑造内部环境,从而使影响力的发挥有更可依赖的条件。从领导效能的角度看,领导者所着力进行的组织变革就是为了营造更加有利的领导环境。本章所讨论的人际关系形成的软环境主要包括信任和企业文化两个部分,领导者与被领导者之间的信任关系是领导行为的重要保障,企业文化对被领导者行为的塑造和影响也是非常显著的。

5.1 组织变革

"唯一不变的就是变化"已经耳熟能详了,组织变革,在学术界和实践界都得到越来越多的关注,学科和研究的出发点不同,对变革的解释不同。在区分领导与管理时,我们特别强调变革是领导的底色,变革造就领导,领导也会制造变革和引领变革。这只是一方面,另一方面,从领导环境的角度看,领导者可以通过组织变革来建设和营造一个有利于领导行为的内部环境,它能够保障和放大领导效能。

5.1.1 组织变革的基本模型

组织变革的定义有很多。最初人们仅仅是把组织变革看成"改善组织中人的因素"。

后来有学者把它定义为：组织变革就是运用行为科学的知识进行有计划、全局性的自上而下的努力，目的在于通过对组织内各种流程有计划的干预，以增进组织的有效性并使之健康地发展。根据美国人力资源开发专家威廉·罗斯韦尔的观点：组织变革就是研究组织如何适应外界环境不断的变化，从组织结构等方面进行有计划有系统的调整和改革，以达到组织或企业的最佳化和高效化。正如很多管理学定义很难统一一样，组织变革也很难给出更准确的界定，但学术和实践界都同意组织变革就是对组织进行调整，以期对构成组织的三个基本要素——结构、技术、人——进行必要的改变，使组织适应内外环境的需要，以改善和提升组织的经营绩效。

广义上说，一切改变组织的行为都可以称为组织变革。从组织战略层面来看，组织变革可以是战略重订、组织结构调整、重大人事调整等；从管理层面来看，组织变革可以是部门职责调整、工作流程优化、新设备新工艺引入等；从具体执行层面来看，组织变革可以是作息制度调整、个别岗位职责重新安排等。虽然在讨论的时候，人们更多地把组织变革界定为重大变化，其实，更广义的组织变革在组织内部是非常普遍的。

关于组织变革的过程，行为学家和心理学家曾经提出过很多模型，如勒温的三步骤法，勒温认为组织变革应该包括三个步骤，即解冻、改变、再冻结，他指出这个过程就是一个由准备改变到实地变革再到组织稳定的过程。罗希认为需要四个程序：一是创造一个需要变革的知觉；二是分析诊断环境，以创造变革的需要以及决定变革的方向；三是沟通变革所影响的人员；四是监督变革，调整组织。麻省理工学院施恩(E. H. Schein)教授曾经提出了组织变革的六个步骤，具体如图5-1所示：洞察内外环境变化；引进有关资料研究变革；采取行动实行变革；防止副作用，稳定变革措施；输出变革成果（产品及服务）；再次洞察内外环境变化。

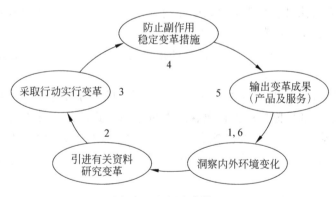

图5-1 组织变革模型

在组织变革的各种模型中，最具代表性，也产生了最广泛影响力的是哈佛大学商学院约翰·科特教授提出的模型。科特教授经过多年的观察和调研，认为尽管领导层都不拒绝讨论组织变革，但是真正能够把组织变革成功完成的却并不多。在提出组织变革模型之前，他首先总结和分析了组织变革中经常出现的八个错误。

（1）容忍了过分的自满情绪。在公司各级管理人员和员工对出现的问题还没有清楚的认识，他们的心目中还未形成高度紧迫感的时候，就大刀阔斧地开始实施改革举措。

(2) 未能建立一个强有力的联合指导委员会。在成功的变革中,总裁、部门经理或部门主管,另外再加上 5 位、15 位或 50 位决心致力于改善公司经营状况的人会组成一个委员会。在这个委员会的强大领导下,企业才能够有足够的力量去战胜各种惰性因素。

(3) 低估了愿景的力量。没有为组织变革确立愿景。

(4) 传播愿景的努力打了 10 倍、100 倍或 1 000 倍的折扣。即使有了愿景,它们也仅仅存在于公司的高层,没有成为组织广大成员的共同愿景。相比于传播愿景,公司高层往往热衷于付出更多的努力去设计愿景。

(5) 对阻挠新愿景付诸实施的种种障碍听之任之。

(6) 未能创造短期的收益,无法激励员工进行更深入的变革。

(7) 过早宣布获得成功。过早宣告胜利就等于过早地中止了变革。

(8) 不重视如何使变革意识牢牢扎根于企业文化中。

他认为,企业在变革过程中,只要犯了其中的一个错误,就有可能产生严重的后果。针对上述八个错误,科特进一步发展自己的思想,出版了专著《以变求生》,在书中,科特提出企业在进行重大组织变革时,需要认真考虑以下步骤。

(1) 营造紧迫感。营造紧迫感对促使各方给予合作是至关重要的。如果自满情绪非常严重,变革通常不会取得任何成果,因为甚至没有人对研究变革的问题感兴趣。如果没有形成足够的紧迫感,就很难建立一个强有力的、使人们信服的变革指导委员会,并说服一些关键人物花费必要的时间构思变革的愿景,随后花时间大力宣传。

(2) 建立联合指导委员会。由于重大变革都会遇到难以想象的阻力,因此要想使这一进程坚持下去就需要有强大的推动力量。形成正确的愿景;广泛传播,让大量的人了解并接受它;消除变革道路上的主要障碍;带来短期的收益;正确引导并管理变革计划的实施;让新的方式方法扎根于企业文化之中,所有这些活动仅靠一个人单枪匹马是绝对做不到的,即使他是一家企业的董事长,也无济于事。

(3) 提出愿景和确定战略。愿景将帮助指导变革的方向,而战略则描述了实现这一愿景的步骤。

(4) 传播变革愿景。只有在参与这项事业或活动的大部分人就所要实现的目标和行动的方向达成共识时,愿景所真正蕴含的力量才能得到释放。对所向往的未来达成的共识可以帮助调动和协调人们为实施变革而采取的各种行动。但是,让人们了解并决心致力于一个新的发展方向,绝不是一件简单的事,这需要变革委员会进行大量的传播和强化。

(5) 授权各级员工采取行动。尤其是鼓励冒险和员工中反传统的观念,支持员工创新的行动。

(6) 创造短期收益。短期的业绩改善在促进变革方面有以下作用:它对变革计划起了肯定的作用,向人们表明他们所做的牺牲有了收获,而且他们也变得更强大有力了;对于那些推动变革的人来说,这些小小的收益给他们一个喘口气庆祝一下的机会;创造短期收益的过程有助于联合指导委员会在具体的实践中检验他们的变革愿景;迅速取得短期收益会挫败那些玩世不恭和顽固地抵抗变革的人;明显的收益也有助于获得最高管理层更多的支持;短期收益能够产生必要的推动力。

(7) 巩固成果,深化变革。利用已得到加强的信誉,改变互不相容和不符合变革设想的制度、结构和政策;雇用、提拔和培养能实施变革设想的人。要不断地将新计划、新观念和革新人物注入企业中。

(8) 使新的工作方法在企业文化中制度化。明确新行为同企业获得成功之间的关系,并采取措施加强对领导人的培养和解决领导人接班人的问题。

科特的变革模型是被广泛接受的。基于组织变革中经常出现的问题,科特的模型提出了有针对性的预防和解决措施,可以帮助组织变革更加顺利地进行。虽然说这8个步骤提供了组织变革的流程,但是在具体实施时,它更像是一个提示性的清单,提醒领导者在组织变革过程中不要遗忘一些关键内容。

这里需要特别说明的是,对一些涉及企业重大发展的组织变革,企业通常会聘请外部的咨询公司介入变革的过程。为了让咨询公司更加深入充分地了解实际情况,让咨询公司的外部意见和建议更容易被内部成员接受,企业必须在高度重视的基础上,认真规划咨询公司介入的流程。

(1) 组织的高层管理人员意识到组织中存在阻碍组织变革的问题,并开始着手准备组织变革。

(2) 管理层邀请外部咨询人员进入组织。

(3) 在外部咨询人员对组织进行了粗略的调查后,双方将围绕咨询项目所要达成的目标进行广泛的磋商,并签署协议。

(4) 咨询人员会同组织内部的人员,通过问卷、访谈、培训等多种形式,收集各种数据。

(5) 这些数据构成了分析的基础。通过分析、判断,咨询人员将提出明确的组织变革的目标。

(6) 在对未来目标充分沟通的基础上,咨询人员将提出初步的行动方案,并在咨询人员直接推动下,组织尝试使用方案。

(7) 收集反馈信息,了解组织对该方案的认同程度,以此调整未来的行动计划。

(8) 制订后续计划,并实施。

组织变革虽然已经成了许多领导者的口头语,但是在具体实施时,却是不容易的。有关这一点,领导者必须有足够的思想准备。尽管可以通过精密的程序推动变革,但是,领导者仍将面临非常大的压力,这可以从古今中外流传的各种变革的故事中感觉到。尤其是那些涉及组织战略、组织结构等重大问题的变化,不仅会给组织成员带来很大的不适,甚至是痛苦,而且会给组织带来巨大的震荡,领导者必须非常清醒地分析和把握变革中的关键,努力将组织变革引向期望的方向。

5.1.2 组织变革的关键

组织变革如今已是企业领导人在经营上所面临的最重要的挑战,而且,它就算不是企业领导人唯一的职责,也一定是首要的职责。缺乏持续的、强有力的领导者的支持和推动,人们要么拒绝风险不敢变革;要么变革也不能得到切实的推进。组织变革,说起来没有人反对,都会认为组织只有不断变革才能适应环境,但是,具体实施起来却很难顺利地进行下去。因为变革就意味着状态的变化,摆脱旧有的习惯,脱离舒适区。

就好像物理学的基本原理,物体状态的变化势必会受到两种力量的影响:一种是促使物体向既定方向发展的力量,另一种是阻碍物体发展的力量。前一种力量是动力,后一种力量就是所谓的阻力。正如为了使物体能够运动,就需要给它动力一样,为了使组织变革能按照既定方向发展,领导者也需要给予组织动力,同时对阻碍组织发展的阻力也必须有清楚的、正确的认识。动力是帮助推动变革的,但阻力也不一定是坏事,事实上,任何变革都会有阻力。

组织变革的动力就是推动组织向着既定方向发展的力量,没有动力,组织变革是不可能实现的。组织变革的动力主要包括外部动力和内部动力两个部分。

所谓外部动力,就是组织外部环境各种变化所产生的推动力,它包括技术的、经济的、法律的、竞争者的等各个方面的因素。外部科技的飞速变化,自然会要求组织加快技术创新和产品更新的速度;经济的景气状态影响企业所处的市场环境,进而要求组织控制成本并进行相应的组织设计;新的法律法规不仅对企业的行为提出了新的要求,而且极大地干预了企业既有的习惯;竞争者的变化会给企业带来巨大的压力,这往往是变革最直接的动力来源。

所谓内部动力,就是由组织内部各个系统的变化所产生的推动力。如组织价值观的重新调整,这必然会引起组织目标的变化,进而影响人们行为方式的变化;组织引入新的技术、工艺等,这对于工作者来说,就意味着工作方式的变化;组织重新梳理战略方向,这自然会对组织结构提出新的要求,继而对新的部门职责进行改变;领导者的调整,也会对组织内部的人事体系、决策系统进行改变等。

有动力就一定有阻力。一个组织的调整,尤其是达到一定规模的组织,就像一艘庞大的舰艇,它的转向自然会遇到很大的挑战。一般来说,组织变革的阻力来自两个方面:一方面是组织层面的,另一方面则是员工层面的。

组织层面的阻力主要表现在:现有组织结构是组织层面阻力的主要来源,已经形成的固有的责权利关系像一堵无形的墙,触动既得利益者的领域将会遭到非常强烈的反弹;多年经营后,组织会形成流程惯性,一种基于过往经验的约定俗成阻碍企业获得新的知识和新的技能;企业最高领导层通常也会产生强大的阻力,领导班子如果不能取得一致,有些人明确反对组织变革,有些人虽不反对但也不支持,这都会产生阻力。

员工层面的压力主要表现在:如果组织变革在微观层面会涉及个体的行为改变,哪怕是很小的行为改变,也会遇到来自员工层面的抵触;在稳定的职业生活中有一种安全感,当组织变革开始进行时,人们会因为即将产生的变化而内心忐忑不安;员工工作岗位、工作职责的变化,使一部分人留恋过去的人际关系,对新的人际关系不能适应;组织变革如果涉及员工收入的变化,无论是涨工资还是减工资,都会造成员工内心巨大的心理波动等。

组织变革对于组织的意义不言自明。但是,组织变革的涉及面广,而且往往会引发企业的剧烈动荡。变革的动力或阻力,实际上反映了人们对变革的两种不同态度。对于一项变革是赞成还是反对,是支持还是阻挠,这不仅与变革的方向和内容有关,也取决于变革的广度和深度。而这两种力量的强弱对比,则从根本上决定了变革的进程。任何变革无一不是在动力与阻力的对立冲突中产生,并在这两种力量的此消彼长中前进的。因此,如果处理不好两者的关系,本着美好愿望的组织变革,结果往往会不尽如人意。

为了更顺利地变革,更有效地实现目标,领导者必须赢得最广泛组织成员的支持而不是他一个人单打独斗,因此,在变革的设计和推动过程中,领导者还必须认真面对并处理好以下三个问题。

(1) 变革的行动是什么?当组织成员不理解变革的目的、原因、具体步骤的时候,他们不会成为变革的支持者。不确定性带来的风险极大地影响着普通成员追求稳定的心理和管理人员既得的权力。正是因为组织变革必然会产生不确定性,来自组织成员的阻力几乎是必然的。

意识到这一点有助于变革组织者做好思想准备。不确定性越大,面临的变革阻力就越大。所以,变革领导者要设计一个周全清晰的行动方案把变革行动解释清楚,以尽可能地打消人们的顾虑或畏惧。虽然方案在未来的变革过程中会随时调整,但没有详尽方案的变革是很难取得成功的。行动方案一定要说明组织变革后的情形以及通过怎样的努力达成。同时,变革领导者还要就行动方案进行大量的、精确的公开沟通。公开沟通的目的是要对组织成员传递统一的、准确的信息以消除谣言,以讹传讹会增加变革阻力。

(2) 变革行动可信吗?人们了解了变革行动后,自然就会想:这个方案可信吗,可以带来成功吗?变革领导者如果不去注意人们的这种想法,变革中的观望者就会增加,而观望者中的许多人很容易在变革遇到小的挫折后成为反对者。想想商鞅变法中的那个小故事:规则已经非常清楚,但还是没有人去搬动那根值50两黄金的柱子,直到有一个试试看的人,人们才知道这是真的。在那以后,人们都会认为商鞅的变法是真的。

增强变革动力的关键是使组织中的观望者成为支持者,尤其是在变革的初期。当变革还在领导者的脑海中时,人们的观点还都不明确,许多人持观望的态度。当变革一旦上路,使观望者成为支持者是变革能否持续的关键,核心问题就是变革领导者是否有具体的行为来"立信"。即使变革领导者有着伟大的构想,但真正能起到立信作用的往往是变革初期的"小成功"。这些"小成功"是踏踏实实的,它在为组织成员带来收益,它在说服组织中的怀疑者。当人们把这些"小成功"与组织未来的理想建立了关联,他们就有充分的理由来支持变革领导者。要知道,变革中的人们关心的是实实在在的行动,会特别厌烦没有行动基础的苍白的话语。

(3) 我有什么好处吗?为了使变革能够按部就班地进行下去,领导者需要非常清楚地告诉组织成员,变革是能够给他们带来好处的。尽管这样,每个人都有自己的算计,他会根据掌握的信息评判变革对他个人利益的影响。

人们对利益的感知的强烈程度明显地受到他对该利益的预期的影响。如果说他预期的利益比实际得到的利益高,他就感到自己是受害者;如果他预期的利益比实际得到的利益低,他就感到是受益者。每个人对变革方案中存在的对自己的利益风险会作出判断并形成预期,这个预期与目前情况的对照会直接影响到他在变革中的行为。不过,需要特别注意的是,受益者未必是变革中积极的支持者,受害者一定是变革中最积极的反对者。

幸运的是,人们还是能够接受一定程度的利益损失。只是如果随着变革深入人们发现损失在增加,他们就无法继续忍受而开始反对变革。这样看来,如何影响和设置组织成员对于利益的预期很重要,当然更重要的是,变革的确能够给他们带来真正的利益。

很明显,对上述三个问题有效的回答会极大地影响组织成员的支持。需要提醒的是,为了能在整个组织内持续推动变革,各级领导者都要承担起回答问题的责任,而不能把变革交给组织内的几个人。

推动组织变革以适应外界环境的美好愿望能否顺利实现,很大程度上取决于领导者对变革动力和阻力的判断与引导。增强动力化解阻力的过程就是在营造有利于领导的内部环境。从这个意义上说,优化环境的组织变革不会是一帆风顺的,领导者只要勇于面对现实并持之以恒,变革的愿景总是会实现的。

5.1.3　组织学习

相较于那些剧烈的组织变革,领导者还可以采用温和的、以组织学习为导向的变革手段来发展组织。就好像一个人可以通过学习丰富自己的见识和能力来改变,一个组织也可以通过学习来改变。这样的改变是渐进的,不会给组织成员带来不适,也不会引致组织内部大规模的冲突。今天的领导者,在做好组织变革准备的同时,更应该积极地推动学习型组织建设来实现组织渐进性的持续改善。

1. 学习型组织

面对更加复杂多变的经营环境,组织必须强化自己的学习能力。这似乎是明摆着的道理,可学习型组织的倡导者彼得·圣吉教授在多年潜心研究的基础上,发现企业内部大量存在的学习智障恰恰阻止了学习行为的有效进行。所谓学习智障,顾名思义,指组织在学习及思维方面存在的障碍。在《第五项修炼——学习型组织的艺术与实践》一书中,彼得·圣吉总结了组织常见的七种学习智障,这些障碍的存在对组织会产生极大的影响。

(1) 局限思考。当组织中的人们只专注于自身工作职责时,他们就不会对其他部门的工作有兴趣和责任感。现代组织的设计,依功能切割分工更加深了这种学习智障。在一些规模稍大的企业中,部门领导者在决策时经常以本部门利益作为思考的基点,"组织目标次优化"。

(2) 归罪于外。出了问题,人们往往归罪于外部。销售部门责怪制造部门,通常的理由是它们之所以无法完成销售目标是因为产品的品质无法跟别人竞争;制造部门责怪行政部门,通常的理由是缺乏足够的有经验的工人;行政部门又责怪销售部门无法准确理解客户需求,等等。把自己的失败归因于他人、外部已经成为习惯。

(3) 缺乏整体思考和行动的积极性。与第(1)条不太一样的地方是,人们能够从整体角度出发去考虑问题,但由于问题的权责与自己有所距离,所以人们常常没有实际的行动。行动的积极性指不应总是拖延,必须在力所能及的范围内有所行动,并在问题扩大成为危机之前能够得到解决。

(4) 专注于个别事件。如果人们的思考充斥着个别事件,思考和行为都会是反应性的,那么创造性的学习在一个组织中就很难持续。学习最大的敌人就是组织的短期行为,它会使得组织无法持续思考,那些有价值的经验也很难得到积累。

(5) 煮青蛙的故事。许多公司失败,常常是因为对于缓缓而来的致命威胁习而不察。有一则煮青蛙的寓言:如果把一只青蛙放在沸水中,它会立即跳出;但如果放进温水中,它将会待着不动,这时慢慢加温,青蛙仍若无其事。可悲的是,当温度继续上升时,它将变得越来越虚弱,最后无法动弹,直到被煮熟。组织必须特别注意那些细微但是不太寻常的变化。

(6) 从经验学习的错觉。最强有力的学习出自直接的经验,但从经验学习有其必然的局限。有些事件容易总结,但有些事件却很难找到对于未来有价值的经验,因为有些事件的影响是长期的、综合的。

(7) 管理团队的迷思。企业中的管理团队常把时间花在争权夺利,或避免任何使自己失去颜面的事情上。于是,他们表面看起来都是在为组织的共同目标而努力,并且刻意去维持一个组织团结和谐的表象,但却不愿意追根究底地质疑。

为了突破上述的学习智障,建立更加适应环境变化的学习型组织,彼得·圣吉建议组织需要从以下五个方面进行"修炼"。

(1) 自我超越。它是学习型组织的精神基础。自我超越要求组织成员不断厘清并加深个人的真正愿望。集中精力,培养耐心,以自己真心向往的事情为起点,为自己的最高愿望而努力。自我超越目的在于强化每一个组织成员的学习意愿和能力,它能够重新点燃组织成员追求高尚精神境界、实现人生价值的热情,并通过组织与个人之间的相互承诺,将个人的价值追求与企业目标相结合,从而实现在个人和组织两个层次上的进一步发展。

(2) 改善心智模式。把镜子转向自身,审视自己究竟如何了解世界,并学会摒弃已有的假设,以开放的心态容纳别人的想法。通过改善心智模式,领导者将从一味信奉权力控制转向鼓励组织成员自主管理,扮演的角色应是企业蓝图的研究设计者而不是简单的权威发布者。下级成员需要树立自主指挥和管理的思想,运用系统思考方法,从整体利益出发,自主决策,积极创造性地完成所承担的任务。组织成员要学会改变"组织运行环境一成不变"的看法,清醒地认识到外部环境瞬息万变,随时准备对外部环境作出灵敏反应。

(3) 建立共同愿景。愿景应是大家真正共同享有的,而不仅仅是组织中某些成员个人所设置的。当人们拥有共同的愿景、共同的事业和共同的利益,他们就能同舟共济,激发出巨大的力量,不畏艰险、群策群力去争取胜利。共同的愿景使组织充满活力,它既指明了学习的方向又提供了学习的动力,使人振奋并不断激发人们的思想。

(4) 团体学习。在一个管理团体中,每个人的智商在 120 以上,为什么在集体决策的时候,团体所表现出来的智商只有 60? 团体学习就是要摆脱这种组织内的普遍困境。体育运动、表演艺术、科学界,甚至企业中有许多例子表明团体确实能够共同学习。当团体真正在学习的时候,团体的集体智慧就能高于个人智慧。这时,团体整体不仅能产生出色的成果,而且团队内的个体成员成长的速度也比其他的学习方式快。另外,团体学习之所以非常重要,是因为在现代组织中,学习的基本单位是团体而不是个体。甚至可以说,如果团体不能够学习,组织也就无法学习。

(5) 系统思考。在分析企业运行中出现的问题时,如果就问题论问题,常常无法真正解决问题。而要想找出这些问题的根源并寻求根本的解决途径,就必须把它们放回到它们所处的系统中来思考。系统思考除了训练人们扩展思考的时间和空间,以及适当界定问题所处的系统范围之外,还帮助人们了解系统发生变化背后的整体互动关系。这种整体互动关系被称为"结构"。通过对结构的了解和不断改善,组织内各部门之间、发展战略与实际能力之间、现在的行动与未来的资源之间等都可以获得较长远而紧密的结合。这对组织来说是相当重要的,而系统思考所要训练的也正是这样一种"整体的、动态的"结合能力。

基于以上五种修炼,组织就能发展成为一个不断进行知识积累和创新的学习型组织:学习更广泛的知识,以增强企业的适应性和转变能力;学习先进的科技和管理方法,以跟上环境变化的步伐;开展团队内部平等的相互学习,以增进相互的了解和理解,并协调工作;进行系统有机的综合思考,以增强企业的创造能力。正是这一套高效、协调完善的"自学机制",使组织在个人、团队以及整个系统三个层次上得到共同发展,进而形成"学习—维持改进—建立竞争优势"这一良性循环。

如果说学习型组织在20世纪90年代刚刚流行起来的时候还只是一个时髦的概念,那么今天,学习型组织建设已经成为组织发展的重要理念。按照彼得·圣吉对学习型组织的定义,它是一种精干、灵巧、信息化、层次少、柔性高、应变力强,能不断自我学习、革新,充满活力与创造力,能持续开拓未来的组织。

理解和发展学习型组织,除了要从理念上进行调整,在具体实施时,还要妥善地处理组织的知识。组织成长,说到底就是组织不断地获取和更新知识。社会和科技的发展,知识成为越来越重要的生产要素,也是组织能力的基础。知识像其他任何资产一样,可以在企业组织中储藏、衡量和变更。知识不是数据,也不是信息。数据是不做评价、不说明来龙去脉而提出的客观事实。当把数据进行分类、分析、评价并获得其产生的背景时,它就成了信息,信息就是具有意义和目的的数据。一般地说,在信息被用于进行比较、评估、说明关系和进行对话时,就最终发展成为知识。简单来说,知识可被视为载有经验、评价、敏锐洞察力的信息。

为了更好地展开论述,有必要先简略地介绍知识的分类。知识有多种分类方法。从知识的管理形式来看,可以将知识分成显性知识和隐性知识。从知识的编码格式化角度来看,可以把知识分为可编码知识和不可编码知识。从知识的来源来看,可以将知识分成内部知识和外部知识。内部知识就是组织在运行过程中产生的基于本组织的经验、技能等,它有着非常明显的组织特征。外部知识就是外部知识源如大学、咨询机构等提供的与组织发展相关的一般性知识。接下来,我们就讨论这两类知识。

2. 内部知识

一个正常运转的组织每分每秒都在产生知识,这些内部知识可以是基于工作者自身感受的工作心得和经验,也可以是明确表述的文献和规则。不管怎样,这些内部知识对于组织的未来发展是非常重要的。企业内部知识主要有以下四种存在形式:物化在机器设备上的知识;体现在说明书、资料、报告、书本中的编码后的知识;存在于企业员工头脑中的知识;固化在企业组织制度、管理形式、企业文化中的知识。相较于前两类,后两类知识更加鲜活,更加即时,更有价值。

企业内部知识的创造是一个动态过程,包括内部知识的学习、吸收、整合、创新的过程。在内部知识管理研究方面,野中郁次郎(Nonaka)提出的知识创造的SECI模型是比较有代表性的,即企业的内部知识创造过程分为社会化(socialization)、外在化

(externalization)、整合化(combination)和内隐化(internalization)四个呈螺旋型前进的不同阶段。

(1) 社会化。社会化是个人间分享隐性知识的过程，主要通过观察、模仿和亲身实践等形式使隐性知识得以传递。学徒制就是个人间分享隐性知识的典型形式。借助信息技术建立内部知识网络，就可以为在更广范围内实现知识的社会化创造条件。

(2) 外在化。外在化是对隐性知识的明晰表述，将其转化成别人容易理解的形式，这个过程在传统上主要依赖于类比、隐喻和假设、倾听和深度会谈的方式来推动隐性知识向显性知识的转化。

(3) 整合化。这是一种知识扩散的过程，通常是将零碎的显性知识进一步系统化的过程。经过社会化和外在化过程，员工头脑中的显性知识还比较零碎，也没有变成格式化的语言。将这些零碎的知识组合起来，并用专业语言表述出来，这就完成了知识整合化的过程。通过整合化，个人知识就上升为组织知识，从而能更方便地让更多人共享。

(4) 内隐化。内隐化意味着显性的组织知识转化为组织中其他成员的隐性知识。整合化的知识能够在组织成员间更畅通地传播，组织中成员接收了这些知识后，可以将其用到工作中去，并创造出新的隐性知识。

野中郁次郎模型最大的贡献是让我们知道，如果能认真管理，产生于个体的知识是能够被组织内更广泛的成员分享的，这也正是知识管理的目的和价值。知识只有通过共享才能实现知识的协同效应，实现其价值的成倍增长。而且，知识分享对于降低工作重复度、提高工作效率具有重要意义。

知识的价值在于分享。理想化的知识分享方式是一种知识"共享圈"，即为同一个共同目的，形成某种工作联系，从而形成共享知识、经验的有组织的社会群体。这种"共享圈"像圆桌会议一样，成员获得知识的机会均等，且横向联系，多维互动，每个人都是知识的原创者、再创者、接受者和传递者，彼此互为老师、互为学生。这就要求组织结构扁平化，并紧密合作。另外，人们是否愿意分享他们的知识，除了受到自身意愿的左右，往往取决于其对于组织及其成员的信任感以及对于自己技术或技能所有权的保护意识。一个良好的知识分享文化能够在消除个体的不信任感以及提供知识产权法律保护方面发挥重要的作用。领导者注意营造知识分享文化，以此打破个体、团队和组织部门之间的知识垄断。

3. 外部知识

内部知识的积累和分享还是会存在一定的局限，尤其对那些准备进入新的产业，或是在新战略驱动下进一步发展的企业，组织就必须借助外部知识机构的帮助，通过培训或者咨询等形式来补充自己的知识和能力，这种由外部知识机构提供的知识就是组织的外部知识。

与内部知识相比，外部机构所提供的知识更加前沿，也更加丰富。尤其是通过大学、培训公司和咨询公司提供的知识服务，往往是整合了最新的知识。那些有经验的外部机构还可以有针对性地提供行业知识、同行经验、对标企业经验等，这些对于企业的发展都是非常有意义的。

但是，外部知识毕竟不是组织内生的，它能否在组织内良好地应用是一个关键问题。

在采购外部知识之前,组织需要认真评估相较于未来发展自己知识的欠缺,而且这种欠缺不是短时期可以内部解决的。明确了自己的知识需要,然后才能更有针对性地选择合适的外部知识机构。为了与外部组织更好地契合,企业也必须了解外部知识机构天然的缺陷。这些缺陷主要包括:针对性差,很多外部机构提供的知识不是为公司专门定制的,是一种普遍的知识;持续性差,大多数外部知识机构与企业之间缺乏一种长远合作关系等。

尽管外部知识机构存在上述问题,但当组织由于缺乏必要的知识而面临困境时,外部知识机构的作用仍是不可替代的。组织的发展不能仅靠过去的经验,还必须不断获取新知识。因此,为了避免因外部知识机构与产业组织的肤浅联系可能导致知识传递质量问题,组织需要从战略角度认真考虑与适合的外部知识机构建立战略知识联盟。战略知识联盟是基于战略和信任的最高层面的知识互动。这种战略互动尽管是以公司各种学习活动为表现形式,但又不是简单的、短期的和零散的行为。战略知识联盟瞄准组织的知识缺陷,系统地分析组织的知识需求,提出全面的知识解决方案。

组织自然是不能学习的,学习必须依靠组织中的每个个体。每个组织成员在其工作期间,都在学习。这种由成员个体体验、总结和承载的知识构成了组织的内部知识。如果组织成员愿意将自己的工作体会主动地与他人分享,组织整体知识就能丰富起来。基于内部知识,组织还能够保持开放的状态,获取对于组织当下以及未来有价值的外部知识和能力,组织能力就能够得到增强。

领导者就是要在愿景的牵引下改变既有的不符合要求的制度和行为,因此,组织变革是每一个领导都必然会面对的任务。组织成员的多样性使得变革从来也不会一帆风顺,领导者需要耐心认真地设计和推动变革,这样才能使变革有条不紊地展开。领导者还可以特别关注通过组织不断的学习来温和地调整,这样的变革润物细无声,对组织成员的影响也会更加积极。组织变革一方面是实现组织愿景的要求,另一方面也是领导者优化领导环境的手段,但不管怎样,变革都是领导者最显著的标签。

5.2 信　　任

没有哪一个组织的成功只靠领导者自己,他必须依赖于一个紧密团结的集体。这个集体是以高度信任维系的。一个充满信任的领导环境,领导者的指示和意图不仅能被准确地理解,而且能被彻底地、坚决地执行。相反地,如果被领导者怀疑领导者的指令,他就不会认真地执行,或是在执行的过程中,增加许多个人或小团队的意图,这都会降低领导的效能。从另一个角度看,领导者不信任被领导者,他也不可能充分授权,被领导者的才能也不可能得到充分施展。本节首先讨论影响信任的因素,然后介绍快速信任的建立以及信任的破坏和修复。

5.2.1　影响信任的因素

大量管理实践告诉我们,失去了信任,管理就成了无源之水、无本之木。对今天的中国企业来说,信任甚至成为最宝贵的资源。中国企业领导者有这样一条管理经验经常挂在嘴边:有德有才,大胆聘用;有德无才,培养使用;无德有才,可以不用;无德无才,绝不可用。其实,这些所谓的"德"的潜台词就是信任。那么,什么是信任呢?《现代汉语词典》(第七版)对信任的解释是"相信而敢于托付"。学术定义普遍把信任看成对他人的一种肯定的预期,认为他人不会通过语言、行动或决定而任意行事。经营实践者则把信任看成有效领导的重要保障。毫无疑问,如果组织领导者与组织成员之间不存在信任,领导效能就无从谈起,组织目标也是不可能实现的。那么,有哪些因素在影响着组织成员对领导者的信任呢?许多学者都在探究影响信任的关键因素,比较有代表性的是 Mayer 在 1995 年提出的"感知到的可信性因素",它们是专业技能、正直和善意。

1. 专业技能

专业技能指的是一个人对某一特定领域的相关知识和从事该项工作的能力。之所以被称作专业技能,就是因为这种知识和能力具有专有性特征,它只在某一特定领域才能发挥作用。社会心理学在研究从众行为时发现,一个人拥有越多的专业知识,在一定情境下,他的指导就越有价值,越能够得到人们的信任。例如,飞行过程中遇到剧烈颠簸,乘客很可能会首先去观察飞机乘务员的反应,而不是他身边乘客的反应。在一个充满不确定性的情境里,有能力的领导者会使得组织成员跟随他,这本身就是信任的体现。

既然是专业技能,就说明这个能力的范围是特定的。这是因为被信任方可能在某一技术领域拥有很高的才能,使人们相信他在该领域会做得很好,但离开了这一特定领域,专业技能并不能导致信任的产生。例如,一个精通财务的人可以出色地完成财务工作,在财务工作这方面,他可以得到别人的信任,但如果把这个人放到研发部门去,他就很难得到同事的信任了。一个中餐烹饪大师不能被信任去做西餐。所以,信任双方都不能求全责备。组织成员不能期望领导者是无所不知的人,只要领导者能证明他拥有的能力与组织目标高度关联就足够了;领导者对下属的信任也是在他们擅长的领域。

人们常说的外行不能领导内行,其中一个重要原因就是由于下属认为领导者不具备专业能力和行业知识,因而无法建立信任关系。人们的这种认识有一定道理,但是,专业技能对于信任建立的作用越是在组织的下层就体现得越明显,管理人员的层级越低,其需要的技术性与操作性的知识就越多;而到了组织的上层,相较于专业技能,领导、决策、沟通等通用能力更重要。这些通用能力就是高层领导者的专业技能,所以,具备优秀通用能力的"外行"也完全可以赢得专业"内行"下属的信任。

2. 正直

正直指的是对原则的坚持。原则包括社会的基本原则和组织内原则,前者是整个社会遵循的价值准则,后者是组织形成的一套价值观和实践准则。领导者对原则的坚持将会体现出其诚实、公平、开放和信念等品质,这些品质会极大地影响组织成员对他的信任。另外,坚持原则的领导者,其行为的稳定性在变化的环境中能够令下属产生信赖感。

我国古代加强个人修养的"慎独"思想培养的就是正直。"慎独"一词,最早出自《礼记·中庸》:"道也者,不可须臾离也,可离非道也。是故君子戒慎乎其所不睹,恐惧乎其所不闻。莫见乎隐,莫显乎微,故君子慎其独也。"意思是说,君子在任何时候都不能和道德分离,否则就不是真正有道德的人。所以,君子在没有人看见的地方也是谨慎的,在没有人听见的地方也是有所戒惧的。越是隐蔽的地方越明显,越是细微的地方越显著,所以,君子在独处、无人注意的时候,也要小心谨慎,严格要求自己,不做违背道德的事。

独自一人的时候,自己的所作所为、所思所想能否保持正直,这对一个人来说是十分重要的,同时它也体现了一个人道德水准的高低。Mayer等对信任的定义其实反映的就是慎独:相互信任就是尽管一方有能力监控和控制另一方,但他却愿意放弃这种能力而相信另一方会自觉地做出对己方有利的事情。

3. 善意

善意是信任者感受到的被信任者对信任者抱有的积极态度。在没有回报的前提下,一个人在多大程度上替他人着想就反映了他在双方关系上的善意。通常来讲,人们不会拒绝那些对他们表现出善意的人,"抬手不打笑脸人",并且容易由此产生信任。善意的行为表现在领导层面,一是对组织成员的需求和利益保持敏感与关心,二是以保护员工利益的方式行事,三是避免为一人利益而损害他人利益。善意排除了以自我为中心的利益动机,被信任者愿意为信任者谋利。

当领导者对组织成员的成长、利益表现出真正的关心,并且以切实的行为维护组织成员的利益时,组织成员就会以忠诚和信任作为领导者善意的回报。相反,如果领导者只是从自身利益出发,以一种伪装表现出虚假的善意,从长远看,这会对双方的信任产生巨大的伤害。

综上所述,专业技能、正直和善意是领导者得到下属信任的关键。虽然这三个因素彼此独立却缺一不可,它们共同构成了信任的关键基础。如果一个人的正直众人皆知,而且能力一流,他是否就能得到组织成员的信任呢?不一定,如果领导者对组织成员不那么抱有善意,他的行事不考虑是否会对组织成员造成伤害,组织成员也不会信任他。一个具有善意却没有能力的人,可能是组织中的一个"好"人,他不知道如何处理问题,也不明白如何为别人提供帮助,这同样也会影响信任。因此,缺少这三个因素中的任何一点,领导者都不会赢得成员的信任。

5.2.2 快速信任

毫无疑问,信任是组织无形的宝贵财产,它也是领导环境的最关键要素。既然它是重要的,领导者就应该积极地、更有效率地建设、强化和保护信任。尽管无须刻意去营造人与人之间的信任,随着时间的流逝以及人们之间的不断交流,人际信任也会慢慢产生,也就是俗语里人们常说的"日久见人心",但这样的信任建设显然不适合今天的经营环境。现在人们的交际范围相较以前有了极大的扩张,先前在一个乡村、一个单位,一个人一辈子认识的人数都是有限的。今天,通过各种组织、各种方式,人们扩大了交流空间,花漫长的时间去慢慢熬出信任已不适用,人们需要在短时间的交往中确定信任的状态。于是,在信任研究方面,学术界提出了所谓快速信任(swift trust),简而言之,就是如何在短时期内建立成员信任。尽管快速信任最初的研究对象是企业中出现的临时性组织,但其理论逻辑完全可以扩展到更多的情形。快速信任理论认为,人际信任的形成有三个循环向上的发展阶段:基于谋算的信任阶段、基于了解的信任阶段和基于认同的信任阶段。

1. 谋算型信任:角色与信任

传统的信任观念认为,影响人际信任的关键要素是时间,似乎有这样一个默认判断:人与人相处的时间越长,人们之间就会越信任,例如,老朋友、老同学、老战友等。但是正如前面所说,现在的人际相处时间正变得越来越短暂,不再像以前那样长时间处在一个稳定的场所。另外,进一步思考会知道,真正影响人际信任的不是人们相处的时间——因为有些人相处很长时间也无法建立高度的信任——而是人们之间所经历的事件,所谓时间长无非是意味着人们之间经历的事件就自然会更多,究其实质,对信任更重要的影响因素仍然是人们之间发生的事件。

如果说传统观念下的事件是随着时间的流逝自然而然发生的,那么,为了快速建立信任,领导者就需要在团队中人为地制造精心设计的事件。那么,应该制造怎样的事件来建立信任呢?回到领导行为理论,领导者与下属的互动通过"关心工作"和"关心人"来实现,这样一来,组织中的事件大致包括两类:一类是基于人们工作角色的行为互动,例如领导者辅导员工的业务工作;另一类是基于人们更多元的非工作角色的行为互动。例如领导者对员工的孩子上学、老人看病等家务事给予帮助。

组织内的信任首先是来自员工工作角色间的行为互动,正如前面所说,一个具备足够专业能力、履行好其工作角色的人,能够得到上级、同事和下级的信任。因此,领导者可以通过技能比赛、工作任务、会议交流等事件使员工有机会展示自己的能力从而加强信任。只是这种基于能力产生的信任是组织和工作色彩的,信任的范围自然就是能力的范围。从信任的状态来看,基于工作角色的信任是暂时的而且并不深入。因为组织或工作关系总是处在变动中,信任会受到利益的影响而变得脆弱。换句话说,单纯以工作角色建立的信任是不稳固的。

在建立信任时领导者常常忽略了非工作角色的作用。但实践证明,非工作角色在信任的建立方面扮演着极其重要的角色。在中国的文化情境下,"自己人"是信任的最高境界。"自己人"显然不是经由工作角色实现的,更进一步,工作角色对于"自己人"的形成甚至是无用的。在传统社会中,自己人指的就是自家人,是一种基于血缘或亲缘关系的感情。今天,更广泛的人际交往必然超出自家人的范畴,当与自家人以外的人交往,并希望建立"自己人"般的亲密关系,就需要人们在非工作角色方面进行深入互动。简而言之,期望建立信任的领导者可以创造包括家庭成员在内的团队活动,从组织支持的角度帮助员工更好地履行家庭角色,解决他的后顾之忧等,这样都可以建立更加深入的、超越组织范畴的信任。

从组织中的非正式组织也能找到非工作角色对于信任的影响例证。人们研究非正式组织的成因时,发现那些非正式组织成员间的信任强度要远远大于正式组织内的成员。非正式组织就是未经官方正式规定的群体,这种群体是人们在共同的工作、生活中自然形成的,它没有什么定员编制,各个成员的权利和义务也没有条文规定,成员之间的相互关系带有明显的情感色彩。非正式组织是以成员的共同利益、爱好和友谊为基础的,不仅如此,非正式组织成员的家人也彼此熟悉,他们一起聚餐、一起爬山等,这使得非正式组织成员俨然成为一种泛亲属化的状态,他们的信任正是基于非工作角色的互动。

总之,人际信任不是一种凭空产生的东西。对于希望在组织中建立信任氛围的领导者而言,认真分析团队成员的工作角色和非工作角色,并据此有计划地安排一些事件,这将有助于人际信任的快速建立。

2. 了解型信任：学会欣赏

日本物理学家江本胜博士写了一本很有意思的书叫《水知道》，在这本充满神奇的书里，作者讲述了一个很有趣的故事：把蒸好的米饭装在三个瓶子里，分别对第一个瓶子说"谢谢"，对第二个瓶子说"浑蛋"，对最后一个瓶子则什么都不说，无视它的存在。结果，说了"谢谢"的米饭发酵并散发出香味，而说了"浑蛋"的米饭腐烂变黑了。腐烂程度最严重的是无视其存在的米饭，散发出刺鼻的臭味。作者的试验还没有结束。他把三个瓶子拿到小学的班级里，这自然引起了那些小学生的好奇心。过了一段时间，在孩子们热切的关注下，奇迹发生了。与对它说"谢谢"的瓶子一样，其他两个瓶子的味道也都变成了酸甜的发酵味。

故事在许多人看来是有趣的，甚至有些离奇。化腐朽为神奇的不是别的，是人们积极的态度。这一点也正是书的作者期望传递给读者的重要启示：积极地欣赏周边环境。当人们以积极的心态去面对环境时，环境也会以积极的状态给予回应。漠视或不屑一顾的态度无法得到对方积极的回应。以积极的态度欣赏员工而不是抱怨和挑剔，多看到员工积极的方面，给予他们及时的鼓励和支持，是领导者建立与下属信任关系的基础。当领导者与被领导者，被领导者之间都处在一种积极的态度下，信任就有了最强大的背景。

应该说，随着市场经济的发展以及人们对待工作态度的变化，人员的流动性越来越大，那种终生在一个工作组织的理念越来越淡化。于是，领导者越来越不熟悉他的下属，这势必影响信任的建设。在这样的经营现状下，更需要领导者营造相互欣赏的组织氛围。人际亲密关系的建立一定是基于彼此的熟识，积极的人际环境使得人们愿意开放自己，同时也以善意的态度对待他人，这样人们就能够在较短的时间内彼此深入了解。领导者也就有了机会更多地了解员工。领导者越是全面客观地了解团队成员，就越能够从每一个团队成员身上发现闪光点和潜力，并赋予他们期望和合适的任务。"士为知己者死"一定是在高信任状态下为了回馈欣赏而表现出的壮烈。

3. 认同型信任：我们是一路人

学术上对认同的定义是，一个人把自己归为某种社会类型的成员并具备该类型的典型特征的心理表现与过程。简而言之，认同就是"一个人变得像另一个人"。如果领导者与团队成员能够在价值观和行为方式上彼此认同，那么信任也就有了坚实的基础。价值观认同使得人们拥有共同的工作态度，行为方式认同使得人们拥有共同的工作方法，这样的认同可以在组织中营造出志同道合的氛围。

《战国策》中触龙说服赵太后就是一个很好的例子。战国时期，秦国趁赵国政权更替之时大举进攻，一举攻占了三座城池。赵国急忙向齐国求救，齐国虽然答应出兵，但要求赵国必须派太后的幼子长安君去齐国做人质。赵太后怜惜爱子，执意不肯。朝中大臣极力劝谏，却惹得太后勃然大怒。触龙迈着小步慢跑到气势汹汹的太后面前道歉说："老臣腿脚不好，都不能快跑了。好久没来看您，我只好私下宽慰自己，又总担心太后身体不舒服，所以就来看看您。"太后说："我全靠坐车。"触龙又问："您每天的饮食没有减少吧？"太后回答："吃点稀粥而已。"触龙说："我现在特别不想吃东西，自己却勉强走走，每天走上三四里，就慢慢地稍微增加点食欲，身上也比较舒适了。"太后说："这我可办不到。"这时太后的怒色已经稍微消解了。聊完这些养生保健之类的事情，触龙接着动情地请求赵太后能够为他15岁的小儿子安排工作,太后好奇地问:"丈夫亦爱怜其少子乎?"触龙回答说"甚于妇人!"太后笑道:"妇人异甚。"这时赵太后已经忘却了之前的不快,笑着和触龙唠起了家常。于是,触龙才开始把谈话转入正题。触龙没有像其他劝说者那样直截了当,他的行为使赵太后深深地感到他不是来给自己找不痛快的,而是设身处地地为自己考虑,是认同她的"自己人"而获得了赵太后的信任。

如果领导者和团队成员间有一种"我们不是一路人"的感觉,那么,团队成员就不会信赖领导者。人们在总结那些"空降兵"为什么失败时,一条很重要的原因就是他们没有融入组织中。如果"空降兵"经理人还保持着先前的工作价值观和行为方式,没有根据新的组织情境进行调整,就仿佛水和油没有融合在一起,他们在团队成员中建立信任就会很难。即使他们还拥有来自组织最高层的信任,但同事和下属会把他们视为异类,工作上也不会认真配合。

当领导者面对的不是经由自己建设的团队时,比较明智的做法是通过认同团队的传统来赢得团队成员的信任。中国俗语中"不是一家人,不进一家门"所体现的就是通过认同谋求信任,尽管这种认同多少会有一些委曲求全。

领导者和被领导者之间的互信是领导效能的基石。但是非常可惜的是,许多领导者并没有在信任建设方面投入精力,而是让信任处在一种自然发展状态,这就使得领导效能在较长的时间里无法发挥出来。领导者通过设计一些事件进行信任建设,并通过营造组织内的积极氛围,使组织成员在相互欣赏的状态下深入交流,加深认识,增进了解,在此基础上,领导者再引导组织成员重塑价值观和行为方式,真正成为一家人。有计划地经营和强化信任对于领导者是非常重要的,在信任的背景下,领导者与被领导者之间的交易成本就会大幅下降。

5.2.3 信任的破坏与修复

虽然人际信任的建立的确是一个艰难的过程,但信任的破坏却十分容易。一个人多次做出值得信任的表现,也不一定能让人们真正信任他,而只要出现一次或少数几次令人不信任的行为,已经建立的信任就会瓦解,甚至遭到彻底破坏。一般说来,破坏组织人际信任的因素主要表现在以下几个方面。

(1)恶劣的内部环境。工作中人们相互不理解、不关心、不支持,甚至相互拆台,人们之间缺乏组织友爱,整个组织氛围因此十分恶劣。而组织环境的恶化又将进一步破坏人们之间的信任关系。整个组织陷入恶性循环。

(2)失败的领导行为。不尊重下级的人格和意见,用人不当,过度偏护,不能公平、公正地评价下属,奖罚不明。

(3)不正确的管理手段。有些组织通过一些技术手段来对员工进行监控和管理,如监控系统等,这实际上表现出对组织成员的不信任。越来越多的证据表明,这类现代技术手段实际导致并加剧了员工与组织之间的不信任。尤其是随着近些年来商业竞争的加剧,组织都在尽可能地采取手段来保护公司信息,这其中有些行为是被不必要地夸大了,伤害了员工感情。

尽管上述因素会破坏信任,但领导者只要认真分析破坏信任的主要原因,并采取积极的措施，信任还是可以修复的。但不管怎样，领导者都要知道信任修复是一个困难的过程，在这个过程中不仅需要克服已经造成的负面影响，还需要重建人们积极的预期。从组织层面，领导者需要营造出积极向上的整体环境，优化管理系统，规范管理手段，这些是人际信任发展的基础。从个体层面，为了能重建信任，失信的领导者可以通过道歉、否认、找借口、做承诺、赔款、甚至不做任何回应来进行策略性的修复信任。下面简要说明道歉和否认这两种主要方式。

在信任违背发生之后，失信者通过一些言语回应可以减轻违背行为对信任的损害。道歉是一种弥补性行为，通常可以分为内部归因型道歉与外部归因型道歉两种。内部归因型道歉是指失信者将信任违背归结为自己的责任，并愿意对此承担全部责任。外部归因型道歉是指失信者认为信任违背主要是因为他人或外部环境因素。道歉是一种承担责任并为违背信任表达歉意的交流行为。

否认则是失信者明确宣布信任违背没有发生，他人对其的指责是没有根据的，也不需要向信任者道歉的一种陈述。否认可以分为直接否认与间接否认两种类型。直接否认是失信者认为信任违背事实或事实原因是虚假的，并直接对其予以否认。间接否认则是指失信者指明是其他人而不是自己造成了信任违背。虽然这两种否认的形式略有不同，但目的都在于使失信者不需承担责任也无须感到内疚。

有关道歉和否认哪种形式更有利于信任的修复，研究方面没有给出一致的回答。有人认为道歉所表达的歉意传递出失信者未来改善行为的意愿，从而减少人们对失信者再次失信的担心。有人认为否认会更有效，因为当事人不承认过错，人们反而更容易消除对他的怀疑。当然，也有学者认为到底采取哪种方式，要看具体的情形。

毫无疑问，将口头回应与实际行动相结合能更有效地修复信任。事实胜于雄辩，失信者的行为反应对于信任修复更有意义，正如俗语所说"浪子回头金不换"。信任受损后，失信者自愿接受必要的惩罚能够修复信任。如果失信者自愿引入监督和制裁机制，从而降低未来失信的风险，这也有助于信任修复。总之，如果领导者出现失信行为，不必慌乱或者气馁，只要认真地自我反思，真诚地与被领导者交流，并采取积极的行动，信任还是可以重新建立起来的。

信任，是领导者必须认真关注的环境要素，它是领导效能的重要保障。被领导者坚决地执行领导者的命令，并不主要是因为这个命令是理性的或有道理的，而是因为这是一个信得过的人给出的指令。在今天人际交往越来越宽泛而交流时间越来越短暂的状态下，领导者必须认真设计发展快速信任的方式。总的来说，建立信任是不容易的，但是破坏信任却是简单的，所以，珍视来之不易的信任，并且对信任关系保持敏感，及时有效地修复信任是领导者能够持续有效领导的重要前提。

5.3 企 业 文 化

企业文化对领导环境的塑造有着极大的作用。企业文化虽然不能直接产生效益，但它却可以从保障领导环境，使政策更好地被执行的角度让组织更有效地运转起来。领导者对于企业文化建设需要高度重视，并且通过积极干预使企业文化发挥出作用，从而营造出更有利于保障领导效能的组织环境。

5.3.1 企业文化的基本构成

企业文化,是指企业在社会实践过程中所创造的、具有该企业特色的物质财富和精神财富的总和。具体来说,系统的企业文化由三个层次的内容构成:精神层(观念层)主要包括愿景、经营理念、企业宗旨、价值观等;制度层(行为层)主要包括行为规范、管理制度、企业传统等;物质层主要包括视觉识别要素、产品特色、企业物理环境、日常用品等。管理学的很多领域都会涉及企业文化,本章只讨论与领导环境密切相关的价值观和行为规范。

简而言之,价值观是一个人对周围的人、事、物的轻重缓急或优先顺序的评价和看法。每个人对事物和行为的意义及需要程度的评价和判断,在心目中都有轻重主次之分,这种主次的排列就构成个体的价值观体系。例如,有人认为,生产中每个人都像马戏团的表演者,玩着人生的五个球,即工作、家庭、健康、朋友、心灵。如果让人们对这五个球的重要性排序,大家的序列是不一样的,这可以从一个侧面反映个体价值观的差异。价值观及其体系是决定人的态度和行为的心理基础。在同一客观条件下,具有不同价值观和价值体系的人会产生不同的行为。在同一个企业中,有人注重工作成就,有人看重金钱报酬,有人重视权力地位,这就是因为他们的价值观不同。同一个规章制度,如果两个人的价值观相差很大,他们采取的行为可能就会大相径庭:认为制度合理的人就会贯彻执行,而认为制度是错误的人就会拒不执行。

一个人的价值观是在一定的社会文化背景下逐步形成的。价值观一旦形成,就如同社会文化价值观一样,具有相对稳定性的特点。但是,价值观也不是一成不变的。当所处的环境和个体的情况发生变化后,价值观也会随之调整。回到前面的例子,一个人在不同年龄段对五个球的重要性排序也是不一样的,年轻的时候可能更看重工作,年长以后可能更在乎健康。个体价值观的变化性就为企业培养员工的共同价值观提供了可能性。

共同的价值观,是指一个群体中大多数人共同关心的重要问题和目标,是一个组织的人们对周围的人、事、物的轻重缓急或优先顺序有着同样的评价和看法。在领导情境里,共同的价值观就是领导者认为重要的事情,被领导者也认为是重要的。当大家有了共同的认识后,"众人拾柴火焰高",群体才能发挥出最大的战斗力。但是经常发现的事情是,一个组织内的人们想法往往不一样。造成这种情况的最直观原因是大家对周围事情的重要性程度的判断并不一致,也就是说人们的价值观是不一样的。人们当然会对自己感兴趣和认同的事情投入精力,而对那些自己不感兴趣的事情很少给予关注。所以,领导者的一项重要任务就是要努力地影响和塑造群体成员共同的价值观。

共同价值观的建设不可能一蹴而就,它不仅需要领导者树立正确的价值导向,在组织内部着力营造一种积极向上、不断进取的文化氛围,建立公平、公正、公开的绩效考核和价值评价体系,创造能够使优秀人才脱颖而出的机制,而且需要领导者不断地执着投入。这是一个繁杂的过程,这也是一个不能偷懒的过程,尤其是在人们的注意力越来越分散的今天,把大家的观念统一起来,这本身就是一件非常艰难的事情。

在共同价值观建设方面,最重要、最基础、最有效也是常常被忽视的工作就是定向培训。在"稀缺性"一节中,定向培训就是通过不断的重复以强化组织价值观,使员工在价值取向方面与组织保持一致,这样他就不仅不愿意离开企业,也会更加投入到企业的工作中。日本松下电器公司创建于1918年,以不足200日元起家,现已发展成为享誉世界的国际企业集团。其创始人松下幸之助在长期经营中形成了自己独特的经营理念。为了使员工接受企业理念并真正融入松下企业文化,松下在扩张中形成了一套对员工的"教育方式":通过每天大声朗诵公司精神的信条(松下七精神:产业报国的精神、光明正大的精神、亲爱精诚的精神、奋斗向上的精神、遵守礼节的精神、顺应同化的精神和感恩图报的精神)、唱《松下社歌》、奏《松下进行曲》等方式,使员工以极大的热情真正融入公司。

企业文化还包括形成统一的行为规范。行为规范是指通常的或普遍的行为方式,群体成员倾向于以同样的方式来处事,他们还会把这些行为方式传授给新成员,群体会对那些遵守或违反统一行为规范的人分别给予奖励或惩罚。简而言之,行为规范就是说什么行为是组织认可和鼓励的,什么行为是组织不能接受的。

组织行为规范可以是显性的、制度化的,也可以是隐性的、默认的。显性的行为容易识别,例如,组织成员互相关心、互相帮助,显示出关心组织的主人翁责任感,自觉地维护组织的集体荣誉,为组织的成功而骄傲,为组织的困境而忧虑。在处理个人利益与组织利益的关系时,组织成员会义无反顾地采取组织利益优先的原则,个人服从组织,宁愿牺牲私利。这些显性的行为规范可以通过英雄、模范、制度等在组织内传播并约束组织成员的行为。隐性的行为规范就是所谓的潜规则。在组织活动的某些方面,组织并没有通过明确的制度去规定行为,但组织成员已经形成了一种默认的行为。尤其是当组织面临一些突发事件时,隐性的行为规范就更能约束组织成员的行为。

下面这个小学课本里的故事能够充分地说明行为规范的价值。一支狩猎队在猎狗的帮助下,把七八十只斑羚逼到洛山上的一座山峰,没有了退路。而对面的另一座山峰在6米以外。两座山都是笔直的绝壁。斑羚虽有四条长腿,以极善跳跃、为食草类动物中的跳远冠军而著称,但就像人跳远有极限一样,它们也一样有限制:健壮的公斑羚最多只能跳5米远,母斑羚、小斑羚和老斑羚只能跳4米左右。现实的境遇是6米宽的悬崖,因此斑羚们发现自己陷入进退维谷的绝境,惊慌乱跳,情绪极度紧张。这时只见一只老斑羚退后十几步,然后一阵快速助跑并奋力起跳。尽管它想尝试跳过6米宽的山涧,结果失败了。

随着头羊的一声吼叫,斑羚群很快分成年老和年轻的两组,为保持数量的平衡,原本在年轻组的头羊和几只中年公斑羚自动融进年老组的队伍。然后,一老一少自动成对,纵身一跃,朝山涧对面跳去。不同的只是老少跳跃的时间稍分先后,幅度略有差异而已,少前而稍高,老后而略低。正当少斑羚往下坠时,老斑羚正好起到了空中流动跳板的作用。少斑羚在老斑羚的脊背上,完美地完成了空中二次起跳而直奔对面山峰,仿佛飞机在空中完成燃料补充一样。接着其他斑羚也重复演绎这一动作。事实上,每一只少斑羚的成功飞渡,都意味着有一只老斑羚摔得粉身碎骨。斑羚飞渡时没有拥挤,没有争夺,没有退让,始终秩序井然。

斑羚在面临种群灭绝的关键时刻,整个组织表现出的是秩序而不是混乱。组织中的每一分子都明白自己在事件中的角色和应该为整个组织所做的贡献。在非正常情况下,组织的效率依然能够得到保障,这其中起绝对作用的显然是组织文化。

在价值观和行为规范的作用下,不仅从思想上而且从行动上,组织成员们彼此把对方视作"一家人",都是组织的一分子。创造以组织成长为目的的人际和谐正是企业文化的最大价值所在。相较于科学管理,基于文化的企业管理是一种非理性管理模式。这种管理模式以人为中心,主张充分尊重人格、适应人性,并采用多种方式激励员工,强调情感、意志、心理等非理性因素对管理的作用。随着新型的、知识型员工在生产活动中扮演越来越重要的角色,领导者必须越来越多地依赖文化的影响力。如果说纯粹地以工作为导向所产生的领导模式是方格理论中(1,9)状态,那么,强调企业文化就是希望通过增加对人的关心以使领导者向(9,9)发展。文化管理的核心正是要营造良好的组织氛围,激发员工的积极性,消除员工的消极情绪,通过情感的双向交流和沟通实现有效的管理。

5.3.2 领导者与企业文化

经过创建、冲突、融合,组织发展成为一个有机的整体。伴随着组织的成长,组织内部就会逐渐形成共同的价值观和普遍接受的行为规范。企业成立的背景不同,所追求的目标不同,因此,企业都会拥有自己独特的企业文化。没有文化的约束,组织成员的价值观不统一,行为也不一致,组织就会表现为一盘散沙。文化一经形成,组织就不再是一个简单的完成任务、实现目标的人员组合,组织就有了思想,有了传统。

一般来说,企业文化的产生是基于企业遇到的问题以及解决问题的方法。在一些新的群体和组织中,大多数解决问题的方法源于这些组织的创始人和早期领导人:一位或数位高级管理人员制定并努力实施一种创意、一种经营思想或一种经营策略,这时,企业高级领导人员的思想极大地影响着新建企业的发展和员工的思想;但随着群体的发展,群体成员会找到自己独特的解决问题的方法并取得成功;最后,企业文化逐渐明晰,它包含了企业创意思想和经营策略,同时也反映了人们实施这些策略的经验体会。

很明显,当群体面临新问题,需要寻找新的解决方法时,领导人总是扮演重要角色。企业的高级领导人员对于企业文化的形成起到了先天的作用,而且影响是十分深远的。实际上,领导人的主要职责之一就是当组织使用的旧方法行不通,或者环境发生了剧变需要有新的应付手段时,适时提供指导意见。科特提出了企业文化产生的一般模式,如图 5-2 所示。

企业文化产生的另外一个必要条件,是企业成员在相当长的一段时间里保持相互间交往,并且无论从事何种经营活动均获得了相当的成就。当他们在处理所遇到的新问题时,不断重复使用的解决问题方法就会生成企业文化中的一个部分。这些方法有效使用的时间越长,它们就会越加深刻地融入已有的企业文化之中。

组织文化的形成是一个艰辛的过程,那种希望快速建立文化的想法显然是不现实的。如果那样,文化就仅仅是一种形式而停留在字面上,不能切实地为绩效和组织目标服务。另外,组织文化的建设都需要组织成员的积极参与。一方面,文化本来就源自组织成员;另一方面,文化又指导和影响每个成员的行为。如果每个组织成员都像组织领导者那样投入文化建设,文化也就有了更加丰厚的发展土壤,其对组织的积极影响也就更加显著。

为了使企业文化能持续地支持企业的发展,不仅在企业文化形成初期,而且在企业文化后续建设过程中都非常需要领导者的积极投入。具体来说,领导者在企业文化建设中还应当扮演好以下 8 种角色。

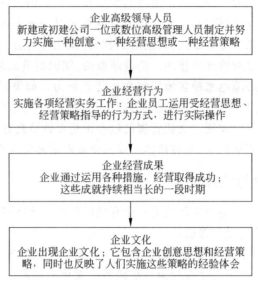

图 5-2　企业文化产生的一般模式

1. 创造者

企业文化建设,首先要求领导者创造企业文化。创造企业文化,不仅对于那些尚未形成企业文化的"幼年"企业是必需的,而且对于企业文化已经形成的成熟企业也是少不了的。任何一个企业,要形成并保持自己在文化上的生命活力,适应不断变化着的企业内外环境的需要,就应当不断地创造新的文化内容,从而使企业文化不断丰富,不断完善,日益优秀而强大起来。文化创造者的角色要求领导者保持开放的心态、对内外环境变化的敏感性以及积极的学习精神。虽然文化的创造不是一件容易的事情,但却是领导者必须亲历亲为的重要职责。

2. 倡导者

企业文化建设,要求领导者成为本企业文化的积极倡导者。领导者创造的优秀企业文化或文化样式,不经过一而再、再而三的倡导,就难以使它们变为企业全体成员共同享有的文化。有的领导者创造性强,经常提出许多先进的新观念和新思想,制定出一些新规范和新方法,但他们不善于积极倡导,又缺乏有力的辅佐,因此,他们创造发明的文化往往游离于企业文化价值规范体系以外,对本企业文化没什么实质性影响。文化倡导者的角色要求领导者反复宣贯已经形成的文化。在这个过程中,组织中可能会出现抵触情绪,领导者必须保持坚韧不拔的精神状态,并且坚定不移地推动各项文化建设工作。

3. 组织者

企业文化建设,要求领导者成为企业文化建设的组织者。企业文化建设是一项错综复杂、旷日持久的系统工程。这项工程的顺利实施有赖于认真审慎的组织工作。如果说,由于组织策划不周,一幢大楼盖歪了,可以推倒重来,而如果由于缺乏谨慎周密的组织策划,导致企业文化建设根基不稳,或方向偏差,就不是可以轻易纠正和补救的。因此,领导者应当亲自承担企业文化建设的组织工作,扮演好组织者的角色。在具体实践中,许多企业在发展过程中其实已经形成了一些朴素的价值观和约定俗成的行为方式,但这些文化要素还是以零部件的形式散落在企业的各个角落。把这些文化要素组织好并且制度化,从而不会因某些领导者的离去而导致文化的瓦解,这将是一项十分艰巨的任务,也是领导者必须承担的责任。

4. 指导者

企业文化建设,要求领导者成为团体和员工从事企业文化建设的指导者。团体和员工会遇到困惑与问题,冲突与挫折,对新的文化价值规范会感到难以适应,对旧的思想观念、风俗习惯会感到难以摆脱。在这种情况下,领导者应当帮助团体和员工,给予他们及时而有力的领导。

5. 示范者

企业文化建设,要求领导者成为组织成员的示范者、认同的对象、模仿的榜样。每个领导者应该争取成为企业的英雄楷模。榜样的力量是无穷的,领导者只有在员工心目中树立起高大的形象,为广大组织成员衷心敬爱、拥戴和崇拜,他们所倡导的文化价值规范才会真正被组织成员接受和认同。

6. 激励者

企业文化建设,不仅要求领导者身体力行,成为组织成员的示范者,而且要成为他们的激励者。领导者只有不断激励员工,员工才能发挥出参与企业文化建设的主动性、积极性和创造性。激励是领导者的基本功能,不善于激励的领导者,就不是优秀的领导者。

7. 培育者

企业文化建设,要求领导者成为人才的发现者、选拔者和培育者。培育文化建设骨干和英雄楷模,是领导者义不容辞的职责。骨干和英雄楷模是领导者领导企业文化建设的基本依托,没有骨干和英雄楷模,领导工作也没法实现。

8. 诊断咨询者

企业文化建设,要求领导者成为本企业的文化诊断咨询者。文化不应该是刻板的、静止不变的,或者是落后于时代的。当这一情况出现时,企业就会因为无法适应环境而遭受损失。在企业文化的动态发展过程中,组织往往需要专家的诊断咨询,但是专家,尤其是外请的专家有其局限性,哪一个外请专家会比企业领导者更熟悉本企业呢?因此,企业文化方面的诊断咨询,最好由领导者亲自参与。

领导者在文化建设中扮演的这些角色充分说明领导者对于文化的重要性。为了建立企业文化,领导者不仅需要掌握充分的知识和娴熟的技巧,更要具有执着的追求和非凡的勇气。在建立文化的过程中,领导者经常要挑战既有的习惯和人们思想中根深蒂固的观念。这个过程一定是困难的,但却是值得的。文化学的研究揭示出:文化虽然是由人创造的,但它一旦被创造出来之后,又反过来作用于人,支配着人们的生产方式、行为方式、生活方式和思维方式。领导者亲自建设的企业文化将有力地支撑领导系统。

5.3.3 企业文化的作用

企业文化对组织绩效有很大的影响。在约翰·科特的《企业文化与经营业绩》一书中,作者以实证的方式表明,具有良好企业文化特征的公司经营业绩远远胜于那些没有企业文化特征的公司。科特经过 11 年的考察发现,总收入的平均增长前者为 682%,后者仅为 166%;企业员工增长前者为 282%,后者为 36%;公司股票价格增长前者为 901%,而后者为 74%;公司净收入增长前者为 756%,而后者仅为 1%。这一系列财务数字表明,文化管理对企业的经营业绩起着重大的保障作用。

除了组织绩效层面,企业文化对组织个体行为的影响也是非常明显的。在工作期间,一个员工除了正常的绩效行为之外,还会有两种行为倾向:一种是积极的组织公民行为,另一种是消极的反生产行为。从组织层面,领导者当然是希望员工更多地表现出组织公民行为,同时能够抑制反生产行为。

1. 组织公民行为

组织公民行为是指在组织中未明文规定且未给予奖励的情形下,员工自发性地作出对组织或对其他员工有益的行为,且此行为有助于组织绩效的提升。在美国印第安纳大学教授 Organ 的开创研究中,他把组织公民行为描述为"自发性的个体行为,这些行为并没有得到组织中正式的报酬体系直接或明确的回报,而这些行为从总体上提升了组织的有效运作"。

组织公民行为是一个多结构模型。根据 Organ 的研究,组织公民行为应包含五个维度,分别是利他行为(altruism)、尽职行为(conscientiousness)、运动家精神(sportsmanship)、谦恭有礼(courtesy)、公民道德(civilvirtue)。利他行为是指员工愿意花时间主动帮助同事完成任务或是防止同事在工作上可能会发生的错误;尽职行为是指员工的表现超过组织的基本要求标准,他能够尽早规划自己的工作计划以及设定完成工作的时间;运动家精神是指员工在不理想的环境中,仍然会保持正面的态度去面对,不抱怨环境不佳,仍能忠于职守,个人也会为了所属工作团体的利益而牺牲自己的利益;谦恭有礼是表示员工用尊敬的态度来对待别人;公民道德是指员工主动关心、投入与参加组织中的各种活动。

组织公民行为对企业的积极影响主要表现在以下几方面:组织公民行为有利于提高同事和组织的生产力与管理效率;组织公民行为有利于解放资源,达到资源优化的目的;员工的互相帮助行为可以提高士气、凝聚力、归属感,运动家精神可以使员工愿意与组织"同呼吸、共命运",从而帮助组织吸引和留住人才,增强组织绩效的稳定性。

总的来说,组织公民行为就是组织内出现的好人好事。尽管也有学者研究发现有些"好人好事"是一种处心积虑地为自己在组织内捞取政治资本,虽然没有立竿见影地获得提拔等,但是良好的口碑使得他在未来组织发展过程中处于优势。尽管这种情况也是会存在的,但总的来说,组织公民行为是值得企业宣传和鼓励的良性行为。

2. 反生产行为

反生产行为的分类方面,Hollinger 和 Clark 的研究是具有里程碑意义的,他们将反生产行为分为两类:一类是财产越轨行为,即滥用雇主财产的行为,如盗窃、破坏财务等;另一类是生产越轨行为,即违反生产工作规范的行为,如缺勤、擅自延长休息时间等。近年来,这个领域的研究不断向纵深发展,人们对反生产行为也有了更加清晰的认识和分类,其中比较具有代表性的研究将反生产行为划分为五类:伤害他人;生产越轨;破坏;偷窃;消极怠工。国内研究者近几年也开始了对反生产行为的研究。根据我国企业中工作场所的偏离行为,有学者认为反生产行为有五种表现形式,它们是:盗窃和不当使用企业的资源;蓄意破坏;消极怠工;工作场所暴力;对组织有害的组织政治行为。

简而言之,反生产行为就是组织出现的坏人坏事,它所产生的消极影响具体表现在个人和组织两个层面。

反生产行为对个人的影响表现在:反生产行为会对组织内遭受此行为的员工构成身心伤害;反生产行为对员工的工作绩效产生负面影响;反生产行为的作用对象不仅是组织内部成员,在某些时候,反生产行为会溢出并对组织外的个体,如客户等产生负面影响。

反生产行为对组织的影响表现在:首先是绩效方面,由于反生产行为带来的伤害,个人和团队工作绩效受到消极影响,组织正常工作无法顺利开展,从而对组织绩效产生严重的影响。其次,组织遭受财产、人力等资本的损失,在工作场所中,不仅有由于偷窃组织物资财产、故意破坏生产设备等产生的直接损失,还有由于雇员迟到早退、编理由请假等导致的生产率下降,增加了各种隐性成本,同时泄露、出售组织核心技术、信息等行为更对企业产生恶劣后果。最后,组织氛围恶化。反生产行为的多次出现会使组织气氛变差、死气沉沉等。

虽然也有学者认为反生产行为还是有一定的积极意义,如员工故意制造问题可以使组织意识到自己在制度设计、监控管理方面的不足,发现问题后可以修补组织的疏漏等,但是毫无疑问,反生产行为对组织的影响总的来说是恶劣的。

3. 企业文化的调控

经常说,跟着好人做好事,跟着坏人做坏事。在绩效行为之外,一个员工会做更多的好人好事还是坏人坏事,这很大程度上取决于他所处的环境。那么,企业文化所营造出的环境又是如何鼓励它认可的行为和抑制与它相悖的行为呢?显性的、能够被员工意识到的企业文化是一种组织认可的规范,它所包含的英雄人物、典型事迹等,这些企业文化所倡导的规范正是基于过往优秀员工的总结,也是对未来员工的要求。说到底,企业文化就是从形式上让组织认可的人和行为方式成为组织成员从众的对象。

在强大文化的影响下,个体受到从众心理的驱动,也会像其他员工那样,积极表现出组织公民行为,即使有时候并不是那么情愿。同时,文化所形成的强大的舆论氛围使人们不敢轻易尝试反生产行为,因为如果个体表现出企业文化所反对或禁止的行为,他会被整个组织视为异己而唾弃,这就是企业文化的威慑力。

企业文化对个体在组织内行为的调控作用是非常巨大的,但这有一个重要前提,那就是领导者在企业内建立起了非常强势的文化。认识到这一点,领导者就更应该扎扎实实地、反反复复地进行文化宣贯,务必使文化所强调的行为特征真正地融入个体行为当中去,这样就能从根本上弘扬组织公民行为,抑制反生产行为。

根据科特的研究,一个成立10年左右的企业,企业文化建设就是一个不得不面对的课题。企业文化不是领导者的一厢情愿,它是企业经过一段时间的发展后,逐渐开始形成这个企业特有的价值观和行为方式。如果忽视对已经产生的文化要素进行整理,这对企业管理来说是一个很大的浪费。领导者在企业文化建设中扮演着极为重要的角色。尽管不像别的什么管理手段能够起到立竿见影的效果,但是企业文化却可以建立起一个牢固的内部环境,它让员工更加认同组织,也可以无形中对员工的行为产生有效的约束。强势的企业文化会让好人好事蔚然成风,也可以制止坏人坏事的发生。企业文化对领导环境的塑造是非常关键的。

领导环境是一个经常被忽略的要素,但是它对领导效能的影响是不能被忽略的。这里强调的是由领导者与被领导者在互动过程中所形成的心理环境,它或者放大或者抑制领导效能。领导者必须审慎地对待领导环境建设。如果环境中的确存在不和谐,可以通过组织变革进行调整,当然,最好是通过组织学习的方式使得组织能够通过渐进的方式不断优化,这样对组织的伤害会小一点。不遗余力地进行信任经营和文化建设,能够更好地保障领导效能。

相关阅读:张近东

- **简介**

苏宁控股集团董事长,改革开放40年百名杰出民营企业家。

- **相关阅读材料**

阅读材料一: 改编整理自陈润.硬汉张近东[J].企业观察家,2015(9).

张近东的第一桶金,是从当年那家叫作"康乃馨"的咖啡馆挣到的。在见识过上海百乐门的一家咖啡店高昂的消费账单之后,他回到家乡就开了一家这样的咖啡店,未来企业家的果决从这段经历中可以窥见。

开咖啡店为张近东打开了进入家电行业的一个特殊切口。为了提高咖啡馆档次,张近东订购两台春兰空调,并跟当时的春兰南京办事处主任结为好友。与他交往中,张近东看到了空调市场的强大潜力。

1990年,张近东的"苏宁交家电公司"开业,不到一年时间,张近东已经盈利几百万元,成为春兰空调的经销大户。几年时间里,他扩展自身经营规模,创新性地发展出"反季节打款"的订货交款方式,"有钱无货,有货无钱"的周转问题迎刃而解。很容易发现,这种方式冒着极大的经营风险,但张近东干了。

经过近10年的奋斗,张近东开始带领苏宁从批发转向零售,在拥有成熟市场条件的地区,苏宁连锁专卖店陆续开张。1999年,苏宁自建的18层"苏宁电器大厦"在南京新街口开业,不再招租代销,全部自营。

1999年正是中国电子商务发轫之年,8848、阿里巴巴、当当、卓越、易趣等群雄并起,张近东专门请咨询顾问探讨电商模式。2001年,苏宁与新浪合作推出电器商城,同时独立推出中国家用电器网,这是张近东在电商领域的最初尝试。不过,由于网购普及、信用、支付、物流等瓶颈问题无法解决,张近东说:"通过反复考察和权衡,我最终选择先从实体门店做起。"

就在苏宁与国美竞争最白热化的2005年,张近东的江苏老乡刘强东上线京东商城,此后以每年200%~300%的增速一路狂奔。3年之后,京东转向综合电商,陆续上线日用百货、服装、图书音像、食品饮料等品类,销售额增至13亿元。电商的狂飙突进令张近东深感恐惧,仿佛10年前的旧梦重现。只不过,这一回他被彻底惊醒,意识到苏宁必须向线上迈进,他开始谋划第三次转型。

2010年2月的第一天,苏宁易购上线,7月正式运行,当年销售额超过20亿元。不过,张近东的电商观念并未因此产生根本改变。他认为"互联网不能作为商业流通的根本""网上商城按产品成本价销售,无法提供附加值,不符合商业发展规律","电子商务永远也取代不了实体门店。"

一年之后,京东销售额突破300亿元,接近苏宁、国美实体店的1/3。更凶猛的是,京东等电商依然保持200%以上的增速,而苏宁等实体店只有15%～20%。这不只是增长快慢的较量,而是此消彼长的厮杀,据中怡康统计显示,2012年1月、2月,空调、彩电等在传统家电卖场销售增速降低20%,而电子商务却增长150%以上。

张近东开始大刀阔斧地变革,把线下的门店、采购、物流优势搬到线上。2013年6月,苏宁消除价格壁垒,实行线上线下同价,将两大平台合二为一,协同发展;9月,苏宁对第三方卖家免费开放,同时在实体店帮助商户进行品牌展示,为消费者提供零距离体验;苏宁遍布全国的1 600多家店面配套提供自提、支付、配送等服务;为了引来流量和进行终端布局,苏宁在10月收购PPTV。

值得一提的是,2012年9月25日,苏宁以6 600万美元并购"红孩子",这个母婴品牌以女性用户为主,客户群活跃度高。而苏宁客户男性居多,但女性才是零售购物的消费主体,收购"红孩子"不仅能扩充商品品类,形成在母婴商品领域的优势,还能扩充客户群体。

2014年5月20日,苏宁易购上线超市频道,食品、酒水、居家用品……商品琳琅满目。苏宁还依托门店优势,把超市布局到线下,定位"大众+精品",店内的商品都是苏宁从线上超市精心挑选的,还可以在虚拟货架上通过扫描二维码购买商品,然后由苏宁易购负责送货上门。从传统的3C、家电到母婴、美妆、超市、百货、服饰、图书、虚拟产品等全品类扩张,张近东看得很清楚:"苏宁全渠道的价值必须通过商品来体现,用户的体验、流量的引入、黏性的提升,最基础也是最重要的就是商品丰富度。"

相对于天猫的"双11"、京东的618店庆日,苏宁在2014年推出独具特色的"818购物节"。为确保物流品质,苏宁"急速达"在不加收任何费用的情况下,客户下单2小时内送达。截至2015年一季度,苏宁在全国90%的区县实现"次日达",55个城市、152个区县实现"半日达",有些地方实现一日三送,2小时送达的"急速达"服务产品达2 000多种。

不过,苏宁的优势依然是线下庞大的实体店资源,如何最大限度挖掘优势是转型关键。2015年4月28日,上海浦东的一家苏宁店经过改造重新开业,吃、喝、玩、乐全部都有涉及,这是苏宁推出的苏宁易购生活广场,处处体现O2O思维。苏宁在全国有1 600多家店面,做O2O拥有得天独厚的优势。张近东对未来门店的定位很清晰——获取流量的入口,为用户提供体验的宝贵资源,低成本服务用户的载体,O2O模式的核心。

苏宁一直以互联网思维改造实体店,比如,全店WiFi覆盖,产品由家电为主调整为综合品类,尽量转化为虚拟展示,线上购物产品自提,为线上导入流量等。作为实体店互联网改造的样板,苏宁易购生活广场被打造成一站式生活服务平台,主营业务不再是销售,而是"卖生活、卖服务、卖体验"。对于那些不能成为入口、提供体验的店面,苏宁坚决淘汰。

在从战况极为激烈的家电市场冲出一条血路,又顺应互联网时代的发展趋势把"苏宁电器"做成如今的"苏宁云商",张近东带领苏宁一路颠簸,从不惧怕转型变革会带来的剧烈阵痛。现在的苏宁，线上部分受到阿里巴巴、京东等互联网后起之秀的强烈挑战，但仍旧希求通过在公司几十年布置下来的线下渠道、服务传统建立基础，同线上业务互相倚靠，向前迈出更坚实的脚步。

互联网转型的过程是异常困难的，而幸好张近东是苏宁里真正有话语权的领导人。他坚持发展线上线下融合的战略，"谁否定就撤掉谁"，然后身先士卒地冲上一线。他三句话不离数据，唯一的目标就是要把苏宁的线上渠道架构好、稳固住。尽管因此组织经过了相当艰难的几年，但张近东始终认为，这并不是在走弯路。"就像今天传统电商同样要补短板，走苏宁过去走的线下那条路，殊途同归。"

从事实来看，张近东的坚持在苏宁的第三次转型成效中是显著的。2018年，苏宁首创的智慧零售逆势上扬，成为引领行业发展的风向标，门店总数目前已经突破11 000家，步入"万店时代"，高速增长成为发展新常态。

基于智慧零售解决方案，线上线下全面深耕，苏宁拼客、苏宁推客、苏宁极物、苏鲜生、苏宁零售云、苏宁小店、无人店等一系列智慧零售产品或是创新而出，或是升级迭代。其中，苏宁小店、苏宁零售云、苏宁拼购，堪称2018智慧零售"三剑客"。与此同时，"智慧零售大脑"的全面构建，帮助苏宁实现了供应链、销售、物流与服务的数字一体化的升级。

2018年，众多企业风声鹤唳，裁员声不断，而苏宁新增就业6万多人。张近东透露2019年将进一步扩大吸纳就业规模，计划新增8万多人。目前，苏宁已经拥有员工25万人，是中国最大的零售服务企业。在国际经济形势发生变局、行业增速放缓的"寒冬"中，苏宁的表现非常亮眼。

阅读材料二：改编整理自黄君发.张近东：追随者的智慧[J].董事会，2008(8).

纵观整个家电圈，正如黄光裕的霸道是路人皆知的，张近东的儒雅也是出了名的。

事实上，黄光裕的霸道，对于很多业内人士而言是可以理解的。如果不是因为霸道，也许根本就不可能成就如今的国美和黄光裕。黄光裕领导下的国美电器的成长史正是中国家电连锁业的一个缩影。

进场费的产生，也标志着家电连锁商与上游的品牌制造商之间的蜜月期正式结束，随之而来的是长久的对抗，主要体现为上游制造商对于家电连锁商"罪行"的声讨。

不过在2005年以前，无论声讨多么的激烈，制造商们声讨的焦点一直都集中在黄光裕的国美身上，而对于家电连锁业的另一个主角——张近东和他领导下的苏宁，却很少出现这种场面。

难道在苏宁就没有进场费一说吗？答案是否定的。此时的进场费无论对于国美还是苏宁而言，都已经成了利润的重要组成部分。那为什么张近东和苏宁能够远离这个旋涡呢？

与黄光裕的个性不同，张近东一直都是以儒雅的知识分子形象出现在大众面前。相比于初中辍学的黄光裕，作为南京师范大学中文系的高才生，张近东的儒雅似乎合情合理。

但是，张近东是否真如大家想象中的"儒雅"？

其实温文尔雅、低调深沉的儒商并非他的全部面貌——实际上他雄浑刚硬，铁腕雄心，是一名典型的中国硬汉。自1987年创业至今，张近东已走过20多年风风雨雨，对手起落沉沦，他仍续带着苏宁蓄力前行。

家电连锁业是一个对于价格极其敏感的行业，如果不强硬，就不可能在与上游的制造商的竞争中取得主动地位，也就不可能获得更低的折扣，当然也就产生不了更高的销量。因此所谓"儒雅"，或许更多的是张近东用以应对国美竞争的一种策略。因为性格平和，使得苏宁看起来并不像国美那么强硬、蛮横，因此与供应商的关系也相对更加平和。

更主要的是，由于上游制造商害怕强硬的国美一家独大会更加威胁到其现有的地位，张近东和苏宁电器此时也就成为其抗衡国美，以期保持家电连锁业格局相对稳定的重要筹码。这显然是张近东和苏宁希望看到的。由此，相对于国美电器逊色不少的苏宁电器则可以轻易得到上游制造商对国美相差无几的折扣和支持。

张近东的刚硬作风可以从创业最初说起。从1990年张近东放弃事业单位的铁饭碗下海经商起，他就一直履行着一句格言："要以百米冲刺的速度跑马拉松"——而这句话现在也在苏宁的展厅入口被强调出来。

在苏宁与国美争霸最激烈的时期，黄光裕曾表示要收购苏宁。张近东强硬怒斥："苏宁做事虽然低调，但不是无能，你不要想，即使想买也买不起，如果苏宁做不过国美，就送给你。"而两年后，苏宁销售额和店铺数终于超过国美，国美则由于领导人的入狱、更迭、争夺，迅速被苏宁抛在了身后。

苏宁易购曾有个有趣的别名"西服电商"。这是因为在过去苏宁电器的快速增长期中，由于门店数量、人才缺口的急速增加，苏宁对此设置了一整套标准化、规范化的操作规则，用军事化管理来迅速培养合格的员工。穿深色西服上班就是这套规则延续下来的一个例证。而在向互联网方向开始转型之后，整个集团内部开始更加鼓励"先开枪，后瞄准"的理念——鼓励随机随意的任何创新尝试。通过这样的方法，员工的头脑慢慢由原来的固化思维模式活络开。

如今，苏宁内部仍然留存着很多军事化管理思想，但它已经成为鼓励员工实现价值的动力，用于在企业内部形成奋进的良好工作氛围，不再是限制员工独立思考创新的枷锁了。

阅读材料三：改编整理自各家门户网站的报道和评论文章

分享家的味道是苏宁控股集团董事长张近东一贯的坚持，小到月饼，大到企业文化，"家"在他的管理哲学里是个重要的字眼，他甚至还把"树家庭氛围"以白纸黑字写进了苏宁的价值原则中。

张近东说："一说到家庭氛围，大家可能会想到和和气气、和风细雨、阳光雨露。苏宁文化中的'家庭氛围'自然有这层意思，但不全是，甚至不以此为主，我认为将员工当作家人，创建家庭氛围包含锤炼、沟通和关怀。"

张近东崇尚在实战的压力中培养锻炼员工。"苏宁可以是梦想开始的地方，但绝不是享福开始的地方，因为梦想不是用来吹的，是用来拼的。"在快乐工作、佛系工作想法盛行之际，张近东仍然要求他的员工努力奋斗。

压力像空气一样遍布于苏宁的文化里。"你有50分的能力，让你干70分的活；你有70分的能力，让你干100分的活。提前任命，放到岗位上去历练。"

一路顶着压力走过创业28年的张近东，坚持在充分信任员工的基础上，对员工的能力发起挑战,通过不间断的锤炼刷新员工能力的极限。在张近东对企业文化的解读里,他认为给年轻人机会去成长、去历练才是真正的负责。

现代企业流行的契约式雇佣关系里,员工完成工作任务,雇主支付对应的报酬,企业没有义务为任何一位员工的个人成长负责。而对个人的成长负责,是典型的家庭式做法。在苏宁内部的角色定位上,与其说张近东是董事长,倒不如说是一位严肃而操心的大家长。

创业28年,这位"严肃而操心的大家长"带领的团队由一开始的10来个人扩充到如今的25万大军,旗下细分出不同的业务板块,管理上有了层级关系,但在张近东信仰的家庭式企业文化里,领导与员工、员工与员工之间的沟通一如最初的平等而通畅。苏宁管理有层级,但信息共享无层级。"我们倡导的是'谁影响你的工作就和谁沟通',而不是'谁是你的上级只向谁汇报'。"

张近东曾多次直言苏宁的兴起壮大得益于时代和社会的发展与繁荣,对于社会和公众,不光只有口头感谢,还应该有实际行动的报答,公益作为最直接的感恩方式之一,是他履行社会责任的重要组成部分。

大多数情况下,创始人自身的价值观直接影响甚至决定了"公司的做事方式"。在苏宁,张近东一直强调"做百年苏宁,社会、企业、员工,利益共享"。他奉行的"苏宁是全社会的苏宁"这一企业文化理念的落实,不仅在于他个人为社会做了多少贡献,更大的价值在于以身作则影响和带动了25万苏宁人共同践行社会责任。

举两个小例子。苏宁是全国目前唯一建立社工服务制度的民营企业,其"1+1阳光行——苏宁社工志愿者行动",由员工自发组织,每人每年捐出一天工资,拿出一天的时间参加社工服务,以及每年的公益司庆日、每月的扶贫日,等等,在张近东的影响下,力所能及地承担社会责任已然是苏宁全体员工的共识。2018年1月,河南信阳苏宁快递员郑冬冬在送快递途中,勇救落水四人。为表彰他有温度、有速度的善举,事发仅两天后,苏宁物流集团便对郑冬冬进行了全国通报嘉奖,奖励现金5 000元。苏宁红孩子承诺为郑冬冬9个月大的孩子提供全年衣食住行的所有费用。同日,苏宁物流还宣布斥资500万元成立"优秀快递员奖励基金",用以专项奖励像郑冬冬这样业务精良和具备社会正能量的员工。

阅读材料四:从苏宁发展看企业如何转型与创新(张近东2013年11月21日在斯坦福大学的演讲)

老师们、同学们:

大家好。非常高兴,应邀来到世界知名的斯坦福大学,与各位老师和未来的商业才俊交流的主题——企业的转型与创新。

为什么要谈这样一个话题呢?那是因为我们处在一个变革时代,很多新东西如潮水般扑面而来,如O2O、大数据、物联网、3D打印等。所以这两年我老往美国跑,就是为了把握最前沿的技术和商业潮流,去年5月,我去西雅图参加微软的全球CEO峰会时,就同比尔·盖茨先生深入探讨过新技术对行业的改变,晚上在比尔家宴会时,巴菲特老先生一如既往地充满激情和活力,一见我就说早就开始关注我们企业了,并半开玩笑地掏出自己皮夹要送给我,意思是要投资转型的苏宁。

今天来到斯坦福大学,看到朝气蓬勃的你们,让我一下子仿佛回到了23年前我刚刚创业的时候。那时候,我也只20多岁,和你们差不多年龄,丢弃了当时中国人眼中的铁饭碗,办了一家200平方米的空调专营店。从小到大、从区域到全国(不含港澳台),再到中国香港、日本,今天又来到美国,苏宁的经历并非一帆风顺,有过竞争对手的围追堵截、转型的迷茫阵痛,也有后发制人的弯道超越,但我们都执着坚定、自信从容,每跨越一个困难都会脱胎换骨,获得飞跃成长的机会。

从全球零售业的发展史来看,大体经历了三个阶段,分别是以连锁经营为代表的实体零售阶段、近几年兴起的以电商为代表的虚拟零售阶段,以及加速到来的虚实融合的O2O零售阶段。前两个阶段在美国花了150多年时间,但在中国却被压缩为短短的20多年,可以想象中国零售企业面临的转型创新的压力和迫切性。今天,我想借苏宁成长变化的几个阶段,与各位老师、同学们分享一下我个人对于企业如何转型与创新的五点感受。

首先我想与大家分享苏宁前20年的两次大转型对现在的启示。

苏宁创业的前10年,中国正处于商品供不应求的短缺经济时代,我和同时代许多民营企业家差不多,都是白手起家,开始只有十几个员工,我一个人身兼数职,既要忙采购进货,晚上还要到售后服务部门了解送货安装情况。那时,空调在中国属于奢侈品,一台空调相当于一个普通人3~5年的工资。到第二年我们的销售额有4 000多万元人民币,利润就有1 000多万元。有次我到深圳出差,一个朋友请我吃饭,很神秘又带点炫耀地说,现在深圳已经有百万富翁了。当时中国刚刚改革开放不久,能有一万元人民币的"万元户"那就算是富人了。听他这么一讲,我心里高兴,就多喝了几杯酒。

我们第一次转型发生在创业10年后,因为当时整个空调行业出现了一个新的挑战,供求关系的变化导致了上游渠道策略的调整。从20世纪90年代中期以后,中国家电消费进入普及阶段,市场规模迅速放大,但行业利润率却大幅下降。苏宁的零售、工程和批发三类业务中,销售规模最大的批发部分甚至出现亏损。在这种情况下,经过认真的分析和思考,我决定放弃一年5个多亿美元的批发业务,全面转型零售。我这么做不仅是因为批发没有利润,更主要的是坚持批发就会激化和供应商的矛盾,失掉苏宁转型零售的机会。当时,大多数管理人员想不通,不愿放弃,因此,我不得不在会议上放出狠话,谁再说要搞批发就开掉谁。

转型必须有壮士断腕的气魄。从2000年以后的10年,苏宁第二次创业,加速商业连锁扩张,确立了行业领先地位。当时我们喊出"在全国开出1 500家店"的目标时受到业界颇多质疑,压力很大,甚至有些零售同行嘲笑我,认为这是天方夜谭。

但我们不会动摇,在具体实施路径上,面临两种不同的选择。一种观点认为,成功的连锁经营应该由近到远、由易而难渐进地发展,就像沃尔玛,走农村包围城市的道路。但苏宁却选择了另一条看起来风险很高、难度很大的扩张路径,集中资源率先抢占大城市和区域中心城市,然后再向低端市场渗透。结果我们只用了不到5年的时间,就完成了在全国省会城市的布局。

到了2005年,中国零售业全面进入连锁时代,开店数量和销售规模成了比拼的重要指标,而当时家电连锁业主要集中在苏宁和另一家企业之间。对于如何扩大连锁规模,我们两家企业走的是完全不一样的道路:它是通过大量并购,快速放大规模,从2005—2007

年 3 年时间先后并购了 27 家企业；而我们苏宁则坚持自主发展，同时把大量的资金和精力投入后台建设，进行信息系统的升级、人才培养和物流基地的建设。这有点类似中国功夫，它练的是招式，苏宁练的是内功，虽然前者打起来好看，但是后劲不足。

2003 年，苏宁实施大规模校园招聘，一次性引进 1 200 名大学生，以后平均每年都招聘 2 000 名以上的应届毕业生，被称为"1 200 人才工程"。同时，2005 年苏宁和 IBM、SAP 两家公司合作，9 个月时间完成了 SAP/ERP 系统升级，成为全球范围内实施周期最短、规模最大的 ERP 案例。2006 年它们在收购了当时中国排名第三的电器连锁之后，它们老板还曾经到我那儿跟我谈想收购苏宁，我跟他讲苏宁做事虽然低调，但不是无能，叫他不要想，即使想买他也买不起，最后我告诉他如果苏宁做不过他，就送给他。我之所以这么跟他讲，一方面是由于我的性格，苏宁人也是强势的，但是我们的强是强在骨子里的；更重要的是我十分清楚我们的实力，当年，我们开店最快时全年新开了 460 家店面；同时我们还建立起坚实的后台系统和强有力的管理平台，所以我很清楚超过它们只是时间问题。果然，两年后，我们的门店数和销售规模就都超越了它们。

这 20 多年来两次重大的战略调整，让我们领悟了一个创新转型真谛："以不变应变，以变应变。"无论外部环境如何变化，不变的是要始终把握行业的本质，坚守企业的核心能力建设；变的是一定要掌握时代的前沿技术，才能最终服务好消费者、赢得市场。

下面我想与大家分享一下，作为中国最大的传统零售企业，在互联网大潮涌来时，我们又是如何思考并转型的。

如果说前 20 年的转型创新都还只是在实体经济范围内，那么现在这 10 年的转型创新却是在互联网技术的推动下，完全掀开了新的篇章，一场由实体到虚拟，再到虚实融合的商业大变局正在风潮涌动中，新的技术也再一次激发了我的创业激情。

首先我想谈谈苏宁是如何快速切入电商的。事实上，我们早在 1999 年就关注电商了，但当时，中国互联网的运用和物流业等基础设施都还不健全，宽带都没入户，只有少部分人可以用电话线拨号上网，消费者几乎都没有网购的意识，那时国内的电商都无一例外地失败了。但到 2009 年时，随着电脑的普及，智能手机、移动终端的出现，我们敏锐地意识到电商时代即将全面到来，于是果断地上线了苏宁易购。

去年 8 月，当我们线上正在紧锣密鼓地准备"8·18 周年庆"促销时，发生了一个突发事件。当时国内排名第二的 B2C 电商网站在微博上公开向我们下战书，说要做到"传统家电三年内零毛利"，比我们"便宜至少 10％"，一场价格大战一触即发。

同学们，我们从 1990 年创业开始，一路走来遇到过形形色色的对手，在我们规模还很小时就遭遇南京的八大国有商场的联合挤压，但我们以小博大，出奇制胜，在南京轰动一时，被誉为"小舢板大战八大航母"。到后来两强争霸，甚至全球 500 强的跨国零售企业进军中国时，我们从来都是主动迎战，但都笑到了最后。2005 年一家美国最大的家电零售企业进入中国，很多媒体认为我们日子要难过了。当时有记者就问我打算怎么办。我说它是一家非常值得我们尊重和学习的企业，但 5 年内不会考虑它。这位记者朋友没听懂我的意思，接着问"那 5 年之后呢？"我笑了笑说："5 年我都不考虑，5 年之后可能他们就要退出中国了。"结果它在 2011 年时就悄悄退出中国市场，算一算刚好 5 年。这不是说我是预言家，而是因为我很清楚它虽然看到了中国市场的机会，但是投入不足，速度不够，5

年时间只开了9家店,而同期我们开了1 300家店,它错过了在家电连锁爆发式增长时期大幅扩张的机遇,没有通过快速壮大规模来降低成本,自然无法抓住普遍对价格十分敏感的中国消费者,而这就注定了它在中国发展的失败。

商场如战场,如今面对一个初出茅庐、规模只有我们1/10的对手挑战,我们更多的是觉得它们"初生牛犊不怕虎"。当时它们知名度很小,但是苏宁已深入人心,所以对手很可能是想借此来炒作。当时我在国外,我们易购的副总直接在微博上公开迎战了,承诺价格永远比对手低。一石激起千层浪,其他电商也纷纷加入进来,原本是我们的周年庆瞬间演变成整个电商行业的大战。一番较量下来,在15号当天苏宁易购就产生了5 000多万美元的销售,是日常销量的8~10倍,流量也暴涨了近10倍。14日全球网站排名还在600位左右的易购,一天时间便最高冲到了62位。回国后,我来到它们的办公区,鼓舞这群平均年龄只有25岁的年轻人说:"你们年轻、有激情,我愿意与你们一起站在苏宁易购这辆飞驰的战车上并肩作战。"经此一役,奠定了易购在中国B2C行业前三的位置。我们把这个阶段称为纯电商时代。

在去年底还发生了一个有趣的赌约,中国一个地产界的企业家和一个互联网界的企业家,以中国零售业的未来为筹码,下了一个1亿元人民币,大约相当于1 640万美元的赌约:说10年后,如果电商在中国零售市场份额占50%,那位房地产企业家就给互联网的那位1 640万美元,否则就反过来。

这两个人都是我的好朋友,但是他俩一个是做房地产起家的,一个是做互联网起家的,他们两个拿中国零售业的未来打赌,这似乎有点干涉我们零售业的内政了吧?在我们有20多年零售业经验的从业者来看,互联网本质上还是一种工具,不可能完全取代实体;但它同时又是大势所趋,当它像空气一样弥漫整个社会时,每个行业、每个企业都要互联网化。所以将线上线下割裂开来,讲谁比谁更好,我认为都是片面的、不专业的。未来的零售企业,不独在线下,也不只在线上,而一定是要线上线下完美融合的O2O模式。从你们美国这边的趋势来看也是如此,前十大电商中,有9个来自传统零售企业。

而且传统纯电商平台存在商品性能展示不充分、商户信息不对称,不能满足消费者立体式购物体验的需求,无法全面地服务商户、培育品牌。比如买个彩电,视觉效果如何?买个服装质感如何?买个单反相机,镜头成像效果如何?等等。这些都是没法单纯靠网上体验来解决的。此外,对电商平台成本低、价格低的认识,也是比较片面的看法。在中国至今仍没有盈利的B2C独立电商企业,依托平台的网上商户,超过80%的也是亏损的。

面对这样的先天不足,纯电商模式只能是一种过渡模式。那苏宁应该如何发展呢?答案就在各位同学的手中,对,就是以手机和Pad为代表的移动互联网。我这里有组数据,截至今年7月,中国移动互联网用户数达到8.2亿户,智能手机年销售量达2.7亿部。我们意识到这将给全球零售业带来一个巨大的发展契机,推动零售业的第三次浪潮已经到来,那就是线上的便利性与线下的体验功能完美融合的O2O模式。而且相对纯电子商务这种过渡性的商业模式,O2O或许会是未来相当长时间里零售业转型变革的方向。

结合多年的探索,我们今年正式对外发布了"一体两翼互联网路线图",明确指出中国零售业未来发展的方向就是互联网零售,重点是O2O和开放平台,未来要把门店开到消费者的口袋里、客厅里去,并通过开放平台"苏宁云台",将自身物流、信息流和资金流等资源全面向社会开放,搭建共赢的生态圈。

下面我想带大家进入未来时段,与大家分享一下我们正在做的和将要布局的互联网零售蓝图,看我们将如何一步步把O2O和开放平台这两翼打造成强健的翅膀。

首先,O2O比我们预想的来得更快。在我来之前,中国刚刚经历了一轮电商大战,但今年大战的主题却有别于纯网购,排名前列电商纷纷强调自己在O2O上的布局。就在前几天,我们也刚刚举办了"中国首届O2O购物节",在中国率先推出了首个O2O标准,即商品统一、价格统一、促销统一、支付统一、服务统一。

虽然O2O的概念已经提出很多年了,但至今依然很少有企业能完整地实施。这是因为想要完整地实施O2O必须满足两个条件:一是必须有两个"O",即同时在线上和线下都拥有自身能够掌控的渠道;二是必须实现两个"O"的无缝协同和高度融合。而中国大多数企业要么只有线上,要么只有线下,同时兼具的屈指可数。

而我们在线下排名第一、线上排名前三,综合优势明显,剩下的就是如何打通被形象称为左右手互搏的壁垒了。为此从今年年初开始,我们做了三件大事:首先是破除组织壁垒,一季度再造组织架构,实现了双线渠道的全面融合、资源的全面共享、成本的统一核算;二是破除价格壁垒,6月推行"双线同价";三是破除体验壁垒,将原先纯粹销售功能的店面,升级为集展示、体验、物流、售后服务、休闲社交、市场推广为一体的新型互联网化门店,如全店开通免费WiFi、实行全产品的电子价签、布设多媒体的电子货架,利用互联网、物联网技术收集分析各种消费行为,推进实体零售进入大数据时代。

上个月我们又以4.2亿美元收购了中国领先的网络视频媒体PPTV,进一步强化对移动互联网和家庭互联网的探索。PPTV是中国首家全面覆盖网页端、PC客户端、手机端、Pad端,并率先进军互联网电视领域的视频新媒体,活跃用户超过3.4亿。同时苏宁也借此加快进军OTT领域,积极探索包括互动视频购物、剧情植入式消费、精准客户推广等视频与电商的全新结合模式。在刚刚落幕的O2O购物节上,我们率先推出的视频团购就吸引了上百万客户同时在线抢购。

在苏宁的推动下,原本的网购潮最终成为O2O模式之争,用互联网改造后的实体店重新焕发了青春活力,成为O2O发展的重要一端。O2O购物节当天,苏宁全国1 600多家线下实体店平均每小时涌入100万人,较去年同期的客流量增长了近4倍,同时产生了巨大的订单量,仅一个地区的配送量就达到了两万件/天,创下了今年到目前为止的最大增幅。而苏宁易购同时在线人数突破了1 200万,合计PV流量高达5.6亿次,移动客户端销售同比增长了10倍。三星的一款手机销售就达656.8万美元,甚至还卖出了售价高达36万美元的豪车,苏宁O2O模式一鸣惊人。

布局决定格局,格局决定结局。O2O消费潮的兴起说明,相比传统实体零售和传统电商,唯有O2O才能让消费者体验到"鱼与熊掌兼得"的好处,这是不可阻挡的消费趋势,是我们需要把握的时代机遇。一旦传统零售业插上了互联网的翅膀,曾经被认为是巨大包袱的线下资源转瞬之间就能点石成金,天平将重新向拥有线上线下全渠道的零售商倾斜。

其次,我们要建立起开放平台的经营模式。相比传统门店辐射范围有限,互联网的世界则是无限延展的,只要一触网,就面对全国甚至是全世界的消费者,各种个性化的需求便会扑面而来。因此仅仅通过自身的商品经营和物流服务能力,是很难满足消费者需要的,线下资源优势也不能最大化地发挥效用。

互联网经济的重要特征是开放和共享,苏宁全面互联网化本质上就是要按照开放平台的方式把企业资源最大限度地市场化和社会化。其中包括把企业内部物流转型为第三方开放物流,全面加快建立从消费者到商户的端到端的金融解决方案和增值服务能力,以及将对大数据深度挖掘的能力向合作伙伴开放等,从而集聚品牌商、零售商和第三方服务商的资源与智慧,为消费者提供丰富的商品选择、竞争性的价格比较和个性化的服务体验,从而实现商流、物流和资金流的整合。

在此次O2O购物节期间,我们就带动了"苏宁云台"6 000余家第三方商户,涵盖了服装鞋帽、皮具箱包、日用洗护、钟表配饰、运动户外、汽车电子等20多个品类、100多万SKU(库存量单位),其中包括万宝龙、耐克、阿迪达斯、飞亚达等知名品牌旗舰店,一天诞生了80多个订单过万的品牌。

"一体两翼"的布局成型后,未来互联网零售业的商业模式,将从单纯的进销差价的阶段进入到以核心能力建设形成产品定制包销服务、物流供应链服务、商品和消费者数据化服务、品牌和促销的社会化推广服务,以及资金增值管理服务的多维价值创造阶段。

经过20多年的发展,苏宁已经成为中国最大的民营企业,在别人看来我已是功成名就,大可去享受生活,更没必要去冒险转型。但对我来说,创业是一种终身的职业,每一次转型都是一次新的创业,是研究新技术、开创新模式、追逐新目标、实现新价值的过程。

未来总是变幻莫测、充满未知的,面对不确定性,我总结了一些转型与创新上的心得,相信会对大家以后的创业和职业有所帮助。

首先是要在技术的快速变化中始终把握住行业的本质。在技术飞速跃进的年代,完全追逐技术,最终可能会被眼花缭乱的新技术搞晕头;而完全拒绝技术,最终将被淘汰。技术归根结底是个工具,但每个行业都有它不变的内核,那就是如何更好地服务它的客户。比如零售业从本质上讲是从事商品流通服务,互联网带来的最大转型是提高流通效率,更好地满足顾客个性需求。在转型过程中,过去我们谈顾客是群体概念,现在有了互联网工具,我们可以把握每一个消费者的行为数据,挖掘到每个人的个性需求;过去我们讲服务局限于人与人、面对面的服务,而在互联网上,企业是全方位对消费者开放的,消费者即使不和企业的员工接触,通过参与企业的购物、支付、配送等流程,便能更深切地体验到企业的服务内容和品质。

二是转型要有超前规划,你能看多远,你的事业就会有多大。我们不是为了创新而创新,而是要把既有的资源不断地优化和配置,来实现更高的目标。我们早期上线苏宁易购,是为了将线下资源在线上进行放大;我们现在推出O2O模式,是要将线上资源在线下兑现价值,并助推线下门店的互联网化;我们推出开放平台,是要探索全新的互联网零售模式。所有这些,都不仅是为了眼前的利益,而更多的是着眼于未来的布局。

三是在压力面前,需要坚持创业精神。当我们选定一个目标的时候,一定要坚定不移地向着这个目标努力,既要有抵制诱惑的毅力,也要有经受挫折的勇气。我们企业文化中有"执着拼搏,永不言败"的信条。我们可以直面挫折,可以承认错误,但绝不轻言失败,更不容许放弃!跌倒了可以再爬起来。如果一味地求稳怕输,那就很难成功了。

很多企业之所以转型不成功,并非因为他们没看到趋势,而是无法承受短期的诱惑和压力,从而左右摇摆、瞻前顾后,不能用创业的决心去转型。放弃过去的成功很难,但有时不放弃就无法获得明天的成功。转型是掌握新工具、获得新能力的学习过程,出现这样或那样的问题都是正常的,需要用时间换空间,这就更需要我们有坚持的精神。

四是要注意节奏,谋定而后动。无论是创新还是创业,生存和发展是前提,创新太早会成为先烈,太迟会被时代抛弃,只有在恰当的时候发力,方能既不伤及本身,又能创新成功。就如同转弯,一列高速飞驰的火车与一辆小轿车转弯的节奏完全不一样。小轿车可以轻松转过的弯,对于火车来说,则需要早转、慢转,急了不行,那是要翻车的。

苏宁就像一列火车,创新不能盲目冲动,一定要有前瞻性的部署和周密的模式设计,做好充分的准备,一旦需要发力时,就已是水到渠成的事了。

五是所有的转型最后都要固化成团队的文化。因为只有文化上的转型才是真正意义上的精神传承,成为融入员工血液里的基因,成为自发的、自觉的内在驱动力。企业处于不同的时代,会形成时代文化的印记;企业运用不同的技术工具,会形成不同思维文化的定式。所以,在互联网的浪潮下,企业文化既不能一成不变、故步自封,也不能全盘否定,推倒重来。互联网企业的文化特征是注重用户的体验,用开放分享的思想重塑价值链,用平等的企业氛围促进创新。为此,我们推出了一系列包括事业部组织变革、目标计划管理、员工内部创业机制等措施。贯穿其中的主线就是更加强调和倡导员工的自主创新能力与小团队协同能力,以及自主管理目标的能力,重视以人为本,强化员工的自我管理、自我驱动意识,发挥每个人的创造力,提升工作效率。

老师们,同学们,大变革的时代赋予了我们大创新的机遇,让我们中美企业、中美的市场与技术跨过太平洋走到了一起。

虽然苏宁位列中国民营企业榜首,但还只有23岁,面对庞大而快速增长的市场需求,我们依然是一家年轻而充满活力的互联网零售企业。面对全球互联网浪潮,我们怀着再次创业的激情,沿着"科技苏宁 智慧服务"的互联网零售转型方向,来到了美国。因为线上线下融合的O2O模式既超越了传统实体零售的管理水平,也超越了传统纯电商平台的技术局限,是一种全新的、面向未来的、真正顺应了消费者需求的颠覆性模式,不仅在中国国内找不到可以参考的样本,即使放眼全球也难以找到成熟的榜样,为此我们决定在全球科技之巅的美国硅谷设立研发中心。今天我们来到这里,就是希望与大家一道创新,与硅谷众多顶级的高科技企业和最具创新精神的团队携手研究智能搜索、大数据、云计算和互联网金融等前沿技术,推动商业合作、企业并购、投资等领域在内的交流与合作,培育出更多像它们一样的未来之星。

老师们,同学们,智慧不在一个层次,较量就不在一个层次;格局不在一个层次,未来就不在一个层次。一个没有前瞻性和大格局的企业,往往会在大变局中迷失方向,遭遇大溃败。

变革是势,顺之者昌,逆之者亡;创新是路,积跬步方能致千里,一步一个脚印方能丈量未来。生命不息,创新不止,所以在此,我也诚挚邀请各界有识之士、学界精英与苏宁一道创业,共同探索互联网的前沿课题,用我们的脚步丈量美好的未来。谢谢大家!

阅读材料五：张近东 2019 年新年致辞

2018 年，全球经济遭遇波折，2019 年外部环境或将进一步复杂严峻。稳中求进，用稳定战胜不确定性，将是 2019 年的主旋律。但"稳"不是原地踏步，不是简单重复老套路，而是更需要创新，通过创新实现高质量发展。

一方面我们要加快前沿技术的探索与创新，特别是大力发展大数据、云计算、物联网、人工智能等领域的突破性发展；另一方面，我们要加强改造提升传统产业，广泛将新技术与传统产业结合，推出新业态、新模式。这将创造更广阔的市场机会，带动整个经济发展再上台阶。

2018 年，在零售行业整体增速放缓的情况下，苏宁智慧零售逆势极速增长，进入规模化拓展的"黄金时代"。全年预计 40% 左右的规模增速将远高于行业平均水平，新开 7 000 多家智慧零售门店，创造了行业新纪录，成为了民营企业智慧变革、创新创业的代表。

迈向崭新的 2019，我们将继续把握消费升级、新旧动能转换带来的发展机遇，持续推动智慧零售模式的领先发展。一方面，要深入发展像苏宁拼购、苏宁极物、苏宁小店、零售云等智慧零售新物种，服务人民美好生活；另一方面，更要不断完善物流云、数据云、金融云等，不断优化零售经营效率和服务体验的新能力，坚持用数字化和智能化的智慧动力赋能零售，引领行业发展。

越是经济转型期，越是需要扛鼎的企业。新时代已来，面对新航程、新挑战，我们将坚持创新驱动，与时代同呼吸，与行业共命运，立足人民美好生活需要，积极推动经济转型、结构升级，为中国经济高质量发展贡献更大力量。

思考题

1. 结合材料谈谈张近东如何带领苏宁转型。
2. 结合材料分析张近东的变革理念。
3. 张近东如何建立与员工的关系？

第 6 章

未来的挑战

即将进入21世纪的第3个10年,技术与社会的迅猛发展对管理实践的各个领域都产生了巨大影响。一个客观事实是世界的不确定性在增加。虽然企业拥有了更多的知识和手段,通过更加庞大的网络,企业能够更加精准地知道客户,但是企业的健康状态似乎并没有比之前更加优越。人类的寿命在延长,企业猝死的现象却更加普遍。未来的企业需要什么样的领导方式才能满足动态环境的要求?在回答这个问题之前,我们不妨先看看有关人员管理思想的演进,企业管理体系中的这个与人密切相关的职能与组织内的领导行为息息相关。

6.1 人员管理思想的发展历程

大体来看,人员管理思想经历了从最早的凭经验管理到劳动力管理、人事管理、人力资源管理,然后到现在的战略人力资源管理。

在管理理论诞生的20世纪初期以前,与今天的企业规模相比,当时的组织规模不大,经营环境较为稳定,与其说是人员管理,不如更准确地定义为一种团队领导,一个工厂主其实就是一个团队的负责人。企业管理者没有受过系统的管理技能训练,也没有专门的管理知识,在企业中去做管理都是凭借经验。经验的获取可能是通过师傅的现场教授,也可能完全来自模仿。这里需要对经验特别说明一下,很多人一说起经验都认为是不科学的,这种认识是不正确的。所谓经验,一是指从实践中获得的知识,二是指经得起考验的规律。经过深刻反省和思维加工并提炼与升华的经验是非常宝贵的。例如,今天的农民还会根据几千年的民谣来耕种,而《资治通鉴》所期望传递给君主的就是过去的领导经验。

从完全凭经验管理到科学规范地建立基本的规章制度以保障人员管理的效率,在这个过程中,起到决定性作用的著名人物就是弗里德里克·泰勒,被誉为"管理之父"的泰勒撰写的《科学管理原理》1911年出版,它不仅正式宣告了管理作为一门学问的诞生,更是为未来世界的生产效率奠定了基础。在这本书里,泰勒总结出四条基本的科学管理原理。其中第一条也是最重要的原则就是标准化:通过动作和时间研究法对工人工作的每一个环节进行科学的观察分析,制订出标准的操作方法,用以规范公认的工作活动和工作定额。

标准是什么?说到底就是一种普适的经验。设想我们回到100年前的美国工厂,厂长面对的最大的挑战是什么?是工人的多样性。美国工厂的工人们来自世界各地,种族、国别、宗教信仰都不一样,过去积累的经验也是不一样的,同一个工种,在一个工厂开展工作都是不容易的。泰勒制定严格的标准，要求所有的人都按照标准来进行操作，从而能够保障生产系统的有效性。那个时候的人们对于机器、标准化的痴迷完全不亚于今天人们讨论的人工智能。泰勒希望对人员的管理和机器设备一样，都是标准规范的。那个时期的人员管理被称为劳动力管理。

就在科学管理思想如火如荼地普及世界时，哈佛大学心理系教授梅奥在西屋电气公司霍桑工厂的实验却传出另外的声音：工作现场的人们不是机器设备，尽管他们的行为标准化，尽管泰勒计划制定了精密的计件工资制，但是他们的行为会受到情绪的影响，而且貌似独立的个体其实在组织内部不自觉地成立了非正式组织。简单来说就是员工们其实是有思想的而且是分伙的，机器设备是冰冷的，而且不会因为共同的遭遇而成为非正式团伙。这是有意思的发现，之后大批的心理学家和社会学家就进入管理实践的现场，他们发现不能简单把人当作设备机器：员工是有需要的，是可以思考的，因而他们的行为是可以被干预的。随着战后经济的复苏和企业的发展，人们开始追求理想和反思自我价值，简单地将他们等同于机器设备只能适得其反。于是人员管理的思想就从劳动力管理发展到人事管理阶段。

日本在第二次世界大战后的崛起直接促成了人员管理思想的再次飞跃。作为战败国的日本，仅用了不到30年的时间就迅速崛起成为资本主义强国。尤其是在20世纪70年代，日本的企业更是在全世界大规模资本扩张。人们开始研究日本腾飞的原因。从企业角度，研究者发现日本企业管理有三个独特的制度：终身雇佣制、年功序列制和工会。与西方的契约制明确双方责任不一样，终身雇佣制下，日本企业将员工看成自己的孩子一样，对员工几乎要承担无限责任，而员工加入一个企业就相当于加入一个家庭，对企业也要终生负责；年功序列制按照中国儒家思想的长幼有序、论资排辈，完美地解决了年轻人浮躁的心理情绪，员工扎实勤勉，维持了企业平稳地运行；日本的工会是劳资关系的润滑剂，工会的逻辑也与西方企业工会不一样。西方企业工会和企业所有者是在争夺一张饼的分配——企业的利润资本家拿多少，工人拿多少，日本的逻辑是工人和企业一起把利润这张饼做大，从而大家都能分到更多。在日本的企业中也会有罢工，但是他们一般有这样一句话：咱们上午多干一些，下午好去罢工。

日本企业管理的三大制度都是和人有关，怎么去对待人和怎么去管理企业，成为当时世界各国管理学界争论的焦点。后来经过很多学者的研究总结，人力资源管理的概念最终被提出。

进入21世纪，随着知识工作者的崛起，员工在组织中发挥的作用越来越大，已经不单单是一种被雇佣者的状态，他们也不再是简单地帮助企业完成战略。事实上，很多企业还会根据员工的情形来修订战略。这些年，人力资源经理普遍感到"90后"和之前的"60后""70后""80后"的状态是很不一样的。原因是什么呢？我们注意到一个巧合：互联网在1990年诞生了。所以，"90后"是基于互联网的一代人。对于"70后""80后"来说，他们也非常熟练地运用互联网，但这种应用仅限于工具层面。但是对于"90后"，尤其是从2018年开始"00后"也陆续出现在职场，互联网对他们是一种生活方式，并且正在融入他们的基本生活设定当中。

在这样一个正在变化的大背景下，人与组织的关系也在发生改变。传统的关系是组织通过人力资源职能获得员工，这是一个单向的关系。但是现在，随着个体的觉醒，随着知识经济的时代到来，员工对于组织的影响将会变得越来越大。那些有知识、有智慧、有思想的员工不再是被雇佣，而是借助公司的平台自雇佣。人员管理理论进一步发展到战略人力资源管理。这个阶段的人员管理思想更加强调了人的重要性以及人与组织的互动性。

从规范的人员管理职能的演进可以看得出来，因为管理对象和管理环境的变化，相应的职能必须作出调整。同样地，人的变化以及经营环境的变化，领导行为也要进行必要的调整。在本书的第4章，从权力影响的角度，我们已经解释了未来领导者将主要依靠专长权和个人魅力权这种基于领导者自身的软权力。虽然这并不意味着强制性权力就没有效果，但是被领导者的变化将起到越来越重要的影响作用。

应对变化最好的方式就是回归到问题的本质。这是本书的基本逻辑：领导现象千变万化，但终究离不开最本质的内容。当讨论未来领导者时，我们可以借鉴魅力型领导的基本模型，这是由豪斯(R. House)提出的魅力型领导的三个基本素质即高度自信、对自己信念的坚定不移和支配他人的倾向。毫无疑问，这三个素质仍然可以作为评判魅力型领导的标准，但未来的领导者需要在这三个素质基础上进行一些调整。

6.2　自信，需要谦逊

除了性格因素外，一个人的自信更多地来自对某一个领域的了解，如面对飞机在空中的颠簸，空姐会更自信地处理突发状况。然而在今天这样一个变化异常的时代，自信也和过往有了很大的不同。一方面，一个人的自信心容易建立，因为只要你集中精力，聚焦于某一个特定领域，遵循"一万小时定律"，就可以成为这个领域的专家，与此相对应，更多人是被过于泛滥的信息所左右而无法保持注意力；另一方面，自信心也是非常容易失去的，每个领域都在随时随刻地发生变化，知识和技能的贬值是无法避免的，保持自信心本身也是一件非常不容易的事。

自信心是一个领导者极为宝贵的财富，它让领导者在被领导者的心中更加强大，自信让一个领导者魅力四射。但是，千万不要忘记自信与自负的距离并不遥远，这中间只是隔着学习和听取他人的意见。常常可以看到那些英明的领导者在年纪大了之后，开始昏聩，刚愎自用，生活在自己思想的天地中，强烈地排斥他人意见，盲目地自信最终导致组织的灾难。

学习对于领导者的价值已经毋庸多言。早期是通过专业技术能力奠定权力基础的领导者，他需要更加丰富在管理、财经方面的知识；早期是通过管理和行政能力产生影响力的领导者，他需要更加丰富专业、产业方面的知识；早期只是通过某个机遇发展起来的领导者，视野和格局才能够让自信心不断延续。总的来说，未来的领导者必须通过持续的学习来丰富自己。不是知识、能力或者经验制造自信心，而是学习以及保持学习的能力才是自信心的根本来源。

今天的企业，比以往任何时候都需要员工积极主动地指出现有组织中存在的问题并提出改善现状的建议。毫无疑问，员工的建言行为(voice behavior)对团队绩效和组织创新具有积极作用。大量研究表明，员工的建言行为受到领导风格的影响。尤其是中国员工受到"上尊下卑"以及"事不关己，高高挂起"观念的影响，他们不敢或者不愿意表达自己的想法。所以，为了激发员工敢于建言的意愿，未来领导风格中最亮丽的色彩应该是谦逊。其实，领导者真正的谦逊不仅可以鼓励员工的建言，而且也能够让领导者不断学习新知识或保持对环境的敏感。

6.3 坚定，懂得变通

优秀领导者从来都是目标导向的。事实上，领导者的魅力就在于对目标的坚定，尤其是在目标实现几乎不可能的情况下依然坚持，这对追随者来说，领导者坚定的态度成为他们在不确定环境下的唯一依靠。

但目标的坚定并不意味着思想的执拗。造成一个人行为执拗的重要原因是过去的经历，尤其是辉煌的经历。普拉哈拉德在《竞争大未来》中极其敏锐地提出"学会遗忘"。他讲了一个生动的故事：在刚刚出生的大象脖子上拴个绳子，那个小大象因为体弱无法挣脱绳子的束缚，经过一些不成功的努力后，渐渐地，它就认为那绳子是不可能挣脱的。儿时深刻的记忆使它成年后也认为绳子是不可能挣脱的，于是一根普通的绳子就能拴住一头雄伟的大象。类似的故事，中国有一个守株待兔的版本。深深地沉浸在过去的成功以及实现成功的手段中会表现出无法理解的固执。

造成领导者意志执拗的另一原因就是下属的捧杀。当一个领导者赢得了下属的追随，从持续满足下属期望或者不想让下属失望的角度，领导者不得不去维护自己的形象。凭着市场恰好出现的机遇，领导者取得了巨大的成功，而且得到世人的追捧。在一片赞叹中，他们的意志更加坚定，员工和消费者也喜欢看到那些意志坚定的人，偶像就这样被塑造起来。但是，市场不是这样的。顺应变化者能够继续走下去，而坚定者只能让自己曾经的辉煌成为故事。在秦末风起云涌的斗争中，有魅力的项羽也正是因为自己的执拗才断送了江东子弟。

未来的领导者一方面要保持对目标的坚定，另一方面又要非常清醒地知道实现目标的方式是多种多样的，就是目标本身也需要根据情境做一些调整，甚至包括调整组织的价值观和一直倡导的行为方式。面对不确定的环境，领导者必须审时度势，通权达变，时刻准备做一切可以的调整。原则是行为的依据，但不是行为的束缚。人们经常说的原则性和灵活性的结合就是变通的坚定。

6.4 支配，讲求尊重

今天的被领导者与以往有很大的不同，他们不是一无所有的、毫无思想地追随刘邦的走卒，他们产生从众行为的同时绝不意味着放弃自己的思考。伴随互联网成长的新一代，他们有着丰富的信息和知识，挑战权威、关心自我，他们更加看重领导者的能力和品德，他们会因为领导者的专长和魅力而发自内心地追随，在这样的追随下，他们的行为也愿意被他们的偶像所驱使。

但是，互联网高速、广泛地传递信息使人们的注意力不断地被舆论制造的热点吸引。例如，你刚刚成为一个歌星的粉丝，娱乐圈又出现了一个更有特点的歌手，在不遗余力的宣传影响下，你自然而然地转移了注意力。在选择更多的情况下，人们的承诺变得更加支离破碎，员工的流动率也就越来越高。在职业生涯规划中，人们经常说，"一个人加入一个组织是因为金钱，一个人离开一个组织是因为直接领导者"，因为领导者的不当表现，人们会选择直截了当地离开。

领导者常常会迷失在追随者的狂热和赞叹中，在影响他们的过程中采取了并不适当的支配方式。经常会看到相关的报道，某个明星耍大牌对粉丝漠视，让苦苦等候的粉丝很受伤。看看那些成功运作的歌迷会，你就知道偶像对粉丝也是有着责任的。无论是线上还是线下，新歌发布、签售活动等，歌星都需要照顾歌迷的感受，让他们能够有更良好的感受。从领导行为的角度，下属着迷地追随只是增加了领导者身上的责任感，而不应成为领导者颐指气使的资本。领导者征服了下属，更需要通过对他们的尊重来持续地施加影响，强化他们的承诺。

在变革中的 21 世纪，环境的不确定性会让那些优秀的领导者带着光环不断前行，他们所具有的危机处理能力、强烈的自信、对环境的敏锐判断、面对困境的意志坚定，以及他们强势的战术执行力等都会成为追随者膜拜的对象。但是也必须意识到，必须谦逊、变通和尊重，这样的平衡才可能使未来的领导者更加长青，而不是昙花一现。

参 考 文 献

[1] 陈春花,曹州涛,曾昊.企业文化[M].北京:机械工业出版社,2013.
[2] 刘小平.中国情境下的员工组织承诺研究[M].北京:社会科学文献出版社,2012.
[3] 吕峰,金志扬.像教练一样带团队[M].北京:机械工业出版社,2007.
[4] 吕峰.领导进化[M].北京:机械工业出版社,2010.
[5] 石伟.组织文化[M].上海:复旦大学出版社,2004.
[6] 苏东水.管理心理学[M].上海:复旦大学出版社,2002.
[7] 王重鸣.管理心理学[M].北京:人民教育出版社,2000.
[8] 文茂伟.当代英美组织领导力发展:理论与实践[M].杭州:浙江大学出版社,2011.
[9] 徐碧琳,陈颉.组织行为与非正式组织研究[M].北京:经济科学出版社,2009.
[10] 张德.组织行为学[M].北京:高等教育出版社,2011.
[11] 朱文竹.现代领导学[M].北京:科学技术文献出版社,1991.
[12] 章志光.社会心理学[M].北京:人民教育出版社,1998.
[13] 福斯,克努森.企业万能:面向企业能力理论[M].李东红,译.大连:东北财经大学出版社,1998.
[14] 德鲁克.巨变时代的管理[M].北京:机械工业出版社,2006.
[15] 圣吉.第五项修炼——学习型组织的艺术与实践[M].张成林,译.北京:中信出版社,2009.
[16] 沙因.组织文化与领导力[M].马红宇,王斌,等,译.北京:中国人民大学出版社,2011.
[17] 赫塞尔本.未来的领导:新时代的新视野、新策略与新措施[M].吕一凡,等,译.成都:四川人民出版社,1998.
[18] 吉雷,梅楚尼奇.组织学习、绩效与变革——战略人力资源开发导论[M].康青,译.北京:中国人民大学出版社,2005.
[19] 巴尼,赫斯特里.战略管理[M].李新春,张书军,译.3版.北京:机械工业出版社,2010.
[20] L.达夫特.领导学:原理与实践[M].杨斌,译.北京:电子工业出版社,2005.
[21] 麦考尔.培养下一代领导者[M].王鸿娟,译.北京:经济日报出版社,1998.
[22] 蒂奇,柯恩.领导力引擎[M].周景刚,译.北京:中国人民大学出版社,2010.
[23] 罗宾斯,库尔特.管理学[M].孙健敏,黄卫伟,王凤彬,等,译.9版.北京:中国人民大学出版社,2018.
[24] 艾尔克莱斯,菲利普斯.首席学习官:在组织变革中通过学习与发展驱动价值[M].吴峰,译.北京:教育科学出版社,2010.
[25] 沃克.人力资源战略(人力资源管理译丛)[M].吴雯芳,译,北京:中国人民大学出版社,2001.
[26] 布兰克.领导能力的9项自然法则[M].夏善晨,等,译.上海:上海人民出版社,1997.
[27] 科特.变革的力量:领导与管理的差异[M].方云军,等,译.北京:华夏出版社,1997.
[28] 科特.现代企业的领导艺术[M].史向东,等,译.北京:华夏出版社,1997.
[29] 科特.以变求生:世界一流领导学专家的行动计划[M].郭明芳,等,译.新华出版社,1998.
[30] 科特.企业文化与经营业绩[M].李晓涛,等,译.北京:华夏出版社,1997.
[31] 科特.权力与影响[M].孙琳,等,译.北京:华夏出版社,1997.
[32] 科特.现代企业的领导艺术[M].史向东,等,译.北京:华夏出版社,1997.
[33] 库泽斯,波斯纳.领导力[M].李丽林,杨振东,译.北京:电子工业出版社,2004.
[34] 圣吉.第五项修炼:学习型组织的艺术与事务[M].上海:上海三联书店,1994.

[35] 哈默尔,普拉赫拉德.竞争大未来[M].顾淑馨,译.台北:智库股份有限公司,1995.

[36] 艾伦.下一代企业大学:发展个人与组织能力的新理念[M].吴峰,译.北京:世界图书出版公司,2010.

[37] 唐纳利.管理学基础:职能、行为、模型[M].北京:中国人民大学出版社,1990.

[38] 白洁,崔正浩.促进组织内部知识共享的对策研究[J].中北大学学报(社会科学版),2010(1).

[39] 陈万思.人力资源经理——九种角色集一身[J].中国人才,2001(4).

[40] 李明斐,卢小君.胜任力与胜任力模型构建方法研究[J].大连理工大学学报(社会科学版),2004,25(1).

[41] 梁欢.企业内部知识共享影响因素探析[J].现代商业,2009(9).

[42] 凌敏,马凌.企业非正式组织资源的开发利用[J].经济论坛,2004(13).

[43] 李默,刘伟.组织内部知识共享的激励机制设计[J].科技进步与对策,2010(4).

[44] 刘辉,潘娜.企业大学的运营模式及发展趋势[J].人力资源,2007(12).

[45] 陆舟,吕峰.影响成人学习动机的因素分析[J].职业技术教育,2005(13).

[46] 潘菽.教育心理学[M].北京:人民教育出版社,1980.

[47] 饶惠霞,吴海燕.国外胜任力研究新进展书评[J].科技管理研究,2010(16).

[48] 沙作钧.对发展成人教育的几点看法[J].北京成人教育,1998(2).

[49] 唐文红.如何提高企业员工培训效果[J].当代经济,2005(5).

[50] 陶春丽.非正式组织对正式组织的影响作用及其发展导向[J].兰州学刊,2005(1).

[51] 万希.内部培训师角色及其队伍建设[J].现代管理科学,2010(1).

[52] 王春生.浅谈成人教育学习动机问题的探讨[J].继续教育,2003(7).

[53] 汪江.企业大学在领导力开发中的作用[J].中国人力资源开发,2008(10).

[54] 王璐,周宇.组织内部知识共享制约因素及解决方法分析[J].中小企业管理与科技(上旬刊),2010.

[55] 元真,曹志东,郭明.每一个管理者:人力资源经理[J].管理学,1999(4).

[56] 魏江,王艳.企业内部知识共享模式研究[J].技术经济与管理研究,2004(1).

[57] 杨成利.成人学习动机的激发策略[J].继续教育研究,2004(3).

[58] 张正堂.企业导师制研究探析[J].外国经济与管理,2008(5).

[59] 蒂奇,舍曼.掌握命运:通用电气的改革历程[M].吴郑重,译.上海:上海译文出版社,1996.

[60] Price Waterhouse 公司.21世纪CEO的经营理念[M].刘中晏,等,译.北京:华夏出版社,1998.

[61] Nahavandi A. Malekzadeh A R. Leader style in strategy and organizational performance:an integrative framework[J]. Journal of management studies,1993,30(3):416.

[62] Yeung A K, Douglas A. Ready developing leadership capabilities of global corporation:A comparative study in eight[J]. Human resource management,Winter 1995,(4):531.

[63] Baird L,Briscoe J,Tvden L, et al. World class executive development[J]. Human resource planning,1994,17(1):157-164.

[64] Barker R A. How can we train leaders if we do not know what leadership is?[J]. Human relations,1997,50(4):343-62.

[65] Prahalad C K,Hamel G. The core competence of the corporation[J]. Harvard business review,1990(66).

[66] Crotty P T,Soule A J. Executive education:yesterday and today,with a look at tomorrow[J]. Journal of management development,1997,16(1):4-21.

[67] Currie,G,Darby R. Competence-based management development:rhetoric and reality[J]. Journal

of european industrial training,1995,19(5):11-18.

[68] Mcclelland D C. Testing for competency rather than intelligence[J]. American psychologist,1973(28):1-14.

[69] Keith D D. 9 ways to create an atmosphere for change[J]. HR Magazine,1996(10):76-80.

[70] Dybra E. Motorola trains VPs to become growth leaders[J]. HR Magazine,1995(6):82-87.

[71] Fulmer R M. The evolving paradigm of leadership development[J]. Organizational Dynamics,1997,25(4).

[72] Moorhead G,Griffin R W. Organizational behavior[M]. Houghton Mifflin Company,1995.

[73] Harvard Business Review. Looking Ahead: implications of the present[J]. Harvard Business Review,September-October 1997:18-31.

[74] Hodgetts Richard M A. Conversation with Warren Bennis on leadership in the midst of Downsizing[J]. Organizational dynamics,Summer 1996:72-78.

[75] Barney J B. Firm resources and sustained competitive advantage[J]. Journal of management,1991(17):99-120.

[76] Kotter P. Leading change: why transformation efforts fail[J]. Harvard business review,March-April 1995:59-67.

[77] Loeb,M. Where leaders come from[N]. Fortune,1994,19(9):63-65.

[78] Marrelli A F,Tondora J,Hoge M A. Strategies for developing competency models[J]. Administration and policy in mental health,2005:32.

[79] Nadler D A,Tushman. Beyond the charismatic leader: leadership and organizational change[J]. California management review,Winter 1990:77-97.

[80] Hersey P,Blanchard K. Great ideas revisited[J]. Training & development,1996(1):42-47.

[81] Tannenbaum R,Schmidt W. How to choose a leadership pattern[J]. Harvard business review,May-June 1973:162-180.

[82] Yukl G A. Leadership in organizations[M]. New Jersey:Prentice-Hall,Inc.,1981.

教师服务

感谢您选用清华大学出版社的教材！为了更好地服务教学，我们为授课教师提供本书的教学辅助资源，以及本学科重点教材信息。请您扫码获取。

▶▶ 教辅获取

本书教辅资源，授课教师扫码获取

▶▶ 样书赠送

企业管理类重点教材，教师扫码获取样书

 清华大学出版社

E-mail: tupfuwu@163.com
电话：010-83470332 / 83470142
地址：北京市海淀区双清路学研大厦 B 座 509

网址：http://www.tup.com.cn/
传真：8610-83470107
邮编：100084